U0940610

以文化人 智慧带班

班级文化建设的实践探索

李文等 编著

中国文联出版社

图书在版编目（CIP）数据

以文化人　智慧带班：班级文化建设的实践探索 /
李文等编著. -- 北京：中国文联出版社，2024.1（2024.4重印）
ISBN 978-7-5190-5421-2

Ⅰ. ①以… Ⅱ. ①李… Ⅲ. ①班级－学校管理－研究
Ⅳ. ①G424.21

中国国家版本馆CIP数据核字（2023）第257374号

编　　著　李文等
责任编辑　刘　丰
责任校对　秀点校对
封面设计　杰　瑞

出版发行　中国文联出版社有限公司
社　　址　北京市朝阳区农展馆南里10号　　邮编　100125
电　　话　010-85923025（发行部）010-85923091（总编室）
经　　销　全国新华书店等
印　　刷　三河市龙大印装有限公司

开　　本　710毫米×1000毫米　1/16
印　　张　20
字　　数　276千字
版　　次　2024年1月第1版第1次印刷　2024年4月第2次印刷
定　　价　68.00元

版权所有·侵权必究
如有印装质量问题，请与本社发行部联系调换

编委会

主　编：李　文

副主编：马丽娟　王　可　许姊琪　李　平

徐欣悦　杨　举　管瑞娟

编　委：（按姓氏笔画排序）

马　强　卢　静　邢　艳　权小红　苏曲光

李雅芳　杨程程　陈　娴　胡伟涛　柏齐林

葛玉红

| 序一 |

文化引领班级发展

随着基础教育改革的深入，“文化”这个词渐渐从沉寂变得繁荣。种种关于文化的活动或者仪式扑面而来，大有“乱花渐欲迷人眼”的趋势。

文化是什么？教育和文化是什么关系？关于文化的教育学何以在今天成为显学？为什么说文化是一个学校的魂？有了学校文化，是否还有必要进行班级文化建设？班级文化建设是一项活动还是一个历程？或者仅仅是一个仪式？它和班级管理是什么关系？它的目标和追求到底是什么？实践越是繁荣，理性的思考就越是需要清明。

梁漱溟先生曾简而言之：“文化就是一个时代的人们过日子的基本方式。”无独有偶，著名作家梁晓声先生给文化下了这样一个定义：根植于内心的修养；无须提醒的自觉；以约束为前提的自由；为他人着想的善良。两人的回答有异曲同工之妙。文化是什么？是随随便便一个人走过来，他的举手投足，他的一颦一笑，他的整体气质。他懂得尊重自己，所以不苟且；他懂得尊重别人，所以不霸道；他懂得尊重自然，所以不掠夺。所谓文化，它的最终目的不过是为了化人，让人更有品位，更加道德，更有修养。

基于此，我们接下来需要深入思考一个问题：教育与文化之间是什么关系？

文化是教育的目标。有知识不代表有文化，教育还应该往前继续一步，知识抵达头脑，而文化抵达心灵。文化也是教育的内容，人类所有精神财富的总和，正是我们学校教育得以开展的前提和平台。

一所学校，最重要的不是有高楼，不是有设备，甚至不是有升学率之类的业绩，它最重要的是有核心的价值追求，有良好的风气熏陶，有一直传承的信念与理想。因而，文化是学校的灵魂。

四百多年前，伟大的教育家夸美纽斯通过班级授课制奠定了现代学校教育制度的基础。从那以后，班级就具备了若干种含义，从学校而言，它是最基层的行政单元；从学生而言，它是孩子们成长发展最为重要的平台或者环境。前者意味着学校里所有的要求，包括对文化的传承都要依托班级来进行，而后者则表明，孩子们的言行举止及品位修养正是在这样的环境里每天被潜移默化的。

纵观我国学校发展的历史，人们对班级的理解经历了这么三个阶段，第一个阶段是以管为主，即约束孩子的行为使其符合学校的要求。它的低级阶段是人治，它的高级阶段是“法治”。在人治的时候，班主任最经常的管理行为是“看管”。因而也被形象且不无贬义地称为“看班，看孩子”。到了“法治”阶段，班主任本人的“警察”角色渐渐淡去了，规范孩子的是制度而不是人力。从而使得班主任能够腾出时间和精力思考班级发展问题，班级建设进入了第二个阶段——以理为主。人们将其称为“带班”。老师从站在学生的侧面或者对立面开始站在学生的前面。一些问题开始渐渐成为核心问题：我要把班级带向何方？我心目中理想的学生应该是什么样的？除了学业，孩子们的情感和精神生活如何得到发展？因为有了对这些问题的探索，相对单纯带着往前走已然不能满足师生的愿望。于是班级建设进入了第三个阶段——以文教化。也就是我们通常所说的班级文化建设。

班级文化建设，实际上就是用更为先进和人文的理念，更为民主和尊重的氛围，更为专业和智慧的方法，建设班集体和发展学生的过程。

在这里必须指出的是，文化不是一个简单的静态意义的名词，不是孤立的一项活动。文是精神，是核心价值追求，而化是教化，是一个教育感悟和提升的过程。它会经历外化（精神提炼及环境布置）—内化（制度规范与活动引领）—外化（班级风气及学生言行）这样一个过程，这同时也是一个教育的历程。

有的时候，文化很大，有很多很多的学者致力于研究它的外延和内涵，皓首穷经，孜孜不倦。有的时候，文化很远，像格调高雅的艺术品或者可望而不可即的生活方式，如凡尔赛宫的油画、英国贵族的下午茶以及大剧院的演出。

但实际上，文化很小也很近，就是一个人走过一棵树，柳枝低垂，他是随手折断丢弃还是弯身而过？电梯门打开，他是抢先冲进去还是等待别人？

交大附中的班级文化建设是一个历程，是一个所有班主任老师探索如何用更好的教育来引领学生发展的过程；是孩子们在教育氛围中被唤醒和不断成长的过程；是一种在有趣中不断追求有意义的教育生活。老师们在努力，在探寻各种各样文化建设的策略，这里有尝试，甚至也有失败，还有许多需要进一步完善的地方，但我依然会为老师和学生激发出来的热情而感动。我们通过这些看到了一种努力接近本真目的的教育，一种令人向往的生活，有热情，有追求，每天都能焕发出生命的活力。既然选择的方向是正确的，风雨兼程的辛苦和跋涉，可能也是一种别样的幸福。

是为序。

北京教育学院　张红

| 序二 |

我们的期盼

我们的期盼：在班级文化建设中，班主任一定要学会退居二线，学会用目标把班级学生带动起来，激发学生的潜力，做智慧的、悠闲的班主任……

我们认为班主任的成长目标分为两个方面，一是自身的发展目标，二是班级建设（学生成长）目标，即班主任成长的五层阶梯和班级建设的三层境界。

班主任成长的五层阶梯：

第一阶梯：阳光心态。工作中遇到问题和困难不逃避、不躲避，当成自我成长的机会和平台。积极寻求帮助。学会解决此类问题，努力提升自己（事务型）。

第二阶梯：案例学习。学会针对班级建设中他人或自己的案例进行分析，并结合对自身教育理念、教育经验、教育实践的反思，提出解决问题的相应方案，提高解决问题的能力（经验型）。

第三阶梯：自觉反思。班级建设充满创造性和挑战性，在每个环节，都应该贯穿班主任独具个性的思考。做到亦育亦思、常思常新。在反思中享受教育，实现教育生涯的可持续发展（思考型）。

第四阶梯：系统思考。以学生的发展为目标，用整体思维去规划班级建设，把班级建设成学习型组织，由此实现教育目标（科学型）。

第五阶梯：自我培养。逐步形成先进的教育理念，并能传播，影响他人，指导他人，具备谦和、包容、责任和创新精神（文化型）。

在此基础上，借鉴华东师大李伟胜《班级管理》中提到的班级建设的三层境界作为班级和学生的发展目标。

班级建设的三层境界

三层境界	状态	班级发展目标	班级发展机制	学生发展情况
第一层管制型	严格管制	维持秩序，学习知识技能	自上而下完成任务、维持秩序，关注学习	做事：别人规定的事（被动接受管理、以知识学习为核心）
第二层自主型	自主管理	自主活动，培养综合能力	让学生自主地策划班级事务	成事：自主做自己的事（自主活动及综合能力提高）
第三层民主型	民主协商	关注生命，培育高尚人格。创建充满活力的民主集体	根据学生需要开发学生潜能	成人：在民主交往中，成为高尚的人（民主协商主动提高精神生命质量）

“三层境界”最终体现的是班级教育价值提升。第一层只要班主任有技能就可以做到，而要达到第二层和第三层班主任必须改变观念。

做事情要付出汗水和勤奋，需要的是时间和精力；文化建设要的是智慧和灵光，需要的是思想和行动。

因此班级文化建设一定要围绕目标从高境界（追求幸福）入手，从起点时（智慧工作）进行深入。如果班级工作仅在“付出”层面，则无法形特色、创品牌。

用智慧和灵光做事就需要系统思考。如何用系统思考来引领学校的最小单位——班级；如何用系统思考来期待智慧、乐观、有胸怀的班主任，进而提升班主任工作的专业含量和职业幸福。班级文化建设是直接、有效的途径之一。因此，我们希望班主任工作是在目标的引领下，从工作状态到生命状态的提升，最终提升师生的精神生命质量。

用文化的理念建设班级，用文化的氛围熏染学生，用文化的互动影响学生，会始终激励学生不断进取，主动、健康地成长，能使学生更加积极地投入学习、生活，最终使每一位学生养成一定的文化素养，实现素质的全面提高。

北京交通大学附属中学　李文

目　录

第一章
文化建设——理念“育人”

党的十八大报告把教育放在了改善民生和加强社会建设之首，在党的全国代表大会报告中首次提出“把立德树人作为教育的根本任务”。党的二十大报告重申“培养什么人、怎样培养人、为谁培养人是教育的根本问题。育人的根本在于立德”。“立德树人”抓住了教育的本质要求，明确了教育的根本使命，“立德树人”要求我们必须坚持德育为先。“德为才之帅。”德是做人的根本，是一个人成长的根基。“立德树人”也是班级文化建设必须遵循的教育理念。作为学校的最小单位——班级，要形成具有特色的班级文化，形成师生所认同并自觉恪守的价值观念、道德观念、行为准则等文化理念的综合体，关键是其文化理念要“服人”，也就是要代表师生思想，符合班级实际，反映师生意愿。

第一节　班级文化场的建构

班级文化的创建着眼于学生的精神世界，在班级中创造各种环境影响人、教育人，以小组建设为载体、活动建设为平台、制度建设为保障、部委建设为动力，进行班级文化建设，满足不同年级学生的需要，这就是我们构建的班级文化建设蓝图。

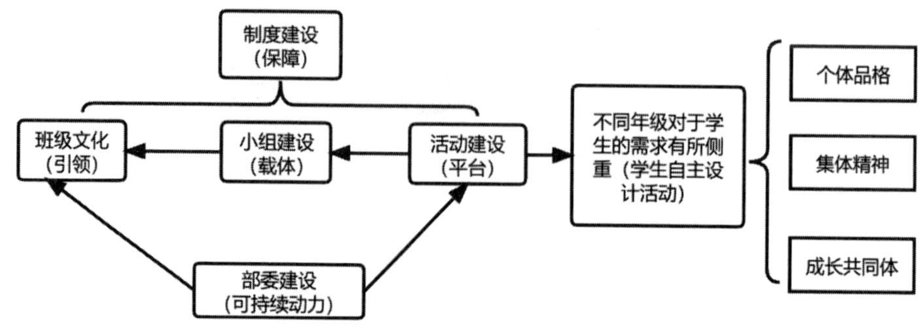

班级文化建设蓝图

班级文化建设不是一招一式就能完成的，它需要我们用耐心、爱心、恒心去认真地经营。也许很细小的一件事就能对班级文化建设起到推波助澜的作用，所以班主任老师必须具有一双慧眼，随时掌握班级文化建设的动态，并做出适当而果断的调整，给予学生适时的帮助。

班级文化建设不是一个固态的过程，它是通过调整师生之间、生生之间的关系，不断磨合、协调、完善、引领的动态过程。在这个过程中，有智慧的碰撞、情感的沟通以及包容的胸怀，才能自下而上生成班级文化。它也许不够华丽，但够实用；也许不够耀眼，但能让参与的人感到幸福，这才是具有班级特色并属于我们自己的班级文化。

班级文化建设是一项系统工程，我们将按照设定的路线一步一步朝着理想的班级迈进，建构起内容丰富、形式活泼、致广大而尽精微的班级文化场。

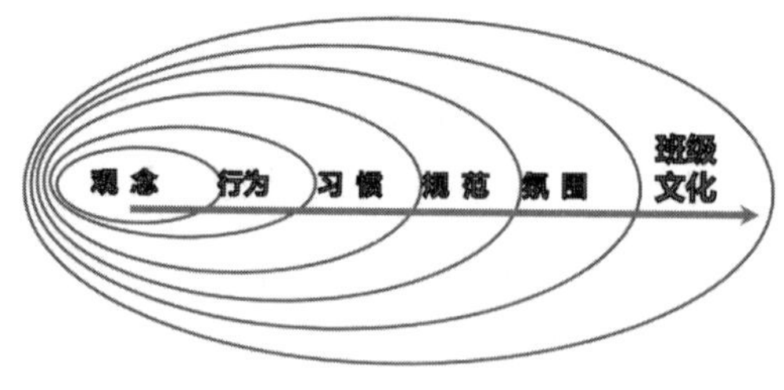

班级文化场

一、主题词的产生

基于对班级文化建设的诸多考虑，接班之初就要思考把班级建成怎样的集体，为学生营造一个怎样的文化氛围，又如何让学生参与到这种文化的营造中来，让学生能够对班集体的建设有一种使命感，对班集体产生归属感。因此，我们的开场就是“班级文化建设大讨论”，让学生各抒己见，畅谈自己心目中的理想班级，并成为班级形象的设计者。

【知识讲堂】

1. 什么是“班级文化”？

“班级文化”是班级在解决班级建设和发展问题的过程中形成的，被大家认为有效而共享，并共同遵循和维护的基本认识、信念、价值观念和规则，是班级特征的总和。

2. 我们理想的班级是怎样的？

理想的班级：每一位班级成员都有强烈的责任感，有共同的价值追求，班级有强大的凝聚力。班级成员之间既相互竞争，又真诚友好，互相尊重、团结互助，会为他人的失败而懊恼，为他人的困难而焦虑，为他人的进步而骄傲，为他人的成功而欢呼。理想的班级也就是学生向往的精神家园。

3. 如何建设班级文化？

我们建设班级文化就是营造一种积极向上的文化场。下表就是我们制定的理想状态下班级文化创建的大致时间表，班主任老师可根据班级的不同情况进行调整。

理想状态下班级文化创建时间表

<table>
<tr><th>建设要素</th><th>内容</th><th>大致时间</th><th>原则</th><th>说明</th></tr>
<tr><td rowspan="3">核心价值</td><td>班级文化核心词</td><td>1 周左右</td><td rowspan="12">调研为先
自下而上</td><td rowspan="12">此处给出的时间仅仅是在建设过程中的大致时间，根据班级情况的不同，时间的长短也会有所不同，班主任要根据班级的情况做适当的调节</td></tr>
<tr><td>班名、班徽、班级口号等</td><td rowspan="2">2 周左右</td></tr>
<tr><td>墙面文化</td></tr>
<tr><td rowspan="5">小组建设</td><td>小组行政区划</td><td rowspan="5">1 周左右</td></tr>
<tr><td>组名、组徽、小组口号</td></tr>
<tr><td>小组分工</td></tr>
<tr><td>小组组规</td></tr>
<tr><td>小组座次</td></tr>
<tr><td rowspan="5">部委建设</td><td>成立部委、择选部长</td><td rowspan="4">1 周左右</td></tr>
<tr><td>招新会、挑选部员</td></tr>
<tr><td>建立部门名称、口号、职责</td></tr>
<tr><td>明确部委分工</td></tr>
<tr><td>针对部委活动设计进行培训</td><td>2 周左右</td></tr>
</table>

【实操设计】

主题：班级文化建设大讨论

目的：通过班级文化建设大讨论，初步达成对班级建设的共识，并能试着找到一个高度概括、代表班级精神追求的代名词。

时间：45 分钟

地点：班级教室

参加人员：全体同学、班主任

前期准备：PPT、大白纸、彩笔

形式：小组讨论、全班展示交流

流程：

1. 头脑风暴（5 分钟）：每个人想一想我们想要建设一个怎样的班集体，然后用 1—3 个词语进行高度概括；

2. 小组交流（20 分钟）：每个人都要把自己的想法及概括的词语说出来，由组内的记录员进行记录，然后小组通过讨论形成本小组的共同意见并写在大白纸上；

3. 班级讨论（20 分钟）：每个小组派一名代表与全班一起交流本小组的意见，最后由班主任帮助大家进行梳理，寻找能够代表班级价值追求的代名词，师生一起达成最终共识。

【注意事项】

1. 班主任要在讨论之前说明班会的目的，让全班同学明确目标，争取让每个人都参与讨论并积极发言。

2. 班级文化的形成一定要遵循“自下而上”的原则，保证班级文化真正来自学生，代表学生的心声。

3. 班级文化的塑造不是一节课、一次性完成的，它要根据班级、学生的情况做出及时的调整和改变，如果本次讨论没有达成共识，那就仍需要我们调整后再次进行讨论，直至形成共同的价值追求。

【实操演练】

由于班主任的带班经验和个人性格等差异，不同的班级进行班级文化建设的突破口往往有所不同。对于起始年级的老师来说，可能更愿意从头做起，按部就班地把每一件事做好，但是对于中途开始做班级文化建设的班主任来说，可能会选择从某一件事情开始，逐步展开工作。下面是一位年轻班主任关于班级文化建设的经验分享。

【案例】

“li”文化建设之旅

我亲身经历了文化给学校带来的深刻变化，目睹了原来班级的“du”文化给班级带来的硕果，深深感受到创建班级文化在建设班集体中的独特魅力，我被班级文化深深吸引了，觉得这就是我梦寐以求的班级建设的良方，于是我又开始了我的“班级文化之旅”。

"li"文化的孕育

文化的创建着眼于学生的精神世界，通过班级物质文化建设实现外显功能。首先要构建各种影响人、教育人的环境，基于如此考虑，接班之初我便思考"把班级建成怎样的集体，为同学们营造一个怎样的文化氛围，又如何让同学们参与到这种文化的营造中来"。我们的开场是"班级文化建设大讨论"。开学报到的当天上午，我就介绍了学校的办学理念以及建设班级文化的意义，让同学们领略到在学校理念引领下我上届所带班级取得的光辉业绩，还请同学讲解了"du"文化，介绍了"du"文化建设中的经验和成果，并做了展示。尤其是上届班级获得"北京市先进班集体"以及学生毕业前写的那本书——《永恒的记忆，永远的感动》，那一幅幅相片，一个个奖项，充盈着每个人的内心，也引起了大家对自己班级文化建设的好奇，那么究竟什么才是属于我们自己的"班级文化"呢？

"li"文化的诞生

魅力文化展示：让同学们认识班级文化

在班级文化建设讨论会上，我们采用了头脑风暴法，自下而上，形成"li"文化。首先，让学生写出自己心目中的理想班级应该是什么样子的，用几句话概括出来。任务布置之后，同学们表现出高度的热情，总想把自己的智慧表现出来。有的说："语言要文明、大家要懂礼貌"；有的说："要有上进心，有目标，敢于竞争，树立志向"；有的说："要学会尊重人，彼此之间要互相帮助"；有的说："要有青春活力，有冲劲"……

那我们能不能用一个“词或词组”把班级精神概括出来？

同学们提出了很多，比如：“huo”文化，“ing”文化，“cheng”文化，“li”文化等，一时精彩纷呈，很难取舍。作为班主任不轻易表态，而是告诉学生：“你们的班级，你们做主。希望利用开学前的空隙，继续思考符合我们班个性的班级文化。老师相信，热爱、关心班级的同学，一定会勾画出适合我们班级的建设蓝图，老师期待着。”其间，启发学生，要结合大家想要的“理想班级”的几句话来寻找这个代名词，大家发现有一个拼音重复出现，是什么？——“li”。最后，大家综合考虑，通过投票等方式，决定选用“li”作为我们的班级文化主题。

小组学生积极参与讨论

“li”文化解读

礼让：守礼谦让。要遵守文明礼貌，同学之间要互相谦让。

立志：树立志向。要从小树立远大志向，要有远、近期目标。

励勉：同伴互勉。同伴之间要互相勉励、互相帮助。

明理：明察事理。要做懂事、明白道理的好学生。

“li”文化是指从礼让、立志、励勉、明理等方面来指引我们言行的一种属于我们班级特色的班级文化。

1. 班主任绝不能代替学生寻找本班的“班级文化”代名词，因为班级文化代表本班学生的心声，要体现全班学生共同的价值追求，因此必须自下而上，但班主任可以在一旁加以引导，帮助学生进行梳理。

2.“班级文化”的代名词不仅仅是45分钟的班会课就能完成的，班主任还应在课前、课后做很多工作，比如课前和部分学生交流，课后和大家共同反思改进等，一定要有师生思想融合的过程。

3. 当学生在讨论过程中暂时没有达成共识时，班主任应该让学生说出各自的理由，共同分析利弊，再利用课下时间，反复斟酌，最终确定“答案”。

4. 当学生的“答案”不是很理想甚至很无趣时，班主任不要着急，应该首先分析原因，尝试理解学生。有可能一些学生的思维层次没有达到我们期待的水平，也有可能是讨论不充分。无论如何，班主任老师都应该耐心地讲明“班级文化建设”的意义，并深入地加以指导。

5.“班级文化”的代名词是很抽象的，需要以小组、部委为载体，通过设计系列活动逐步达成班级文化建设的目标。

二、内涵的挖掘

能够代表班级文化的代名词确立之后，我们还应该围绕着这个代名词优化班级文化的其他要素，把班训、班级精神化为耳熟能详的规则，时时、处处、事事激励自己，比如建立班名、班徽、班级口号等。

【知识讲堂】

1. 什么是班名？

班名是班级的称号，是班级给人的第一印象。班级要取一个代表本班精神风貌的名字，班级名称要内涵深刻、积极健康、朗朗上口。

2．什么是班徽？

班徽是班级的标识，是班级全部精神文化内涵的凝结。

3．什么是班级口号？

班级口号反映班级的目标期望，指明全班同学的努力方向。班级口号要积极向上、富有朝气，能激励全班同学共同进步。

4．班名、班徽、班级口号设计的原则是什么？

班名最好朗朗上口、与众不同；班徽要简单明了、内涵深刻；班级口号要积极向上、个性十足。三者还要有机结合，共同构成班级的象征，体现一个班级的个性、气质与内涵。

【实操设计】

主题：班级文化建设大讨论

目的：围绕“班级文化”的代名词优化班级文化的其他要素，比如建立班名、班徽、班级口号等，把班训、班级精神化为耳熟能详的规则，以便于时时、处处、事事激励自己。

时间：40—45 分钟

地点：班级教室

参加人员：全体同学、班主任

前期准备：PPT、大白纸、彩笔

形式：小组讨论、全班展示交流

流程：

1. 头脑风暴（5 分钟）：结合班级文化，想一想我们要给班级起一个怎样的名字，制作一个什么样的班徽，然后每位同学先在白纸上简单地描绘或画出一些主要元素。

2. 小组交流（15—20 分钟）：每位同学展示自己的想法及所画的样张，通过小组讨论形成本小组的共同意见并呈现在大白纸上。

3. 班级讨论（15—20 分钟）：每个小组派一名代表向全班展示，与全班同学交流本小组的意见，最后由班主任帮助梳理，找到能够代表班级价值追求的班名、班徽，师生初步达成共识。

【注意事项】

1. 班主任要在讨论之前说明班会的目的，让全班同学明确目标，争取让每个人都参与讨论并积极发言；

2. 班级文化的形成过程一定要遵循“自下而上”的原则，以确保班级文化真正来自学生，代表学生的心声；

3. 班级文化的塑造不是一节课、一次性完成的，它要根据班级、学生的情况而做出及时的调整和改变，如果本次讨论没有达成共识，那仍需要我们调整后再次进行班级文化讨论，直至形成共同的价值追求。

【实操演练】

对于大多数班级来说，在进行班名、班徽的设计时，各班采用的思路各不相同，但有共同遵循的原则，那就是“自下而上”，让设计体现学生的智慧，代表大家的心声，例如下面的几种和而不同的建设路径：

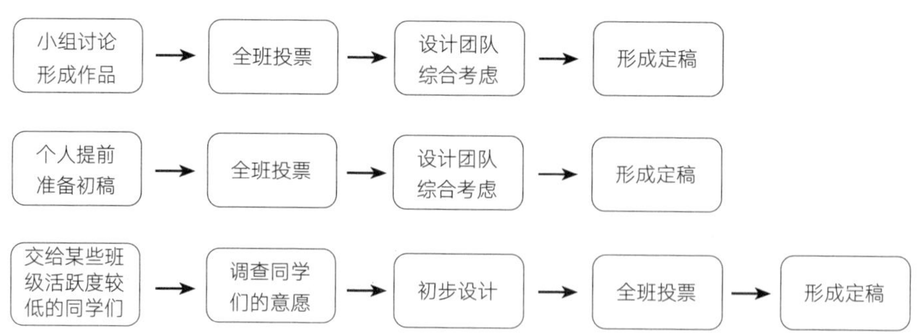

寻找属于我们的“班级文化”……

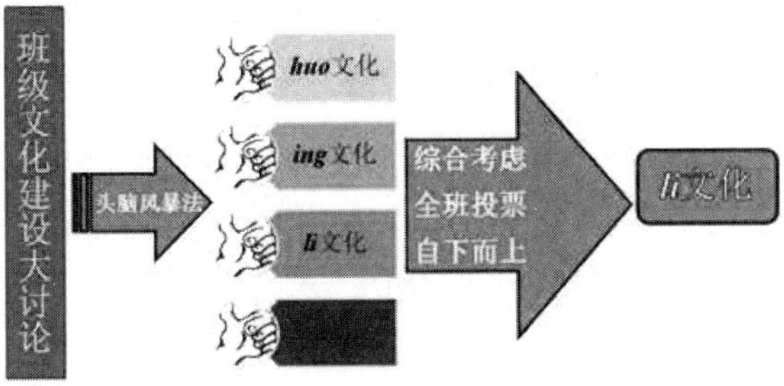

利用头脑风暴法寻找“班级文化”主题词

其实，无论采用哪种路径，只要让学生真正理解班级文化建设的意义，注意调动学生的积极性，让学生主动参与其中，就能够达到预想的目的，下面就是一位班主任在自己班级的班名、班徽设计过程中的感想。

【案例】

小班徽大学问

最近，我从刘某同学的家校联系本里发现了这样一段话：“自从到了五组之后，我感觉到了团队的力量，很多组员都尽心地帮助我，尤其是我师傅张某，她耐心地教我题，而且一遍又一遍地给我讲。来到五组之后，我在成绩上也有了很大的变化，每当老师讲过一道题，她总会问我‘你会了吗’？我真的挺感激他们，谢谢他们，如果没有他们的帮助，我的成绩也不可能提高，我觉得我们组是最棒的！”我想他的变化不是没有理由的，班级文化正是我们班级的助力器，是每个学生成长的帮手！我的班级也在悄然发生着变化……

“班级文化”“自主管理”等这些大家都耳熟能详的词语，如今正充盈着整个教育界，大家都在为成为一个教育智者而努力着，想让自己的教育真正体现以学生为主体。

这个学期，我新接手初一年级，担任初一（1）班的班主任，班级文化建设是我们这学期的主要目标，小组团结就是我们的首要前提，这样，班级凝聚力才能慢慢地提升。但是小组建设不能空谈，它必须有载体，每一次活动就是我们进行小组融合的最好时机。

眼下，最大的活动莫过于设计出一个属于我们的文化标识。一个响亮的班名、一个漂亮的班徽都是我们文化标识的一部分。于是，我带领我的孩子们一起开工了。如何设计出一个好的班徽，又能让大家都参与进来呢？

通常情况下，我们常常会让每个学生设计一张，然后让大家进行投票。这样做没有什么不好，但如何在班徽设计上体现团队的智慧呢？在整个教育过程中体现学生的共同参与，让学生在活动中培养小组默契，也就是说，我们的班徽不但是要自下而上地推举出来的，而且还要代表大家共同的心愿。基于这样的想法，我在我们这次班徽设计上稍稍动了一点心思。

首先，我让每个小组的 6 个人共同商量，起草班徽的雏形，然后每组派一名代表到台前解读。在小组讨论中我发现，大家都各抒己见，讨论得热火朝天，有的甚至争得面红耳赤。这样的场面真的让我感到很欣慰，也很兴奋。五个小组的展示异常精彩，这些都是各组派出的精英，个个口若悬河。大家展示完之后，我们一起挖掘了班徽中的共同要素及其寓意，并由一个同学记录下来。这样做的主要目的就是让每个学生都参与到班徽的设计过程中来，而且通过小组展示让大家明确我们的班级目标和大家对班级建设的想法，既展示了个人才华，又增强了小组的凝聚力，一举两得，正如我所愿，目的达到了！

接下来的几天，我召集了班里的几个“绘画高手”，让他们设法把大家的想法在我们的班徽中体现出来，他们很出色地完成了任务。我们的班徽是这样的：中间有个 1 字，代表我们是初一（1）班，寓意我们要永争第一。“1”上面的皇冠代表我们永远夺冠，如金子般闪闪发光，在年

班徽

级中脱颖而出。在“1”的右边只有一只翅膀，我们在设计班徽时就是希望大家能够成为彼此的另外一边，大家相互扶持，彼此包容，向着我们的梦想飞翔。在“1”的左边有12片叶子，恰好我们现在每个小组有6人，这既代表了组与组之间的合作、竞争，又代表了师徒之间的两两合作。在外围有8个醒目的大字——“礼让，立志，励勉，明理”，这代表了我们班的班级文化——“li”文化，希望我们在“li”文化的带领下，能不断进步，共同成长，做最优秀的自己！

设计好的班徽得到了全班同学的一致好评，全票通过。但是，事情就这样结束了吗？当然没有！

回想一下，我们的目的不就是让每一个学生都能参与到活动中来，让小组增强凝聚力嘛。如果就这样结束了，显然不能完全达到目的，所以我又想了一招，就是让我们的宣委故意画了一张黑白的班徽，然后找打印室的老师复印了30份。接下来，该我登场了，我给同学们布置了一项作业，那就是，给我们的班徽涂上你心中的颜色，然后在我们的班徽演绎大赛上进行评比。评奖方式是这样的：每个人都将得到一面小红旗，把它贴在你自己认为画得最好的班徽旁边，每节课的任课教师也有机会进行投票，最后确定冠军。

在这样的过程中，大家都非常积极地参与，各自拿出看家本领，有的甚至找我要了好几张备用纸。他们给我们的班徽穿上了美丽的外衣，真是漂亮极了！每当我走到那面墙边都会目不转睛地看上半天，这些孩子简直太可爱了！

一周的比赛结束了，冠军产生了！我问了孩子们一个问题：“你们知道我们为什么要办这次班徽演绎大赛吗？”有的学生回答道：“是为了让我们的班徽变得漂亮点。”这时我们的班长站了起来，说道：“老师是让我们每个人都能记住我们的班徽，让我们时时想着我们的班徽，记住我们是（1）班学子，要为班争光！”这时，教室里响起了掌声，我想我已经不用再说什么了，这正是我所期待的，我相信我的班里现在应该没有一个人不知道我们班徽是什么样的，它已经牢牢地印在了每个人的心里！

张贴的学生作品

任课教师为学生作品投票

班徽虽小，却是一种精神的象征，承载着全班学生的共同愿望，能让学生的心往一处想，劲往一处使！通过这次班徽设计大赛，小组的同学配合更默契了，大家更团结了，班级的凝聚力更强了！

围绕“li”文化，我们必须确立自己的班名、口号、班歌等。任务布置之后，同学们表现出非凡的热情，总想把自己的智慧表现出来。我们首先解决的是班名。有一位同学早早就拿出了自己的方案，将班名定为“li之都”，我很欣赏，因为“li”体现班级文化，“都”有“家”的意思，整体体现温馨、团结向上的含义。

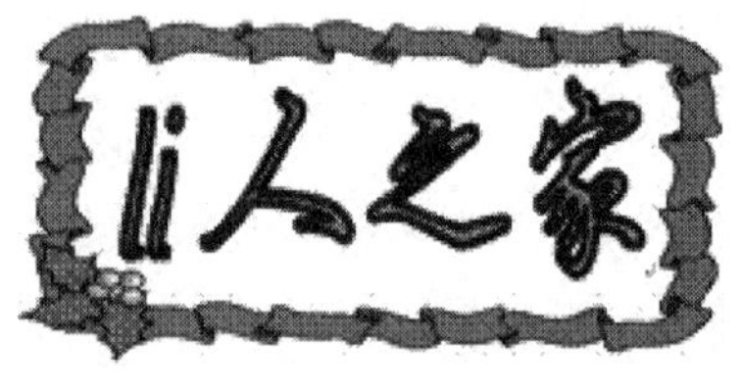

班牌

于是，我们组成了智囊团，群策群力，经过反复多次的思考与讨论，一个具有本班特色的班名终于确定了。同学们看着自己的劳动成果，心里有说不出的自豪。

班名的解读：班名围绕班级文化，“li 人”由班级的“li”文化而来，“li 人之家”，意在“li”文化的引领下，班级逐渐成为一个乐观的、积极的、向上的大家庭，大家共同奋斗，驶向理想的彼岸。

当具有我们班级文化特色的班牌第一次展示在班级门口时，同学们沸腾了，尤其是当其他班学生观看的时候，本班学生更是有一种莫名的自豪感油然而生，班级的凝聚力也在悄然发生着变化。每个学生都能记住班徽，更记住班徽的内涵，时刻想着班徽，用班徽和班级文化来约束自己的行为，这就是“文化”:“文于形，化于心。”

看似简单的班徽设计，其中却少不了教育者的智慧。绳锯木断，水滴石穿，只有我们在自己的教育管理中不断地去挖掘教育中的点，才能让我们的“班级文化”更扎实有效、牢不可摧！

三、会说话的墙

优美的教室环境能给学生增添生活和学习的乐趣，缓解学习的疲劳。更重要的是有助于培养学生正确的审美观，陶冶学生的情操，促进学生奋发向上的积极状态。另外，优美的教室环境还可以增强班级的向心力、凝聚力。凡是教室环境整洁、优美的班级，其师生的荣誉感、班级凝聚力都比较强。因此，班主任应重视教室环境的美化，力求让教室的每一面墙壁都会“说话”。

首先，为了让同学们能够时刻牢记自己班级的班级文化，并深刻理解其内涵，我们特意将班级文化的几个代名词制作成标牌，张贴在班级墙壁最显眼的地方，让同学们在这种文化氛围中时刻注意自己的言行，并朝着标牌上标语提示的方向努力，同时提升自信心和自豪感。

张贴在黑板正上方的班级文化标志

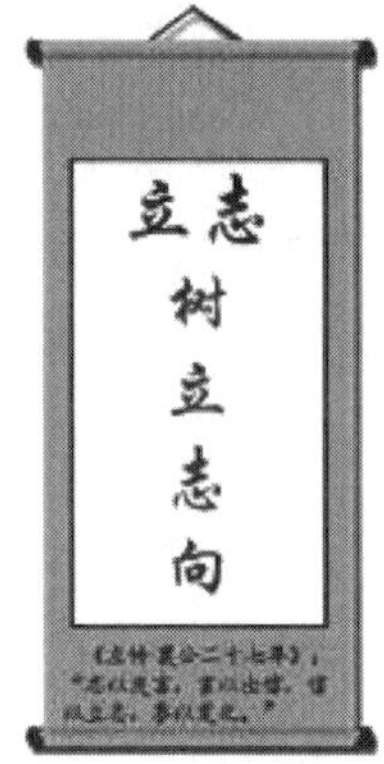

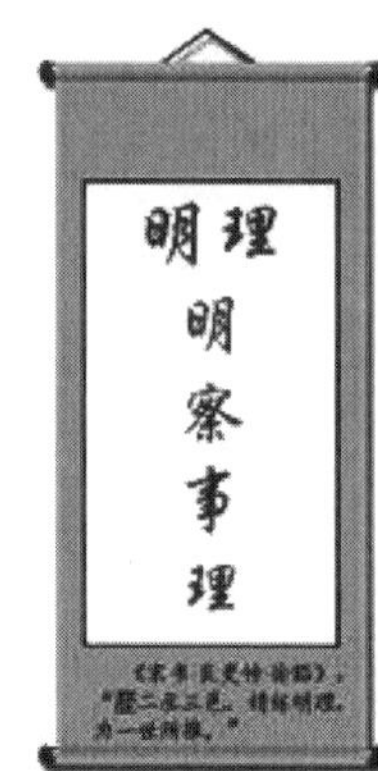

悬挂在侧面墙壁上的班级文化解读

教室里的墙壁是学生自由展示自己的天地，内容多姿多彩，各不相同。我们教室的墙壁上都张贴了标语。如：

（1）你尊重别人，别人才会尊重你。

（2）讲授是最好的学习。

（3）听讲的同学：心怀感恩的心，别人会了还要教我，所以我必须学会。

（4）讲题的同学：心怀幸运的心，教别人不光成就了助人的美德，还能让自己掌握得更牢固，所以我要珍惜机会。

（5）小组的成功才是最大的成功。

（6）全组强了，你才能更强。

魅力展示墙

同时，我们还设计了一个专栏——“魅

力展示墙”，让学生可以张贴自己的书法稿、手抄报等自创作品，还可以对他人的作品进行评价……

这一面面墙壁，经过文化的洗礼，彰显了智慧，激发了热情，潜移默化地启发着孩子们学习做人做事的道理。其实它就是一位老师，而且是一位会魔术的老师……

第二节　异彩纷呈的组文化

初中阶段的青少年开始从心理上“断乳”，将要逐渐形成独立的内部精神世界。由此，青少年的情感重心发生转移，开始将目光投向同伴，初中生同伴关系的重要性逐渐显露出来。

小组是学生确立同伴关系的最小集体，也是班级文化实施的最小单位。因此，小组文化建设是必不可少的，它主要以熔铸共同的价值追求为核心，培养小组成员的认同感、归属感、责任心和团队精神。小组文化建设包括建立组牌（或组徽）、制定小组发展的目标、提出小组口号等。小组的划分采用异质分组，基本实现组内异质，组间同质。小组内分工明确，责任到人，小组成员要与小组荣辱与共，小组的成功取决于所有组员的共同努力。我们将从小组结构、小组座次和小组规则等方面进行小组文化建设。

小组建设流程：小组人员的分配→小组的座位→小组的规则→小组的分工→小组的组名、口号、组徽、组歌……

一、优化小组结构

科学研究及课堂实践表明，相对合理的小组人数是4—6人，其中又以两两成对的四人小组最为适宜。因为不论对于学习还是管理来说，四人小组都具有很多好处，如：

1. 四人小组有利于学生个人才能的充分展示。

2. 四人小组变成两人一对，成为师徒（友），可以在最大范围内实现互动。

3. 四人小组，可以避免由于学生人数较多造成的个别学生被忽视和隐藏等现象的发生。

遵循原则：组内异质，组间同质。

灵活调整：性格、男女生、高矮个、视力……

快捷方式：

小组成员分配

卡包式座位

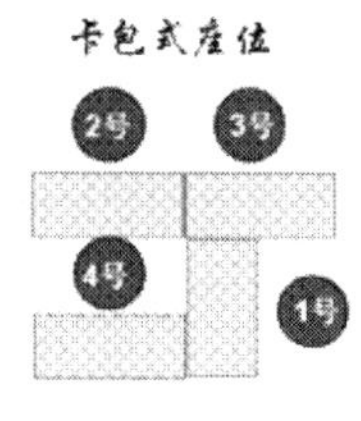

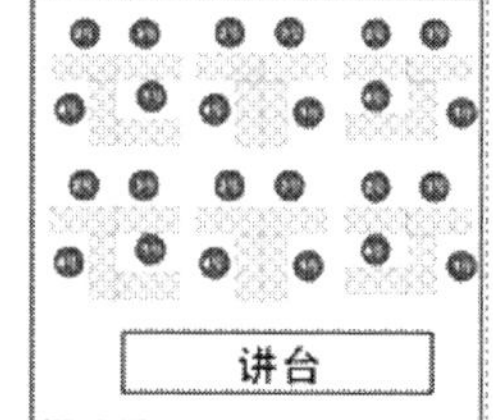

座位的安排

小组建立的目的是帮助学生通过小组的建设、同组学生的相互鼓励，更好地进行学习。因此，学习成绩就作为分组的重要依据。一般情况下，应使每个组都同时拥有 A、B、C 三个层次的学生，在此基础上，再根据学生的性格、性别及身高、视力等多方面因素进行综合考虑，实现人力资源的最佳组合，我们将其称为“组内异质，组间同质，优势互补”原则。在此基础上，我们再将同组的学生分为 1—4 号（1 号为领头雁、2 号为智多星……），目的不是给学生贴个标签，而是更多地考虑学生的差异，根据学生特点给予最适合他们的学习任务，一定要和学生讲明这一点。

过去我们的小组活动常常是在前后桌四个学生之间进行的，这样做未尝不可，但在活动过程中，总会有一半的学生背对着黑板，这会使他们很不舒服或是厌烦。为了避免这种情况的发生，我们采用了“卡包式”的座位，让 1 号和 4 号、3 号相邻，2 号和 3 号同位，这样能最大限度地让组员充分合作交流，还能让他们在适当的时候全身心地听讲，一举两得。

小组的组建不是一蹴而就的，小组成员也不是长期不变的，而是应该根据学生的变化和小组的需要适时地进行调整。建议在每学期的开学初都重新调整一次，这样既能保持学生的新鲜感，又能预防“小集团”的形成。当然，在小组重建之前，我们可以引导学生举行一系列的纪念活动，例如，让学生给同组成员写下感谢的话语等。

二、创建小组文化

在班级文化初见雏形的基础上，为了把班级文化引向深入，我们应该着手创建小组文化，要求小组长根据本组情况，与组员沟通，以班级文化为蓝本，制定出有本组特色的组名、组徽等。

【知识讲堂】

1. 什么是小组文化？

小组文化作为班级文化的有机组成部分，也是影响班级文化的主要因素。但是小组文化有其独特的一面，以熔铸共同的价值追求为核心，培养和激励小组成员的认同感、归属感、责任心和团队精神。

2. 小组文化包含哪些要素？

小组文化可以通过建立组牌（或组徽）、选定小组格言、制定小组发展目标和规划、提出小组口号、建立墙面小组文化环境、选择组歌等来完成。

3. 为什么要形成小组文化？

小组的凝聚力能增强学生的集体荣誉感。同时，培养学生的小组自豪感和归属感，对竞争意识和合作意识的培养具有重要的作用。

4. 小组文化和班级文化之间的关系是什么？二者如何相互影响？

小组文化的建设过程也伴随着班级文化的建设，只有把小组文化建设融入班级文化中，班级文化才会更有生命力，小组合作学习才会显现强大的生命力。

【实操设计】

主题：小组文化建设大讨论

目的：通过讨论，初步达成对小组文化建设的共识，并设计出具有本组特色的、代表小组精神的组名、组徽等。

时间：40—45 分钟

地点：班级教室

参加人员：小组成员

前期准备：PPT、大白纸、彩笔

形式：小组讨论、全班展示交流

流程：

1. 头脑风暴（5 分钟）：结合班级文化，每个组员先想一想我们要建设一个怎样的小组，然后用 1—3 个词语进行高度概括；

2. 小组交流（15—20 分钟）：每个组员说出自己的想法及概括的词语，由组内的记录员进行记录，然后小组通过讨论，形成本组的共同意见并写在大白纸上，结合这些词语，概括出具有本组特色的组名，再根据组名设计组徽；

3. 班级讨论（15—20 分钟）：每个小组派一位代表与全班交流本小组的文化，由班主任帮助各小组进行梳理，各组课下再次调整。

【注意事项】

1. 班主任要在讨论之前说明班会的目的，让大家明确目标，争取让每个人都参与讨论并积极发言；

2. 小组文化的建设一定要遵循“自下而上”的原则，以确保小组文化真正代表每个成员的呼声；

3. 小组文化的塑造不是一节课、一次性完成的，要根据班级、学生的情况及时做出改变，如果本次讨论没有达成共识，那就需要我们调整后再次进行讨论，直至形成共同的价值追求。

【实操演练】

小组文化建设不是一朝一夕就能完成的，它需要全组同学的共同努力，真正形成本组成员的共同价值追求，进而引领本组成员逐步地塑造自我。

【案例】

打造小组文化 提升精神生命质量

在我所带的班级之中，有这样坚定有力的6支队伍：如果班级是一棵大树，那么它们就是大树下牢牢扎根于泥土的树根，无论风吹雨打，绝不动摇，这就是我们班级的6个小组。

起初，在小组的建设过程中，他们也有很多摩擦，但经过时间的打磨，他们已经变得无比和谐，小组里到处充满让人快乐的笑声、让人感动的讲题声、让人温暖的鼓励声、让人激动的赞美声。小组的组员也个个变得越来越自信，越来越阳光。

小组文化展示：

小组组名：翱翔的雄鹰。

小组口号：参与就有快乐，自信就能成功；参与就有收获，展示就会成功！

小组目标：认真做事，学习成绩在原有的基础上都有提高。

小组组规：

（1）上课认真听讲，主动举手回答问题；（2）认真完成作业，不能抄作业；（3）积极参与小组活动，上课勇于发言；（4）尊重组长，服从管理，学会提建议；（5）团结合作，共同奋斗。我们上课要做到：高效学习，积极讨论，阳光展示，大胆质疑。

记得有一个学生在自己的每日感言中这样写道："今天的考试，我的成绩有了很大提高，数学居然考了 80 分，我真的没有想到，太让我吃惊了。看来平时我的努力是没有白费的，我特别要感谢我的小组，尤其是我的小师傅。如果没有他平时的督促，我的成绩肯定不会提高得这么快，而且我现在上课也不那么害怕了，敢自己主动回答问题了。我永远也不会忘记他们给我讲题时的认真神情，真的要说一声：'谢谢你们！'"

我想，这个学生的感言一定是发自肺腑的，这就是小组建设的魅力。也许提高成绩并不能说明什么，但是如果一个人的自信心也能从此提高的话，就真的是太好了，因为小组文化给每个人带来的，除了成绩进步之外，还有精神生命质量的提高。

1. 小组文化建设一开始不要太快，这是小组组员融合的过程，也是大家一起努力做的第一件事情，完成的过程本身就是文化建设的过程。

2. 对于小组文化中的具体内容，班主任一定要仔细地看一看，进行整体把握，避免字里行间出现消极的话语，影响整个班级文化建设的进程或造成负面影响。

第三节　活力四射的部文化

在传统的班级建设模式中我们不难发现，班级的权力最终总会落在为数不多的几个班干部手中，而“部委制”可以打破传统管理的局限性。班级成立五大部，即学习部、纪律部、宣传部、体育部、生活部，由班主任确定五大部部长，再由各个部长召集自己的部员。这样，班级中多元主体共治共享，每个学生都能参与班级治理。各部也会根据班级的问题及需要组织各种文化活动，通过“主题项目发布会”展示活动设计，吸引同学参与班级活动。

一、可持续性的部委组建

班级的部委成立后，可以根据需要进行改革，除了上面提到的五大部之外，还可以成立信息部、新闻部、财政部等，比如有的班级还成立了维权部等。可见，部委制有巨大魅力，能增强班级活力，给班级建设带来更大可能性。

【知识讲堂】

1. 什么是班委制、部委制？

班委制就是班级常务工作由几大班委全权负责，权力主要集中于这几个人手中。部委制则是在班级成立几大部委，不同的部委分管不同方面的工作，班级每个学生都加入某个部委。

2. 班委制与部委制的最大区别是什么？

班委制下，权力集中于少数几个人，不能充分体现其他学生的价值，大多数学生仅仅是被动地接受管理，难免产生逆反心理。部委制采用民主集中制，变管理为治理，每个人既是活动的策划者，又是活动的受益者，既是服务者，又是被服务者，真正体现学生的主体地位，践行协商式民主。

3. 主要需要成立的部委有哪些？

学习部、生活部、纪律部、宣传部、体育部等。

【实操设计】

主题：部委招新大会

目的：各部部长选出适合本部门并拥有一定的特长、愿意为大家服务的同学作为搭档，协助自己开展部委工作。

时间：40—45 分钟

地点：班级教室

参加人员：全体同学、班主任

前期准备：PPT、大白纸、彩笔

形式：小组讨论、全班展示交流

流程：

1. 班主任说明部委成立的目的及意义，用 PPT 展示以往班级或其他班级部委建设的成果，增长学生的见闻，激发学生的兴趣；

2. 班主任公布初次成立部委时的部长名单；

3. 部长说明部门成立的目的，介绍部门的主要职能；

4. 双向选择：各部部长在班里选定一个区域，向同学介绍本部委，同学结合自己的特长自主选择自己适合的部委，班主任只需要给各部一定的名额限制；

5. 部长根据本部门的需要选择部委成员，并将拟定成员的名单写在黑板上，班主任帮助做最后的调剂。

【注意事项】

1. 部委成立伊始，可由班主任选定部长，但是一段时间后就可以让学生推举最适合该部门的部长。

2. 一定要选取责任心和组织能力较强的学生担任部长。

【实操演练】

以部委建设推动班级文化发展

文化具有继承性。在班级文化建设过程中，共同的价值追求作为班级文化的核心和灵魂，要贯穿始终，相对稳定。但文化发展的实质在于创新。班级文化的血肉和骨骼，即具体内容和形式的创新，是班级建设这一实践发展的必然要求，是班级文化自身发展的内在动力。部委则是班级文化创新的重要主体，部委的建设对班级文化创新起着很大的推动作用。

因此，班主任要高度重视部委建设，使班级文化建设与部委建设同频共振，不断吸收各部委的思想和智慧，处理好班级文化建设过程中继承与发展的对立统一关系，以部委建设推动班级文化在继承的基础上创新，使班级文化与时俱进，始终保持强大生命力。

1. 定部长

部长对于整个部门的发展非常重要，一定要让能力与之匹配的学生担任，但人品应该是首位的，能力稍弱的可以培养，但没有责任感的部长就会带偏整个部门。

在首次成立部委时，班主任可以先指定一些各方面资质都不错的学生担任部长，跟他们单谈，表明良苦用心，希望他们能够担此大任，并在班里树立他们的威信，在具体工作中给予他们一定的指导，帮助各部门平稳度过“创业期”。

当部委发展成熟以后，班主任可以让学生自主推荐，全班投票，最终选定部长。

2. 选部员

部员的选择可以通过多种方式，既可以让部员自己选择自己喜欢的部门，也可以由部委根据工作需求进行“特长人才”的优先选定。总之，只要充分发挥每一个学生的特长即可，让其通过体现自己的价值来树立自信心。

3. 评价部长

对部长的工作效果要进行科学评价，可以定期召开部长述职大会，部长汇报本部门的工作成果，阐述工作亮点，这样做既可以促进部长对自己工作的反思，又可以为部门间互相学习借鉴创造大好机会，还可以展示部长的个人风采，提高其影响力。

4. 优化部委结构

部委建立一段时间之后，我们往往会发现，光有几个学习部、纪律部、生活部、体育部、宣传部等已经不能满足学生的需求了。例如，为了维护同学们的利益，有的学生成立了维权部；有的同学发现了班级经费方面的问题，主动发起成立了财政部等。

当部委具备一定规模后，随着班级的需要，学生们会自主成立许多相应的部门，而此时班级真的就像一个小社会一样，各部门之间均衡发展，既相互合作，又相互制约，和而不同，达到一种真正的“和谐”。其实，这也就是所谓的“飞轮效应”，其效果不言而喻！

1. 如果有的学生不愿意加入任何一个部委，班主任就要摸清学生不愿加入的原因，并了解其自身特长，帮助其找到适合自己的部门，无论如何都要让每个学生加入其中一个部门，以人尽其才。

2. 部委发展到一定阶段，学生就会自主建立一些部委，但是学生建立的部委五花八门，班主任要正确引导其往促进班集体建设的方面发展，成立一些对班级文化建设有利的或朝正面方向发展的部委。

二、五彩斑斓的部委文化

文化是巨大的软实力，特定的文化氛围可以丰富人的精神世界，增强人的精神力量，促进人的全面发展。部委文化是部委建设过程的灵魂，因此，在成立了部委之后，我们最重要的一项任务就是部委内部人员的融合，初步建立部委文化，形成品牌效应。

【知识讲堂】

1. 部委文化的作用是什么？

部委文化是各部得以持续发展的精神动力，它蕴含着可以使各部委成员形成共同的价值追求，推动大家朝着预设的目标共同努力。遵循部委文化蓝图，班级可以优化组织架构、提高部委干部素质、整合班级资源、开拓学生活动空间，用较短的时间实现学生的自主发展。

2. 部委文化包括哪些要素？

部委文化应包括部名、部徽、部门职责、部门口号、部门目标等有形要素，同时，还应包括部门精神等方面的无形要素。

3. 班级文化、小组文化、部委文化之间有怎样的关系？

班级文化是一个很抽象、很大的概念，它需要我们将其不断地分解，以小组文化、部委文化为有机组成部分，通过小组、部委组织各种有意义的活动，最终实现班级文化的大目标。

【实操设计】

主题：部委文化建设大讨论

目的：初步达成对部委文化建设的共识，找到一个高度概括、代表部委精神追求的代名词。

时间：40—45 分钟

地点：班级教室

参加人员：全体同学、班主任

前期准备：PPT、大白纸、彩笔

形式：小组讨论、全班展示交流

流程：

1. 头脑风暴（5 分钟）：每人想一想我们想要建设一个怎样的部委，然后用 1—3 个词语进行高度概括；我们的职责是什么？我们部门的目标是什么？

2. 组内交流（15—20 分钟）：每人说出自己的想法，由组内的记录员进行记录，然后小组通过讨论形成本部门的共同意见并写在大白纸上。

3. 班级讨论（15—20 分钟）：每个部门派一名代表跟全班一起交流本部门的意见，最后由班主任帮助大家进行梳理，最终和大家一起达成共识。

【注意事项】

1. 班主任要在讨论之前说明班会的目的，让大家明确目标，争取让每个人都参与讨论并积极发言。

2. 部委文化的形成要遵循“自下而上”的原则，保证部委文化真正来自学生，代表该部委学生的心声。

3. 部委文化的塑造不是一节课、一次性完成的，它要根据班级、学生的情况而做出及时的调整和改变，如果本次讨论没有达成共识，那就调整后再次讨论，直至形成共同的价值追求。

【实操演练】

文化的形成总是需要一个过程，需要集体的力量与智慧，最重要的是每个人的真诚，真诚地发表自己的见解，让部委文化真正体现各部委全体成员的心声，贯彻“自下而上”的原则。

部委文化建设需要各部委学生的共同努力，大家也可以先一起查阅资料，进行初步学习，然后再进行部委集体讨论，各抒己见，形成文本，找到本部委的文化特色，最后在班级文化巡展中向全班展示。

【案例】

学习部的部委文化

1. 部门文化：“xi”文化——学习、仔细。

2. 部门口号：学而不思则罔，思而不学则殆。

3. 部门精神：学源于思，思源于疑，小疑则小进，大疑则大进。

4. 部门职责：

（1）为班级营造良好的学风。

（2）带领大家合理利用早读时间。

（3）课前提醒大家准备好学习用具。

（4）每天负责作业收发的统计及小测工作。

（5）组织一些调动全班学习积极性的活动。

5. 本学期活动目的：

让同学们能够树立积极的学习心态，具有坚强的意志品质，在学习中能够克服困难。让同学们能够互相帮助，充分利用师徒合作，争取在师傅名次不下降的前提下，70% 徒弟的成绩都能有所上升。

通过部委文化建设，促进各部成员对职责分工的认同，让各部成员在文化建设的过程中有一种责任感、归属感，从而更好地为班级建设贡献力量。

1. 部委文化建设的过程也是各部门成员融合的过程，要循序渐进，分阶段分步骤地扎实推进，可以提前给学生一些学习资料，让学生工作起来有抓手。

2. 文化形成以后，班主任要引导大家反思建设的过程，组织各部委交流体会和收获。

3. 部委文化的建设过程比其具体内容更重要。因为建设的过程就是学习的过程，所以，只要各部委不是明显“犯规”，班主任就可以适当放手。

4. 各部委要权责明确，既不能越权，也不能缺位，运行机制要具体、可操作，保证工作落到实处。

5. 由于部委是一种流动式的基层集体，没有小组实体的稳定性强，为了保证部委可持续发展，有必要在时间上为部委活动提供保障，最好每周活动一次，每次活动时间不得低于 40 分钟。

第二章
文化建设——活动“领人”

班级文化建设是将思想与活动进行深度的融合，培养学生积极品质和乐观向上的品格的路径。在顺应学生需求的前提下，关注学生的内心世界，净化学生纯真的心灵，是班级文化建设的精要所在。丰富多彩的活动可以焕发学生的生命活力，把学生发展从知识层面提升到生命发展层次，使学生学会创造幸福，分享快乐。

第一节　班级中的大脑——活动的规划与设计

文化影响着学生的思想行为。而班级中，一个积极向上的班级文化为学生可持续发展提供内在的驱动力。因此，班级文化建设之初应该对班级建设有整体的设想和规划，并让活动服务于班级文化建设，进而在活动体验中对学生进行价值引领。班主任应依据育人目标，掌握不同年龄段学生的心理需求，进而设计系列班级活动，有效地促进学生的思想道德建设和成长，让学生在活动中获得情感体验，让他们成为有道德、有责任感、有爱心的人。

一、以价值引领为核心规划班级活动

价值引领是一种教育方法，它通过引导学生树立正确的价值观和人

生观，培养学生高尚的品德和行为习惯，从而达到教育目的。在班级活动中，以价值引领为核心规划活动，可以帮助学生树立正确的价值观和人生观，增强学生的道德意识和社会责任感。价值引领可以影响个体对事物的认识和态度，进而影响其知、情、意、信、行的发展。因此，基于学生发展的班级活动应强调将认知、能力、态度三者有机地整合，使学生达到知、情、意、信、行的和谐发展。

在规划之初，首先，要尊重教育规律，知晓各年龄段学生身心发展规律。其次，调研班级学生情况（家庭背景、智力水平、性格志向、爱好等），为每个学生提供适合的平台，创造发展的机会。最后，明确目标，通过价值引导和培养，促进每个学生主动地、生动活泼地发展。

以某班级三年目标为例，如下表所示：

年级	主题	学期	目标	班级文化作用
初一	让每位学生都有当小干部的权利，培养自信心和团队合作意识	第一学期	建立规范，培养自律意识，初步建立班级合作小组和班级部委，培养学生的责任心和合作意识	班级文化的规则具有很强的约束力量，一旦形成，就可以让同学们自觉地自我反思、自我规范，让自己的一言一行与班级的规章制度保持一致
		第二学期	自主管理，开展活动，培养自信，关注学生精神生活，营造互相欣赏、互帮互助的和谐氛围	
初二	让自主内化成一种行为，培养自主精神、团队精神和事业感	第一学期	主动交往，拓展小组合作的发展空间。重视班干部为他人服务、为班级服务和为班级整体发展策划的作用，追求班级生活质量的提高	通过培养学生的自豪感、使命感、归属感等，培养学生的凝聚力、向心力
		第二学期	关注学生心理发展、青春期变化	
初三	培养自觉积极的人生态度和良好的公民道德素养	第一学期	搭建平台，做好师生心灵的沟通；师生合作，聚焦学习，提高学科成绩	为每一位同学营造一个文化享受和创造的空间，为他们提供各种形式的设施和标准，激发他们的主动性，激发他们的积极性，使他们以更高的热情投入学习和生活
		第二学期	调整心态，完善方法，提升发展境界	

唯有把握好要素之间的逻辑，才能制订出科学、有逻辑、有特色、有实操性的班级规划，并在实践中，关注个体的知、情、意、信、行的发展，来促进其更加健康、完善地发展。

二、以文化建设为主导创建系列活动

依据规划目标，结合文化建设的理念，创建系列活动。主题活动打破了课堂边界、学科边界，让学生在真实的环境里学会思考、合作、交流和探究。在活动名称的设计中，可以利用班级文化的谐音进行命名，更能够诠释班级文化的精神。例如：藏“jing”阁、小组伴我“cheng”长、乐“zhi”等。在一个学期中利用不同的活动类型，调动学生的积极性并丰富班级文化的内涵。丰富的活动能够突破时空边界，助力学生核心素养的发展。

（一）学期主题活动

教师通过富有深刻内涵的主题活动，让学生感受自然壮美，厚植家国情怀，品鉴生活趣味，感悟自身变化。在这个过程中获得真正实用的、不可复制的能力，如学习能力、思维能力、沟通能力、合作能力、创新能力等。这些能力有助于学生进行知识和方法的迁移，达到举一反三的效果。

在起始年级，帮助新生快速适应新校园，重视他们人际交往、行为习惯、自我效能的发展。开展“规则伴我行”系列活动，建立班级公约、小组公约、班干部培养等，强化自律和奉献意识；开展“天生我材必有用”系列活动，帮助学生展示自我、形成积极的心态。

在过渡年级，引导学生树立正确的价值观以及良好学习习惯的养成是重点。开展“青春读书会”系列活动，培养可持续学习能力，提升学习能力，激发学习动力和阅读乐趣，将学生的思考和领悟引向深处；开展“职场揭秘，点燃梦想”系列活动，让各个行业进班级，让学生在潜移默化中受到熏陶。

在毕业年级，实现成绩逆袭和疏导情绪压力是关键。开展“Yes, I can 成长不倒翁——抗逆力”系列活动；开展“明星学长·成功之路”交流会，邀请已毕业的学生做中考经验、学习方法交流，为进一步深造做准备。

（二）常规评比活动

常规活动能满足学生日常学习的需求，班规中加入小组常规评比的细则，通过多元化的评价，学生会为了小组的利益严格要求自己、约束自己、展现自己，长期坚持下来，不仅班级的常规不会出现问题，更重要的是学生有了为他人着想的意识，有了更强的责任心、更坚定的意志品质。每一次评比活动，都将接受来自同伴、父母、教师、陌生人以及自己的评价，甚至还有来自项目探索过程中自然生成的评价。如一封来自社区的感谢信、一次口头的表扬、一条表扬的朋友圈……全程阳光、积极的跟踪式评价过程对学生价值观的建立、思维的建设都将产生正面影响。当然，在每个组都会有一些学生的学习成绩或是常规表现总是拖后腿，影响小组的成绩，为了提升这些学生的信心，使这些学生更好地融入小组的学习中，可以用补分的方法给学生弥补的机会。例如，可以通过班级公益服务或者为班级做贡献等方式补分，让这些学生有发展的空间，有得到其他学生的认可的机会，更好地发挥评比的激励作用。

可以利用的常规评比项目如下表所示：

类别	序号	项目	备注	总结周期
自律	1	纪律之星	课堂表现加减分情况	每周
	2	自习王者	自习课完成学习目标情况及纪律表现	每次
	3	卫生标兵	每小组完成卫生的情况	每周
勤学	1	晨间诵读	早读的时间充分利用及合理规划	每周
	2	课堂参与	课堂参与的情况，老师反馈	每日
	3	进步之星	各个类型的小测中进步情况反馈	每次

（三）特色实践活动

特色活动能满足学生个性发展的需求，使学生的潜能得到开发，素养得到提高，视野更加开阔，身心得到全面发展。在班级活动中多采用活动体验型德育模式，通过环环相扣的活动体验，巧妙地让学生积极主动地参与到德育活动中来，进行品德的自我构建，从而提高德育的高效性和深刻性，促进学生健康快乐成长。

例如，以中国传统节日“中秋节”为主题的班队会设计，让学生在参与活动的过程中了解中国传统文化。设计多样的活动形式，如诗朗诵、手工、古诗吟唱等，学生通过提前查阅资料，共同分享中秋节的来历以及节日习俗，在此环节可以引入关于“团圆”“月亮”等中秋节节日元素的古诗词，涵养学生人文素养。或者与当地的福利保障机构合作，带领学生走进福利院、养老院等爱心服务场所，唤醒学生的情感共情能力，引导学生养成乐于助人、尊老爱幼的行为习惯。此外，还可以组织学生参与交通指挥、区域环卫清洁等工作，将交通安全、环境保护理念深植于学生的意识行为中，潜移默化地养成良好的行为习惯。

实践活动中，学生具身体验下受到的精神和行为的感悟和影响，可以增长他们的所见所闻，助力他们完善自身行为。

三、以学生体验为目标开展主题活动

班级文化建设必须让学生站在最中央，成为班级文化建设的主人。学生在思考、设计、建构的过程中，进一步了解、认识、理解班级文化的内涵与意蕴，为内化与践行做好铺垫。班主任要尊重并且发挥学生的主体地位，学生只有对班级引起重视，有归属感，才能够实现对班级文化的认同。

每学期的活动中，还需要开设一部分以学生“认领”方式完成的主题活动。以主题项目申报为指引，开展形式多样、生动活泼的班级活动，既在班级文化建设中唱了重头戏，也更好地发挥了学生的主动性。例如，每学期班级内的各部门可以围绕班级主题设计本部门的活动，使班级文化运转起来。还可以为了达到某一特定主题或解决某一突发事件，开展多种形式的主题班会、主题活动。班主任围绕每学期的申报主题，结合班级的具体情况，确定每学期班级申报的主题，为下一阶段班级部委设计活动打好基础。

【知识讲堂】

1. 什么是主题项目申报？

部门活动主要围绕主题项目展开，可以将主题项目理解为使班级文化运转起来的发动机、突破口。

主题项目申报表

<table>
<tr><td>班级</td><td></td><td>项目主题</td><td></td></tr>
<tr><td>项目设计依据</td><td colspan="3">实施该项目的背景分析，基于何种原因开展活动</td></tr>
<tr><td rowspan="4">项目实施步骤</td><td colspan="3">月主题：</td></tr>
<tr><td colspan="3">活动名称：</td></tr>
<tr><td colspan="3">活动目的：</td></tr>
<tr><td colspan="3">活动设计：包括活动规则、承办部门、参与对象等内容</td></tr>
<tr><td>项目预期效果</td><td colspan="3">项目实施后预期达到的效果，可分条陈述</td></tr>
<tr><td>成果呈现方式</td><td colspan="3">成果的呈现方式需直观可测</td></tr>
</table>

2. 主题项目申报有何目的？

班级通过主题项目申报方案后，各个部门即可按照主题项目申报表中的活动主题设计相关活动，主题项目申报表中的各项活动构建起一学期的主要班级系列活动。

3. 如何进行主题项目申报？

教师确定主题

教师分析学生特点，发现班级学生的问题，确定每月的活动主题。

部门确定主题

各部门围绕教师确定的主题，设计每月部门活动，并准备进行主题项目申报。

主题项目发布

根据部门设计的活动，组织进行主题项目发布会。

【实操设计】

主题：主题项目申报

时间：若干节班会

地点：班级教室

参加人员：全体同学、班主任

形式：小组讨论、全班讨论交流

流程：

1. 伴随着班级文化建设的进程，学生自主地发现班级中的问题，班级各部门在班主任的辅助下，确定班级活动月主题，并积极寻求解决问题的措施。

2. 各部门围绕教师确定的月主题，制订符合班级特点并具有针对性的每月活动方案，然后在全班范围内进行投票评选，评选出最符合本班学情的主题项目方案。

3. 以最终确定的主题项目方案进行主题项目发布会。

【注意事项】

1. 教师需要对班级的情况和近期的问题了然于心，这有助于在确定主题项目时起到必要的把关作用。

2. 对于主题项目的申报，一节课可能并不能完成，需要教师和学生放慢步子，不要急于求成，师生一起找到班级发展的问题，确定真正适合班级学情的主题项目。

3. 主题项目确定后，并不是形而上学地严格按照主题项目进行，可以根据班级需要灵活更改，使主题项目真正为班级服务。

【实操演练】

某班级主题项目申报如下表所示：

班级	略	主题项目	藏“jing”阁
项目设计依据	中学生正处于人生成长的重要阶段，良好的习惯是不可或缺的。入学初始，为了让初一年级的学生养成良好的习惯，决定在起始年级争创具有一班班级特色的“藏jing阁”。“藏jing阁”是“净、敬、竞、静、劲”的载体，是每一位同学养成良好的学习、行为习惯的好地方。我们会互相帮助，做同学的镜子，同时也改正自己身上的不足，做一名优秀的中学生。相信“藏jing阁”里的每一位学子都能成功！		
项目实施步骤	“藏jing阁”是“净、敬、静、竞、劲”的载体。净：既指环境的干净，又指思想的纯净；敬：包括自敬和敬人；静：既包括自习课、午休等课堂的安静，还包括学生内心的一种“心静”；竞：既包括学习上的公平竞争，又泛指行为规范的公开评比；劲：学习上要有冲劲，在学校的各项活动中要有干劲。希望通过班级的各种活动，将这样一种文化修养贯彻给每个学生，最终形成于学生良好的行为习惯之中。 （一）一月一主题 9月：争当卫生小卫士 良好的环境是一切好的开始，希望同学们能够培养良好的卫生习惯，除了搞好个人卫生之外，还要把班级的卫生做好，在月末评选出卫生先进小组及卫生小卫士。 10月：夸夸身边可爱的同学 让学生大胆说出你认为最可爱的同学，以及夸赞的理由，有些默默为班级、同学服务的感人的事情可能就会浮出水面，让学生学会关注身边的平凡人、平凡事，取人之长，补己之短。并将同学们的夸赞以“信件”的方式在家长会上送给家长。 11月：沉默是金 希望同学们能够在自习课上保持安静，在没有老师的情况下也能做到“无声”；平时多听，用心聆听，培养自己的一种“心境”，遇事时可以静下心来思考。月末评选出自习最好的小组，进行表彰。		

续表

班级	略	主题项目	藏“jing”阁
项目实施步骤	12 月：我的作业最规范 对作业进行评比，选出每一小组中作业最规范、最认真的进行表彰，并将优秀作业进行展览。 1 月：我是 No.1 面对期末大考，结合班级文化，要求每个学生都要有争当 No.1 的精神。 （二）学友互助 1. 都是这个家的成员，我们不能自私地只顾自己。自己收获的同时，我们更要考虑到那些默默无闻的成员。伸出我们互相帮助的手，与成绩不理想的同学结对子，帮他们一起走上成功之路！ 2. 按照每位同学的薄弱项目让同学来帮忙，起到监督作用和教导作用。 3. 如果没有进步，可以选择换帮手。 4. 每月同学和小老师互评，总结自身的体会。 5. 每月评比模范小学友。		
项目预期效果	1. 班级窗明几净，学生外貌、衣着干净整洁。 2. 形成良好的习惯，让学生规范自己的行为。 3. 发现身边同学的优点，也发现自己身上的优点，增强自信心。		
成果呈现方式	1. 在班级的宣传栏中公布。 2. 做成展板在班内展览。 3. 出微信订阅号、制作小报和摄影展示。 4. 写活动感受。		

活动不是为了开展而开展，没有文化浸润的活动是没有灵魂的活动。将“活动”和“文化”建构起来，将抽象的“文化”变得更加具体可感，让“活动”具体化、小微化、系列化、可操作、有实效、能推广，从而使“活动”成为构建班级文化的重要路径。没有切实有效的“活动”，文化构建就容易成为一种空谈和口号。

在遵循学生身心发展规律的前提下，以学生的个人成长作为班级建设的特色为立足点，尊重学生的自主性发展、班级管理中的主体性地位，通过丰富的班级文化建设内容的设计，培养学生形成正确的行为习惯、树立正确价值观念，提升个人核心素养，以个体的成长助推班级文明建设。

第二节 班级中的细胞——小组助常规落实

小组是班级活动的最小单位，小组活动积极有效地开展，可以极大地确保班级活动的实效性。学生有效地参与实施，过程中遇到的挑战和困难，可以坚定信念获得胜利，个体因此得到历练。

班级文化建设的初期，常常以班主任发现班级问题并确定活动主题来唱响班级建设的主旋律。随着学生投入班级活动的参与度不断加深，主动性不断增强，活动的主体地位渐渐移交到了学生手中。

各个小组凭借以往的经验，根据本组组员的客观情况，设计并实施超越项目，并在学期末根据本组成员的最终表现及时复盘。在肯定小组优势的同时，发现本组劣势与不足，各个小组申报星级合作小组，为下一学期的班级文化建设主题提供依据与方向。

一、超越项目——文化建设的原动力

在以合作小组为载体进行班级建设的过程中，小组作为最基本的活动单元支撑着班级活动的运行。在前期主题项目实施与开展的基础上，各小组在组长的带领下，通过客观分析本小组的劣势，并瞄准劣势设计与组织具有针对性的小组活动，旨在突破本组的发展瓶颈，超越项目由此应运而生。

【知识讲堂】

1．什么是超越项目申报？

各小组活动主要围绕超越项目展开，超越项目的开展能帮助各小组促进薄弱方面的发展，它是小组持续发展的基础。

2．超越项目申报有何目的？

班级发布超越项目申报后，各个小组即可按照超越项目申报表有条

不紊地设计本组的超越项目活动，超越项目申报表中的各项活动构建起各小组下学期的活动，可大大提升组长的管理能力及各小组成员的合作意识。

【实操设计】

主题：小组超越项目申报

时间：若干节班会

地点：班级教室

参加人员：全体同学、班主任

形式：小组讨论、全班讨论交流

流程：

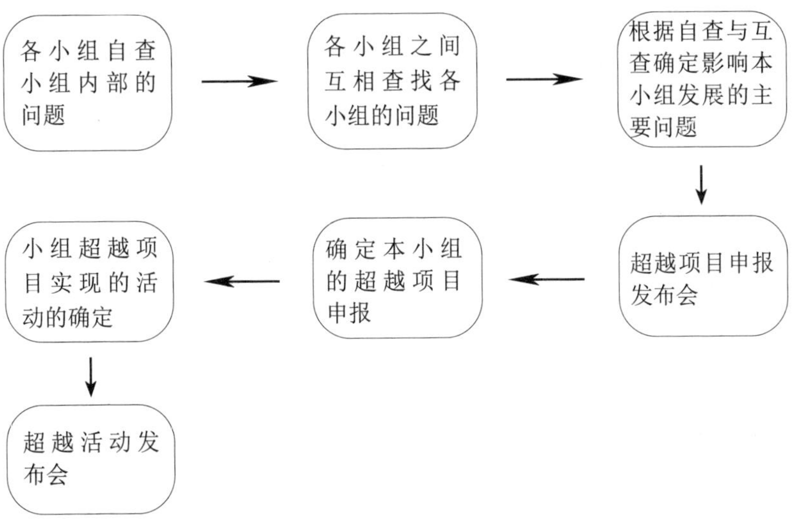

主题项目申报流程图

小组超越项目申报表

<table>
<tr><td>班级</td><td></td><td>超越项目主题</td><td></td></tr>
<tr><td>项目设计背景</td><td colspan="3"></td></tr>
<tr><td rowspan="7">项目实施步骤（按时间）</td><td rowspan="6">活动一</td><td>活动名称：</td><td></td></tr>
<tr><td>时间：年、月、日—年、月、日</td><td></td></tr>
<tr><td>负责人：</td><td></td></tr>
<tr><td>小组成员分工：</td><td></td></tr>
<tr><td>活动规则：</td><td></td></tr>
<tr><td>展现形式：</td><td></td></tr>
<tr><td>活动二</td><td>……</td><td></td></tr>
<tr><td>项目预期效果</td><td></td><td></td><td></td></tr>
<tr><td>项目成果呈现方式</td><td></td><td></td><td></td></tr>
</table>

二、星级小组——文化建设的助推器

随着时间的推移，学生已经对常规班级活动的机制产生了一定的疲态，缺乏了以往参加班级活动的积极性，怎样有效改变活动的形式得以充分调动合作小组的积极性成为持续有效开展班级活动的课题。同时，某些小组在超越项目活动的开展中也取得了一定的成绩，需要及时地对前一阶段的小组活动表现进行肯定。因此，每个学期末的星级合作小组十大荣誉自主申报成为鼓励各小组进步的重要形式，星级小组申报是小组持续发展的不竭动力。

【知识讲堂】

1．什么是星级合作小组的自主申报？

各小组对照各项示范组的具体要求，讨论本小组哪些项目已到优秀，根据优秀项目的多寡来申请星级合作小组的等级。

2．星级合作小组的自主申报有何目的？

通过班级星级合作小组的申报，每个小组将会清楚地发现自己的优项与劣项，为下学期小组超越项目的申报提供了一定的依据，同时也可以大大提高学生合作的积极性，它是合作小组在班级文化建设中发挥作用的助力器。

【实操设计】

主题：星级合作小组的自主申报
时间：40—45 分钟
地点：教室
参加人员：全体同学、班主任
形式：小组展示，举手表决

星级合作小组的自主申报表

<table>
<tr><td rowspan="2">组名及内涵</td><td rowspan="2"></td><td>申报日期</td><td></td></tr>
<tr><td>组徽</td><td></td></tr>
<tr><td>组规及组歌（附纸）</td><td colspan="3"></td></tr>
<tr><td rowspan="11">星级</td><td colspan="2">班级荣誉自主申报项目</td><td>申请项目画☆</td></tr>
<tr><td colspan="2">按时到校示范组</td><td></td></tr>
<tr><td colspan="2">环境卫生示范组</td><td></td></tr>
<tr><td colspan="2">遵守纪律示范组</td><td></td></tr>
<tr><td colspan="2">文明用餐示范组</td><td></td></tr>
<tr><td colspan="2">课堂常规示范组</td><td></td></tr>
<tr><td colspan="2">星级作业示范组</td><td></td></tr>
<tr><td colspan="2">及时改错示范组</td><td></td></tr>
<tr><td colspan="2">平时小测示范组</td><td></td></tr>
<tr><td colspan="2">珍惜时间示范组</td><td></td></tr>
<tr><td colspan="2">回答问题示范组</td><td></td></tr>
<tr><td>小组关于申报项目的背景分析</td><td colspan="3"></td></tr>
<tr><td>行动步骤（与超越项目相结合，按月罗列）</td><td colspan="3"></td></tr>
<tr><td>成果呈现（成果或活动反思）</td><td colspan="3"></td></tr>
</table>

创建一个和谐向上的环境，让学生从潜意识中认识到自己的做法正

确与否、从感情上接受同学们和老师们的教诲，从心底里认同我们的教育方式。如果我们能够建设积极健康并为广大学生所乐于接受的班级文化，就能使学生真正地体会到学校营造的“阳光校园”的氛围。

每一天，都有一些令人感动的事情出现；每一天，都有同学们共同努力的经历；每一天，都有学生在悄悄地发生改变，这种改变老师看了会欣喜，更重要的是这种改变可能会成就孩子的一生。他们为了实现班级的共同目标，不仅需要施展个人的才能，更需要集体的智慧和力量，在集思广益、共同创造的过程中，学生懂得了成功需要合作，理解了团队精神的意义！

第三节　班级中的骨架——部委促责任担当

班级部委活动是由学生组织或自主发起的活动，旨在促进责任发展和领导力提升。这些活动通常由班级学习部、规划部、体育部、文艺部、宣传部等各个部委发起，根据部委的学期计划开展的活动。班级部委制也是一种有效的管理方式，鼓励学生积极参与班级事务，旨在帮助学生建立自信、培养团队合作精神、提高领导能力和社交技能。

一、殚精毕思的部委规划

根据班级计划，班主任在与部委负责人协商后，班级发布主题任务，按任务类型可由各个部委进行认领，由部委负责人（部长、副部长）带领部员讨论之后形成活动规划，将具体执行任务在部门内进行分配和认领，随后利用班会征求班级同学的意见，让活动更加民主和实效，随后利用海报发布活动，活动的具体落实交由各小组进行。小组内部商讨每项事务应该如何推进，落实班级建设中的“民主与自主”。

活动规划流程表

标题	内容	形成过程
活动背景	发现班级出现的问题，分析现状	部长带领部门人员进行讨论完成
活动名称	结合班级文化的谐音，或者自行取名	全体部员进行头脑风暴
活动过程	活动内容、评比细则、奖惩标准、负责人	部长协调
活动准备	上报需要的物资和海报设计稿	和总务、宣传部协调
预期效果	活动预期效果及同学感受收集	部长设计

【知识讲堂】

1. 部委怎样围绕班级确定的主题组织活动？

在自主领取月活动主题后，由部委负责人带领，各部委围绕主题设计活动，包括活动时间、活动规则、活动注意事项、活动赋分原则等。在这个过程中需要达成部门内的共识，让每一个部员参与其中有负责的内容，更好地参与到班级管理中。

2. 部委进行活动发布后，具体由谁落实活动？

在进行活动发布后，主要由各小组组织开展活动，在过程中各部委人员需要进行监督和督促，活动的最终解释权交由部委负责人。

3. 每月的主题活动分别由哪个部门认领？

根据班级确定的月活动主题，由各部委负责人自主选取适合各部委设计活动的主题，有时也可以是教师为了活动的特定目的指定由某个部委承担某月的主题。

4. 如何理解“以挖掘班级文化内涵为主线展开的班级活动”？

以“zhi”文化为例，包含“知、秩、支、致”四个维度的内涵，由一个或多个部门围绕其中一个维度开展班级活动，旨在达成班级文化的内涵。

5. 班主任在活动组织中主要起什么作用？

作为班级文化建设的总导演，班主任总揽全局，根据各个部委组织活动的具体情况，在必要时给予某个部委技术指导或智力支持。也可以在班级出现突发状况或问题时，及时有效地将问题呈现给某个部委，交由特定部委针对该问题或状况组织相应的班级活动，避免活动的滞后性。

【实操演练】

【学习部】让学习真实地发生

案例 1

活动名称:“师”“务”招领

活动内容：班级师徒制学习竞赛活动。“师”代表师傅，“务”代表学习任务，含义为徒弟在师傅的帮助下，完成每日的学习任务。通过此种形式使学习能力较弱的学生在小组成员的帮助下，更多地分享到小组的成果（包括学习方法、解决问题的思路、合作中的感受、学习成果等），体现“zhi”文化中的“支”精神。

活动规则：

1. 在小组内进行师徒分配，保证师徒在同一小组内，以便下一阶段徒弟更加便利及深入地享受小组成员的帮助。

2. 建立师徒关系后，召开“师徒成立大会”，在学生心中明确师徒的关系，深化师傅的责任意识，名正言顺地要求师傅履行其职责，徒弟完成师傅下达的各项学习任务。

3. 师徒捆绑式评价，绘制墙报，制成柱状图式墙报，横坐标为师徒姓名，纵坐标为矩形加分条数目，以每日的测验、默写、背诵等基本学习成果检测为切入点，徒弟在以上检测中，获得满分或是有突出进步时，当日获得一个单位的矩形加分条，依次累加，每月进行一次结算。

评价方式：按照月排名，每月对取得前三名的师徒进行嘉奖，评选出“伯乐达人”“最谦虚徒弟”，并颁发喜报。

附：

喜报

活动名称：“最谦虚徒弟”喜报

________组同学：

在第 __ 周的“师”“务”招领评比中，在师傅的带领下，你的进步巨大，经初一（×）班集体商议，给予喜报，望你能继续发扬优良传统，再创佳绩。

××班班委会

年　月　日

案例2

活动名称：“花落谁家”

活动内容：主要针对小组成员的学习情况展开评比活动，体现“zhi”文化中的“知”精神，小组团结一致，加强小组的凝聚力建设，弥补“师”“务”招领活动对师傅成绩的评比奖励力度。

活动规则：

1. 由学习部承办，计算每日测验、默写等小组成员的表现，一次全部正确将会获得一枚花朵。

2. 制作墙报，以小组为单位，每个小组下依次粘贴好组员的名字，根据每日测验、默写的成绩在组员的名字下粘贴花朵。

评价方式：每日进行评比，核算分数，一次测验、默写满分将为小组加5分。运用“学习部”这样一种组织展开合作学习，赋予了学生自主探索、合作交流与实践创新的时机，使学习的过程真正变为学生主动参与，真正让课堂教学与班级活动有机地结合起来，相互补充，焕发活力。

案例3

活动名称：“窜天猴”

承办部门：学习部

活动精神：临近期末阶段，作业巩固的作用至关重要，针对小组内个别不能完成作业或作业质量有待提高的学生，以小组捆绑评价的形式，督促个别学生认真完成作业，获得当日的晋级条，实现“窜天猴”的一飞冲天，同时体现“zhi”文化中的“支”精神。

活动规则：

制作“窜天猴”墙报，以小组为单位，每日全员完成作业并合格的小组有资格获得一个矩形的晋级条，组内只要有一名组员未按时按质完成作业都不能获得晋级条，并且前一日累积的进度也将回到原点，重新累积进度。

评价方式：进度排在前三名的小组每周将获得一张喜报，由班委为其颁奖。

附：

喜报

__________组同学：

在第__周的“窜天猴”作业评比中，你组成员按时上交作业，表现优异。经初一（X）班集体商议，给予你组喜报，望本组成员继续发扬优良传统，再创佳绩。

XX 班班委会

年　月　日

【纪检部】让自律成为主人

案例 1

活动名称：“我为……而改进”

活动内容：包括我为自己而改进、我为他人而改进、我为小组而改进、我为班级而改进四个层面，改进的难度也随之递进，要求选取对自己、小组、班级等某些得到他人肯定但是仍需完善与改进的地方进行进一步的改进提高，从而完善自我，增强小组竞争力，提高班级的整体实力。

活动规则：结合上个月中自己、小组受到的肯定与表扬的某些方面，摘取自己做得仍有欠缺的地方汇集成文，并进行完善与改进，要求附上具体的改进措施和监督举措。

评价方式：活动结束后根据小组成员累计积分评选“千里马小组”。

案例 2

活动名称：“我的自习我做主”

活动内容：举办“自习课该不该讨论问题”的辩论赛，由学生自由选择正反方来进行辩论。发挥学生的主观能动性，在充分的讨论之后同学们对如何上自习课有了自己的一些想法和认识，最后，利用问卷将大家的看法汇总起来，为下一步制定自习课管理办法提供参考。在本次活动中通过论赛、小品表演、问卷调查、诗朗诵等环节，让学生充分表达自己的意愿，在讨论后能够更好地达成共识。

活动延续：出台自习课班级公约，由纪律部负责讨论评比细则，与班级评比挂钩。

案例 3

活动名称：“身份大变换”

活动实施背景：班级文化建设背景下的小组评比形式已经稀松平常了，因此，通过一个学期的类似评比，学生已经产生了一种心理倦怠感。为了刺激学生参与活动的积极性，增强小组荣誉感和凝聚力，班级采取了新鲜元素的角色等级更迭形式，“身份大变化”评比活动应运而生。

活动参与人员：班级所有小组

活动精神：围绕班级常规评比的项目展开，包括考勤、仪表、作业、听讲等方面进行综合考核，是班级评比的最基础项目，通过评比培养小组的凝聚力和荣誉感。

活动规则：

1. 按照常规评比的项目每日进行量化考核，一周进行总结，积分前两名的小组可以获得晋级，角色上升一级，直至角色由“秀才”变为“皇帝”。

2. 角色递进：

翰林院孔目→司书→国子监学正→翰林院编修→内阁侍读→通政司参议→大理寺少卿→宗人府丞→太子少师→殿阁大学士

3. 递进周期：每周进行分数统计，更迭名次，角色变换。

活动评价方式：每日进行评比，按照分数进行核算。

“身份大变换”墙报

活动效果总结：通过“身份大变换”活动的开展，让原本对评比方式已渐生厌倦的学生面对崭新的评价机制，迸发出了新的激情。小组的各项评比平均分均有所增长，尤其是原先各小组中的薄弱学生也展现出了蓬勃的斗志，跃跃欲试地参与到活动中来。

案例 4

活动名称：“辛卯之治”

活动精神：“贞观之治”是指中国唐太宗在位期间的清明政治。由于唐太宗能广开言路，虚心纳谏，重用魏徵等诤臣，并采取了一系列政策，使得社会出现了安定的局面，当时年号为“贞观”，故史称“贞观之治”。五班以此为鉴，今年为辛卯年，故开展活动“辛卯之治”，力求通过班干部与学生间的互相监督，避免班干部滥用职权、行使职责不公、以身试法等问题的产生，争取达到干群和谐、班风正气、秩序井然、团结一致向前看的班级状态。体现“zhi”文化中的“秩”精神和“致”精神。

活动规则：

1. 设立魏徵热线，每小组推选一名非班干部同学，组成魏徵热线，监督班干部在履行职责时是否存在越权、包庇偏向同学、以权谋私等现象，一周进行一次民意收集，以助于督促班干部依法治班。

2. 在班级墙面上粘贴透明的公文袋，学生可以将自己举报的班干部写在纸条上，投入公文袋，由纪检部同学定期打开公文袋，对“执法不公”的班干部进行谈心教育，多次涉及“以权谋私”的班干部将被罢免。

评价方式：负面点击率超过三次的班委需要根据民众代表反映的问题进行说明，并进入班委考察期。屡次出现严重问题的班委，剥夺其班委身份。

案例 5

活动名称：我们的约定

要求：以小组为单位，写出纪律最需要注意的细节，经过投票甄选出前十个，并写出检查标准和组内每日监督的人选，重要的一点是“周四的约定”，对周四下午老师开会时间的自习的监督更加严格。十个细节作为每日检查纪律的主要项目并进行评分，一项十分共一百分，纪检部的同学负责统筹检查，一次不合格扣五分，扣分无上限，以此督促每一个同学做好纪律的自管，最终做到纪律的无人管理。

步骤：“十一”放假后的第一周，各小组进行细节项目的申报，由纪检部的同学进行甄选和分配部员。修改 9 月纪检部临时部规，实施新部规。

评价：每天由专人进行记录，当日总结，对纪律最高分的前三个组颁发“纪律之星”桌牌，分数最低的组颁发“乌云”桌牌。周总结时，连续三天及以上都获得“纪律之星”的小组给予“纪律恒星”的喜报奖励；连续三次得“乌云”的小组得到“陨石”的批评报，家长签字。

活动策划方案：

我们的约定

（一）班级背景

班级整体较为活跃，学生敢说敢问，在课堂上与教师的积极互动受到了老师们的好评和表扬。但不足的是，由于思维的活跃导致很多学生有接话茬的现象，课堂秩序不能有序，同时也影响着其他的同学。

（二）实施方式

1. 纪律要求分层：以小组为单位，写出纪律里最需要注意的细节，经过投票甄选出前五个，成为要攻克的“第一阶梯”目标，主要囊括一些比较容易达成的纪律要求，如不按时到班、学具准备不到位等；在班级几乎全部消灭了这些问题之后，再让小组写上“第二阶梯”需要突破的内容，以此让学生自己找出纪律需突破的重点以及措施。

2. 强调课堂纪律：在课堂纪律中主要增加了纪检部同学对于课堂纪律的监管，由老师对当堂课的纪律做出评价之后，纪检部同学负责认真记录。

3. 进行评价和评比：这是纪律的主要项目，一项十分共一百分，纪检部的同学负责统筹检查，以此督促每一个同学做好纪律的自管，最终做到纪律的无人管理。

每天由专人进行记录，当日总结，对纪律最高分的前三个组颁发“纪律之星”桌牌，分数最低的组颁发“乌云”桌牌。周总结时，连续三天及以上都获得“纪律之星”的小组给予“纪律恒星”的喜报奖励；连续三次得“乌云”的小组得到“陨石”的批评报，做好小组反思及整改措施。

（三）实施效果

纪检部总结（纪检部部长：李某）

屋、无、伍、武、悟是我们的班级文化，分别对应着卫生、纪律、团结、文体活动、学习，其中纪律是比较重要的。人总会犯点错，但在纪律上有些错是不可以犯的，所以我们推出了“无”文化。

我们部的每一个部员都有自己的管理任务（人人都是小干部），如洪某管理课间、孙某管理自习、王某管理课上纪律、陶某管理两分钟预备、李某管理广播等。

虽然我们是纪检部的，但人无完人，我们也有一些纪律的问题，也会和大家在自习时嬉闹，也会在管理同学时偷懒。但这些问题，我们出现的次数比以前少了很多。不，应该是我们班。其实在这几个月当中，我们与这个班已经有了很深厚的感情，大家总会不自觉地保护它，不让它受到伤害。

在刚上学的这几个月里，我们有许多的活动，每一项活动都让我们有新的想法、新的感觉。在纪律月中，大家为了小组评比，拼命避免不扣分，拼命地加分。这使我们的纪律自管效果有了很大的提高。那段时间是我们纪检部最悠闲的时光了。

【卫生部】让洁净营造“磁场”

活动名称：细节在我身边

活动内容：以小组为单位，写出班级卫生最需要注意的细节，经过投票甄选出前十个，并写出检查标准、保洁的方式和组内每日监督的人选。十个细节作为每日检查卫生的主要项目并进行评分，一项十分共一百分，卫生部的同学负责统筹检查，每天由专人进行统计，七个小组循环一轮以后评选出得分最高的小组，成为卫生免检小组，累计两次卫生免检的小组就可以免除一次值日。对两次分数进步最大的小组给予鼓励，以此督促每一个同学做好卫生保持，培养良好的卫生习惯。

活动评比：在学期末评选出“卫生之星”并予以鼓励。

活动策划方案：

细节在我身边

（一）背景

卫生是一个班级精神面貌和文化建设的综合体现，每日卫生的检查对于班级综合评比分数又有极大的影响，因此，在五个班级文化的体现当中“屋”文化是首个要解决的问题。

班级背景：上学期我们班的卫生评比分数一直不是很高，大部分同学可以认真值日，但是，由于标准不明确，监督和检查扣分较多。部分学生在值日时责任心不强，没有做到细节之处的整洁（比如墙壁、暖气片、讲台缝、垃圾桶缝），对于班级卫生的保洁没有做到位，由于洒水等意外情况没有及时拖地，导致地面比较脏。这些现象都可归结为对班级的归属感不强，责任心较差。

改进方向：增强责任意识，划分卫生区，避免互相推诿。

（二）实施方式

1. 职责明确：确定在检查值日当中需要做的内容及项目（详细），小组之内分配人员，做到“人人有事做、事事有人做”，并且调节每日值日量的分配，保证时间的合理性。

2. 标准清晰：由卫生部根据学校检查评比要求写出详细的值日标准。

3. 检查落实：卫生部的同学安排好检查督促工作表，并且分别对小组卫生负责人进行培训，制作计分表，做到课间、午间、晚间都有检查的同学。每日检查卫生评比的主要项目并进行评分，一项十分共一百分。卫生部的同学负责统筹检查，一次不合格扣五分，扣分无上限，以此督促每一个同学做好卫生保持，培养良好的卫生习惯。

4. 评比及时：按卫生部指定的评比方式，每日总结反馈当天值日小组做值日的情况和所有组一天之内的保持工作。

5. 大力督促：对破坏班级卫生的现象进行大力的制止和惩罚；对认真值日的小组给予卫生之星的奖励。

（三）实施效果

卫生部总结（卫生部部长：滕某）

我们五班的文化是“wu”文化——屋、无、武、伍、悟。我们卫生部主要就是抓“屋”文化，强调班级卫生的整洁。

身为五班的卫生部部长，我对这一学期卫生部人员的情况做出总结。在这一个学期里，卫生部同学的工作还是很值得肯定的。每天早上都有我们检查卫生的身影，每次扫除都有我们督促的声音，每天晚上都有我们迟迟不肯走指导检查卫生的样子，我们每个人都付出了巨大的努力。在工作中，我们也是讲求工作方法的，每位部员都明确了自己的分工，知道自己该做什么、什么时间做什么；看见有垃圾也会自己捡起来，为同学们做出榜样。

班级里小组的卫生负责人在这学期全部值得表扬，因为他们知道自己的职责、卫生区，如果卫生区内有垃圾会自觉地捡起，中午和晚上值日时他们也认真监督直至合格地完成值日，保证班内的整洁。

班级内部评比活动还是有成效的，同学们都有意识地避免扣分，为了小组每位同学都做出了自己的贡献！五班加油！

卫生评比记录表

项目	人员	标准
黑板（正／侧）	陶某、石某	黑板无尘，黑板槽无粉笔灰
讲台、窗台	姚某、高某	讲台无杂物，讲台干净整洁，窗台无灰尘
窗后门四角柜	高某、滕某	前后门无手印，四角柜图书摆放整齐
扫地、垃圾桶	姚某、滕某	地面无纸屑，垃圾桶倒干净
拖地	王某	地面干净，无死角

【宣传部】让赞美成就榜样

案例 1

活动名称：我们的“甜言蜜语”

活动内容：利用同学间互道“甜言蜜语”的方式，增强同学间的赏识与尊重，体现班级“zhi”文化中的“支”精神——相互支持、荣辱与共。选取某一个切入点，描述某一位同学或某一个小组的闪光点，还可以是对同学的感谢、赞美等，形式多样，每日记录于家校联系本上，宣传部同学摘取具有创意精神的甜言蜜语，于每日放学总结前宣读，甜言蜜语被展示的同学将为本小组在当日评比中获得 1 分加分。

活动评价：活动结束后由宣传部根据各个小组成员甜言蜜语被展示

次数累计积分，选出“伯乐达人”。

活动效果：经过一个学期甜言蜜语的收集，不论是小事还是大事、不论是生活方面还是学习方面，班级收集到了很多温情并兼具创意的甜言蜜语，让同学们收获到了本学期的一份温情。每日甜言蜜语展示时间，同学们期待的目光和捧腹大笑的状态已经深深印刻在了彼此的脑海中，一笑一颦间同学们的感情在不知不觉地增进，班级融合加深，这也正是活动的最大效果。

活动精彩瞬间：

1. 李某的甜言蜜语

我要表扬汪某，因为这几天，他为班级做了不少好事，学习也在进步，今天下午还被评为了 10 月的阳光学生，我相信通过他的努力，他的学习会更好的。

2. 贾某的甜言蜜语

大家期待的“甜蜜”时间又到了，来看看今天被“拍马屁”的是谁吧，她就是我们的班长——胡某，这是为啥呢？因为今天下午的数学测验她得了满分，而我们班该得满分的同学却没有得到，还有同学得了 0 分，在班里刮起了“鸡蛋风暴”（我也包括在内），恭喜班长得了满分，希望她可以再接再厉，其他同学也要加油啦！

3. 杨某的甜言蜜语

公告：寻人启事

姓名：温某

地理位置：本人同桌

寻人目的：班里有些同学总忘记卷窗帘，温某主动提醒王某将窗帘卷上去，这样，做值日的同学就少了一项工作，可以更早地完成值日更早地回家，我要表扬她，帮忙转达一下。

案例 2

活动名称:“班级奥斯卡”

活动精神：利用小组承办班会的方式，考核小组发现近期班级问题的敏锐度以及寻求措施的有效度，拓宽了班主任管理班级的视角，减少了教师管理班级的死角，从而帮助班主任更加有的放矢地管理班级，实现班级良性发展。

活动规则：

1. 每周由一个小组承办一次班会，班会主题由承办小组任选（学校有主题时除外），主题应是近期班级中呈现的问题，由小组根据该问题向同学进行舆论宣传，通过开展班会向同学们寻求解决班级问题的方法或是针对某一现象的批评教育。

2. 由上一周承办班会的小组对本周承办班会的小组进行评分，包括课件质量、班会环节设计（班会主题选取的准确性、解决问题的准确性、环节流畅度）、主持人表现等方面综合计分。

评价方式：两周进行一次比较，两个承办小组中选取一个获胜组，在“身份大变换”活动中获得 20 分加分。

案例 3

活动名称：每周、月班级小结

活动规则：根据每周的常规项目评比，宣传部的同学会将每周各小组在各项评比中的分数进行结算，并统计出获奖小组，各个小组在班会或自习时间统一进行颁奖，颁奖仪式由各个小组轮流承办，承办小组需要制作课件、准备颁奖曲、购买奖品、邀请颁奖嘉宾等。

喜报或病危通知的颁发鼓励优胜小组再接再厉，暂时落后的小组迎头赶上。而月评比将结合各小组四周的表现统一结算，统一颁发喜报与奖品，这里重荣誉、轻奖品。

附：

喜报

__________组同学：

在第 __ 周的班级量化评比中，你组成员的表现优异，获得了第一名的好成绩，经初一（×）班集体商议，给予你组喜报，望本组成员继续发扬优良传统，再创佳绩。

××班班委会

年　月　日

病危通知

__________组同学：

在第 __ 周的班级量化评比中，由于你组成员的表现欠佳，惨遭淘汰，经初一（×）班集体商议，给予你组病危通知，望本组成员尽快根据本组的各项表现，对症下药，早日脱离危险。

××班班委会

年　月　日

案例 4

活动名称：班会策划

活动精神：班会能够有效地达成某种目的或解决某一问题，在班级中形成统一的价值观及舆论导向，从而帮助学生培养良好的行为习惯和学习习惯，最终实现自身的健康成长。在班级文化建设背景下开展的班会不仅是各个部门召开项目发布、策划部门活动的重要阵地，还是各项班级活动开展的主战场。

活动案例：

我的班会我做主

“老师老师，咱们要召开环保主题的班会！”宣传部部长冲到了我的面前，大声地喊着。“那就交给你们宣传部吧，所有的环节确定以后给我看看方案就行了。”我对他笑着说。班级文化建立之后，我对学生的能力已经有了充分的信任，布置任务后，我就等着看好戏了。

第二天下午，宣传部部长又来找我了，向我详细地叙述了班会的主要环节，并将班会的题目定为“环保也时尚”。同时向我提出了一个请求，原来是他们部门策划了一个活动，号召同学们收集身边的废旧材料制成环保工艺品，宣传部想利用自习的时间向同学们告知制作环保工艺品的相关事项和加分原则。我会心地笑了，将时间完全交给了宣传部。

在班会召开前夕，宣传部每日还会实时播报每个小组环保工艺品的制作得分，鼓励所有同学都积极制作工艺品，争取全员参与。班会当日，伴随着轻松舒缓的音乐，“环保也时尚”班会开始了，我也被安排了任务——拍摄精彩瞬间，以备宣传部后期进行活动的资料整理。

班会的各环节环环相扣，整节班会由“破坏环境现象大搜索”引入，再至“导火线巡查”，接着就是“我们的行动”，班会的高潮是学生们精心准备的“环保小创意”，用易拉罐制成的藤椅、筷子与废旧报纸制成的鼓槌、饮料瓶制成的座椅、广告海报制成的粉笔盒等精致手工艺品夺人眼球。本次班会最后以“点燃承诺”完美地结束，宣传部的同学也将同学们的承诺书完整地保存起来，作为一份美好的回忆。

精美的课件、流利通畅的朗读、环保创意的展示，每个小组的同学鱼贯而出，按照主持人的要求，没有丝毫的差池。这也成了我心中的一个疑问。班会结束后经过我的询问，我的疑问才迎刃而解，原来是宣传部的同学已经在班会前将各小组的任务分配下去了，这才有了这样一节热闹、欢快、充实的班会。看来我还真是小看了这些学生们，各个部门、各个小组的付出与准备没有让老师失望，真心希望他们能向我展示更多的惊喜。

二、饱含智慧的奇招妙计

班级活动是保障班级认识内化为个体的情感、态度、价值观，并升华为集体道德信念和共同理想，取得良好效果的有力途径，丰富多彩的活动固然夺人眼球，但是华而不实的班级活动却对班级建设的帮助少之又少，也不是我们建设班级文化所倡导的理念，因此在开展班级活动时注意小招数、巧妙计的灵活运用就显得尤为重要了，富有实用性的小技巧往往会帮助班级活动取得出其不意的效果。

妙计一：设计合理的班级组织结构，让每一个人有任务

班主任在设计班级活动时，根据活动的需要和任务量合理地确定分工，每一个环节的任务要落实到人。每一个人既是服务者又是管理者，在活动中对各个部门的职责范围予以明确，又要赋予他们完成职责所必须的权利，最终使得活动的运转高效、有序。特别是在常规评比中，清晰的职责划分，使得纷乱的班级工作不会遗漏。另外，学生对自己从事的工作非常熟悉，甚至找到工作的窍门，提高工作效率。

妙计二：利用成果展示，调动学生积极性

在每周及每月的评比中，排名靠前的小组将获得晋级的机会，如果仅仅是在墙报中让这份荣誉得以体现，学生相互竞争的积极性可能没有被完全地调动起来。开学初即让每个小组制作了具有本组文化特色的小组桌牌，如果可以将每周及每月的荣誉在小组桌牌中体现，将会极大地调动学生的积极性。试想桌子上每天摆放着贴满小组荣誉的桌牌，小组成员心中该是怎样的欢喜愉悦呢？怎么能不努力地为小组争得更大的荣誉呢？——在学生触手可及的位置加入荣誉展示，激发学生的斗志，促进班级竞争。

妙计三：建立荣誉体系，建立捆绑奖励

在宣传部的同学筹划组织了“师徒加油站”活动后，师徒的互帮互助就开展了起来，每周宣传部的同学都会为进步的徒弟颁发“最谦虚徒弟”喜报。在早期开展此项活动时我更多地关注了基础较薄弱学生的表现，而忽视了对卖了苦力气的师傅的褒奖。因此，我在后期更加关注

对师傅工作的肯定，为师傅颁发喜报。果然，一个个小师傅们更加努力地帮助他们的小徒弟，加入对师傅的奖励机制后，激发了师傅们的积极性，此项活动也就更大程度地发挥了它的效果——加入双向激励，鼓励师带徒。

妙计四：引入角色升级，提升活动实效

在班级开展的各项评比活动中，如果引入直观形象的角色升级机制，将会大幅提高学生的竞争意识，这种竞争意识的提高将有助于班级开展的各项活动的参与度及有效性。例如，设置角色的更迭，由秀才、举人、进士、探花、榜眼、状元，最终至皇帝的角色设置，在小组竞争中排名靠前的小组将获得角色的晋级，最先获得皇帝角色的小组将取得胜利，利用游戏角色进化的类似变型来吸引学生的注意力，鼓励学生积极地参与到班级的各项活动中来，从而获得教师想要达到的教育效果。

第四节　班级中的灵魂——巡展激集体荣誉

文化巡展是班级活动的一种形式，可以增强学生的集体荣誉感，促进团结度和凝聚力的提升。文化巡展激发了学生的创造力和参与度，通过自己的作品、才艺、介绍班级文化和历史等形式，展示班级的特色和亮点，让全班同学投入班级建设中，感受到班级的凝聚力，寻找到归属感。通过这种方式，学生们可以更好地理解班级文化的内涵和价值，同时也能够增强他们的集体荣誉感和责任感。促进学生的综合素质发展，提高他们的自我意识和自我管理能力，让他们更加自信和积极地面对未来。

一、厚积薄发——文化巡展体现集体凝聚力

班级文化巡展是每学期班级的重要活动之一，班主任老师在班级文化巡展前要把好航向，根据班级实际情况引导学生确定好巡展的主题及形式，确保班级文化巡展达到预期的目的。在班级文化巡展的准备期、彩排期、开展期、总结期，可以很清晰地感受到在各个时期前后学生们的明显变化，这些变化在班级开展活动后的学生感言中得到了淋漓尽致的表现，让我们一起走进学生的心声……

【知识讲堂】

1. 什么是班级文化巡展？

班级文化巡展就是各个班级间班级文化的展示与交流，是班级文化建设的平台与助推器，促进班级间文化建设的学习与借鉴。

2. 班级文化巡展的形式有哪些？

班级文化巡展的形式多样，可以采取小组文化与部门文化展示相结合的形式，也可以采取小组活动与部门活动展示相结合的形式，还可以是以小组或部门为单位的文艺展示等多种形式。

3. 班级文化巡展的目的是什么？

通过班级文化巡展促进班级间班级文化建设的互通有无，同时深化学生对班级文化内涵的理解，并增强班级凝聚力与集体荣誉感。

【实操设计】

时间：40—45 分钟

地点：班级教室

参加人员：全体同学、班主任

主题：确定班级文化巡展的具体形式与内容

内容：

1. 确定巡展的形式：包括小组展示、部门展示、个人展示等多种形式。

2. 确定巡展的内容及具体时间：班级文化建设的具体内容，如：班级组织机构介绍；班级文化、小组文化、部门文化阐述等。

3. 明确巡展所需准备：包括硬件设备（相机、彩纸等）、巡展座位安排、发言稿件等。

【注意事项】

1. 教师要在班级文化巡展前召开巡展的准备班会，与学生一起协商巡展的组织形式及内容等。

2. 班级文化巡展的形式与内容的确定，一定听从学生的声音，自下而上达成一致，充分体现学生的主体地位。

3. 巡展前由组长、部长、副部长等负责班级文化巡展的筹备与组织，包括组稿、展示形式及展示具体内容等。

4. 在组长、部长、副部长等班干部全权负责的基础上，教师需对小组展示与部门展示的内容进行最后的审核修改，把好最后一道关。

【实操演练】

班级文化巡展是一场班级文化建设的华丽盛宴，这场华丽盛宴的背后凝结了众多学生与教师的智慧和汗水。不论是班级文化巡展内容的确定、形式的选择，还是巡展彩排的组织与完善，都需要倾注教师与学生的心血。当然，在付出艰辛与努力的同时，我们也收获了属于自己的幸福和成长、灿烂与微笑。

就从一名青年教师所带班级开展的一次班级文化巡展说起……

马上就要举行班级文化巡展了，怎样开展此次巡展？巡展的内容包含哪些？学生会不会喜欢这种形式的班级活动？说实话，我一点谱也没有，怀着一颗忐忑的心，我召开了这样一节班会。

在向学生讲解清楚何为班级文化巡展后，学生对这种新颖的班级活动很感兴趣，在简单地布置任务后，各小组展开了激烈而投入的讨论。我将讨论的题目板书在了黑板上：

1. 采取哪些形式进行班级文化巡展？小组形式还是部门形式？活动总结形式还是文艺表演形式？或是采取其他何种形式？

2. 巡展包含哪些内容？分别需要多少时间？

3. 班级文化巡展前需要做哪些准备？

在明确了讨论任务后，各小组开始围绕问题展开讨论，15 分钟后，我请各小组的组长分别陈述了本小组的观点。有的小组说以部门为单位进行展示，有的小组说以小组为单位进行展示，还有的小组建议以三句半这种新颖的形式让参观的老师们感受部门文化的魅力。学生们的奇思妙想真是让我激动不已，我没有想到将问题抛给学生后，他们竟让我感受到了如此的震撼和骄傲。

最后，在热烈的讨论后，我们将此次巡展确定为小组文化展示为主，辅之以部门文化主题活动介绍和班级文化介绍。学生的理由是每日陪伴他们的是小组，因此想以特别的形式让老师们感受小组的团结和互助，3 组和 5 组的同学当时便决定以三句半和舞蹈的形式来演绎本组的文化。最终，本次班级文化巡展的内容和时间确定了下来：

1. 班级组织机构介绍（2 分钟）：介绍班级的主要组织机构设置及成员。

2. 班级文化展示（8 分钟）：展示班级的核心文化内涵，包括班名、班徽、班级口号等班级文化元素。

3. 小组文化展示（20 分钟）：展示各个小组的文化内涵，包括组名、组徽、小组口号、小组目标等文化要素。

4. 部门文化展示（10 分钟）。

接着就是商榷小组文化和部门活动分别以怎样的形式展现给老师们，各部门争执得不可开交。有的学生提议画海报，既生动又夺人眼球；有的学生提议以文艺表演的形式表现本组文化；还有的学生提议以小组朗诵的形式来宣传本组文化，先声夺人。由于异常激烈的竞争，各小组也都使出了撒手锏，看着你方唱罢我方登场的众生相，我想我这颗悬着的心算是放下一半了。

在班会结束前，我明确了各环节负责人的职责，并告知各位负责人交稿的时间。但是让我没有想到的是，在没有班主任督促的情况下，几位负责人主动找到了我，说要进行一次班级文化巡展的彩排，我当时非常惊讶地瞪着几位负责人，“什么都没准备呢，怎么彩排啊？”几名学生笑着说：“老师，我们都准备好了，您找个时间给我们，咱们班就可以进行彩排了。”

我半信半疑地将最后一节自习课交给了学生。上课铃响后，我激动地走进教室，看到教室的多媒体设备已经准备好了，“小组文化展示彩排”几个字赫然映入眼帘，各小组的桌子上整齐地平放着每个小组的海报，学生们坐得笔直，甚至连一些展示的简单设备都布置好了。各个小组制作了精美的小组海报，海报上书写了小组的目标、组名、组徽、组规等细则，每张海报都是炫目的五彩斑斓，汇聚了小组成员的心血。令我目不暇接的还有精心设计的小组桌牌，桌牌上书写着小组成员的名字和组名等内容，并为后期小组所获班级荣誉留下了空白位置。

我与学生是在彩排的欢声笑语中度过的，4 组的升组旗环节、3 组和 5 组妙趣横生的三句半、2 组睿智的歌名展示小组文化，现在想起来都让人忍俊不禁……

有了彩排的基础，班级文化巡展当日的表现当然也是异常精彩。宣传部的同学早早地将“欢迎来到初一（5）班”的宣传标语写在了正黑板上，并配上了优美的插图，侧黑板上分部门展示了各部门一学期的主要班级策划活动。学生们精神饱满地坐在自己的座位上，专注地倾听着各个部长的发言，落落大方的姿态展示着初一（5）班的自信与向上。

开展班级文化建设以来，学生在悄无声息地发生着变化，由原先不热衷任何活动到现在激烈投入地讨论巡展准备细节，由原先的自卑木讷不发一言再到现在完全由学生组织活动，班主任竟然成了一名观众，我的满足与愉悦慢慢地充满心底，学生是真的成长了……

【感悟收获】

班级文化巡展各班呈现方式各不相同，却给师生们留下了很多的回忆，其中有准备的艰辛，也饱含着收获的欣喜……

学生感悟摘录

1. 我一直很内向，在众人面前讲话就成了一个巨大的问题。我在第一次写稿时花了很多心思，仔细琢磨内容和用词，写了 200 字左右，用了 1 小时。第一次发言之前，我大概背了背词，然后很紧张地背着讲解着。我发现有些语句很难衔接上，还有忘词和添词的情况，所以我说得又乱又长。这之后，我进行了删改，又用功背词，到第二次排练时，虽有些停顿和说错的现象，但没有明显问题。之后我反复背爱说错的地方，又经过一次又一次的排练，即使每一次发言我都很紧张，我也要努力表现得自信大方……这对我来说是一次锻炼，我的胆子也变大了些。这次巡展全班同学表现得都非常好，我也感觉七班越来越团结，集体荣誉感又强了。

——高一（7）班　鄂天畅

2. 在周五巡展结束以后，我听到有一位外校的老师说：“生活在这样的班集体里多幸福呀。”的确，相信我们七班的每一位同学都有这样的感受吧。通过这次班会，我们每一位同学的能力都得到了提升，从最初演讲的紧张羞涩到最后巡展时的流利大方，同学们用自己的实际行动展示了对七班的爱，同时也在对班级的奉献中提高了自己的能力。

——高一（7）班　张钧维

3. 周五真正展示的时候，完全可以用震撼来形容。展示不光是为了给那些老师们看，也是为了展示给我们自己看。真的，如果没有这次展示，我从没想过原来我们这个集体有这么大的凝聚力。高一（3）班，加油。

——高一（3）班　方正宜

4. 这个过程中，三班的同学们都很认真，每一次的排练大家都会比上一次好，我们的声音越来越洪亮，慢慢脸上也有了笑容，词也越来越熟。每一次的排练都会占用大家很长的休息时间，可是大家却没有怨言，只是努力地做好自己的工作。作为主持人，我能在讲台上感受到大家的认真，比起以前几次越来越有进步了。而大家越来越多的付出也使其他人更加努力地去做好自己的工作。张彦影策划了每一个环节，经过仔细的推敲，剩下的都是最精彩的部分。屈珺雅的主持令人振奋，她喊话喊到嗓子哑了也还是继续卖力地念着主持词。潘粤琪、唐元祎把教室布置得干干净净，非常有我们班的快乐特色。杨心怡为了能让这次展示不超时，将每一个小细节的时间都精确地记录下来。各个部长介绍自己部的过去和未来，都把我们班的风采展现了出来，每个小组的组长和组员们都将自己的口号表现了出来，他们的声音一个大过一个，令人为之振奋。全班的齐唱班歌，本来就是气势非凡，再加上全班同学齐心协力地大声演唱，我们的文化展示也被推向了一个顶峰，全班同学没有一个不在全力以赴。就连平时排练总是没精打采的郎云智也在喊口号的时候压过了所有人的声音，震惊了全班。这里是三班。三班永远争第一。我们让老师看到了我们班特有的文化理念，在成功中快乐，在快乐中成功。我们的凝聚力再一次被每一个同学日日夜夜的不断努力推向了空前的高度，这一个星期的付出得到了回报。我们三班是最棒的，每一个同学都是。快乐三班终将成为全校最灿烂夺目的一束阳光。

——高一（3）班　王景然

5. 无法否认，我主要的感受是新鲜，这种感觉没有多么重大的意义，但它让这次经历无比难忘。我同时也感受到了快乐三班的凝聚力。凝聚力这个词对我意味着很多，它让我永远记得，快乐三班曾有那么一段时间，一起努力去做一件事情，一起付出，一起拼搏。在每个小组喊口号、每个部门喊口号、每个职业类型喊口号和全班一起喊口号的时候，我感觉心脏都会有那么一下不平常的跳动，或许，快乐三班早已在我的内心深处留下了痕迹，或许，我早已铭记了快乐三班的点点滴滴。文笔有限，但这是我认为最真实的文字，能让我在N年之后看到，会像在看走马灯一样历历在目。

——高一（3）班　李乐琪

6. 忘不了全班同学集体在学校排练到晚上8点半直至学校熄灯才离开的那个夜晚；忘不了主创人员天天在学校留到很晚完善方案的无怨无悔；忘不了主持人练到嘶哑的声音；忘不了蒋老师在班会圆满成功后的喜极而泣；更忘不了大家最后拼尽全身力气，一跃而起喊出的那句：“三班，加油！”就像外地来参观的一位老师所说的：“这班里的每一个人都好优秀！”就像苏主任点评时所说的：“三班是个能战斗的集体！”就像李校长进班时所说的：“这才过了两天，三班给我了好大的惊喜！”我想，这次班会带给我们最大的意义就在于，让我们每个人更爱三班这个大集体了。从初见的陌生，到第 224 天时的欢声笑语，这期间经历了太多太多，难题困苦我们群策群力，风风雨雨我们一起走过，艰难困苦我们不离不弃！不管多少年过后，贴在墙上的那三行字在我们脑海里依然清晰：我们不一般，我们不二般，我们是三班！壮哉我大三班！我爱三班！

——高一（3）班　张斯聪

7. 班级文化巡展结束了，其实这次大家准备、表现得不是一般的好，而是非常的好，最值得表扬的也最辛苦的莫过于几个部门的负责人了。

——郭

8. 昨天是班级文化巡展的日子，我们很早就做好了，为了这次巡展，我们很积极地参与前期的准备。巡展当天，我们的声音非常洪亮，我们没有辜负自己班的荣誉。

——吴

9. 旁边的好几名老师听到我们嘹亮的口号后都说：“瞧！这班真不错啊！”我听到了老师们的话语，我真的为我们五班感到自豪。

——周

10. 我们将最好的一面展现给了前来交流学习的老师们，我们问心无愧。

——李

11. 这次班级文化巡展让我再一次地感受到了班级的团结，正如“zhi”文化中的“团结一致，众志成城”！

——魏

12. 班级文化巡展这天，同学们坐得很直，我既紧张又兴奋，紧张是因为来参观的老师很多，兴奋是因为这次活动很重要，我觉得班里的同学都表现得很不错，献出了自己的一份力量，也为之努力了。

——杨

13. 我发现班级越来越团结，各尽各的一份力量，有的同学在没事的时候也想着班级文化巡展的事。

——杨

班主任感悟摘录

1. ……不承想，临时的构思，照样有创意，在开学前一天，认为是必需的，就和学生交流了，于是，自己理解的班级建设，就自然而然地出现了雏形，也才突然对学校念叨一个学期的班级建设有了新的认识。开学典礼成了一次自己理解的班级建设的演练，也算是班级文化巡展的前奏了。

——高一（1）班　郭晓军

2. 这次班级文化巡展活动，我和学生都受益匪浅。从筹备到展示，主体都是学生，我担任的角色是他们的荣誉顾问。让我吃惊的是学生们在这一刻竞相迸发的聪明才智；让我骄傲和自豪的是他们所展现出的自信与毅力；让我感动的是他们对师长、对同伴、对班集体的真爱！学生们用自己的行动诠释了班级文化中的“七心”，展现了齐心协力的七班人的积极心态、端正姿态以及和谐良性的班级生态。

——高一（7）班　李萍

3. 当我重新踏进这熟悉的楼道，纵然周末的傍晚这里没有一个学生，我的耳边还是传来了震耳欲聋的喊声：这里是三班，这里是三班，这里是三班……三班欢迎您！我情不自禁地哼唱着：三班快乐，啊，快乐三班，这是我心最温暖的归地，满心热血献给你，三班永远最努力……虽然我唱的似乎不在调上，但我还是那么自豪，那么无畏。我知道，我身后有48个高大的身影，这次文化巡展活动已经深深刻在每一个快乐三班人的心里，流在每一个快乐三班人的血液里，永远挥之不去。美哉我三班少年，壮哉我快乐三班！打开电脑，熟练地点开桌面的班级文化展示快捷方式，“唰”的一下22个文件夹，208个文件，共计842M的资料展现在我的眼前，这若干文件再加上每一个快乐三班人的倾心参与构成了周五那场激情震撼的班级文化展示活动。细心浏览，所有的文件时间都指向了3月15日至22日，仅仅8天的时间，快乐三班人创造了一个奇迹，这一刻，我想起了7天7夜建成的小汤山医院，呵呵，真是一场没有硝烟的战争！直到此刻，我的心仍是不能平静的，过程是忙乱而清晰的，结果是激动而快乐的，这种全身血液沸腾的感觉好像只有在第一年当班主任就带领学生获得红五月歌咏比赛全校第一名的时候才有过，好久没有这么恣意自己的情感，展示临近结束的那一刻，我流泪了。不需要掩饰，没有人会认为这是矫情，因为，这就是我最真实的内心，美哉我三班少年，壮哉我快乐三班！……作为班主任，我只需当个药引子，至于选择哪味药，是蒸、是煮，如何炮制就由学生自己创意，总之，达到药到病除的最佳效果就行。就这一点来讲，倒应了“做悠闲班主任”的初衷，一举两得。对于快乐三班的孩子们，我想说：我爱你们！你们每一个人在我眼中都有着那么美好、可爱的模样，也许你们现在展现得还不够，我会尽自己全力为大家搭建平等、自主的平台，让大家在争先中收获快乐！我也会像以前说过的那样，像对待自己的眼睛那样，珍视大家！三班，永远是我心中的骄傲！三班，永远是最棒的。三班，加油！

——高一（3）班　蒋丽娟

家长感悟摘录

今天中午有幸同全国各地的老师们一起观看了三班的班级文化巡展，切实感受到了三班同学激情无限、努力奋斗、团结争先的精神面貌。整个活动以新闻联播特别节目的形式向人们展示了三班在班级文化建设各方面的与众不同 ，让人眼前一亮。同学们个个精神饱满、青春洋溢，主持人优雅端庄、轻松自如，特约记者们语言清晰、自然流畅，班级各部门的代表们的口号和承诺铿锵有力、震撼心灵，每个学习小组各具特色、奋勇争先。让我看到“五 xin”文化的三班一定会在各方面取得更优秀的成绩。作为家长我为孩子能在这样一个团结创新的集体里学习生活感到欣慰，同时更能体会班主任陶晶老师对同学们的用心付出，相信在陶老师的带领下三班的未来会更辉煌，我们家长也一定会协助好班级的工作，让我们一起努力！

——崔某妈妈

二、异彩纷呈——特色巡展彰显集体创造力

特色班集体巡展集中彰显了班级的核心价值观及班级建设的目标，通过富有创造性的特色班级活动的开展，促进班级核心价值观的落地以及班级育人目标的达成，潜移默化地引导学生以班级理念指导自我言行。

【知识讲堂】

1. 什么是特色班集体巡展？

特色班集体巡展是班级围绕某一特定主题的班级文化进行集中展示，这一主题常常代表了班级师生的共同价值观念和班级建设的最终目标。

2. 特色班集体巡展的形式有哪些？

特色班集体巡展常常以一名或多名学生宣讲的方式进行，学生宣讲时一般借助 PPT 及文稿进行展示及讲演。

3. 特色班集体巡展的目的是什么？

借助特色班集体巡展，展示了各班的班级核心价值理念及为了达成此价值理念该班级所开展的富有创意的班级活动，彰显了各班独特的班级文化，促进班级间班级文化的学习与交流，形成良好的年级文化氛围。

【实操设计】

主题：特色班集体申报

时间：若干节班会

地点：班级教室

参加人员：全体同学、班主任

形式：小组讨论、部门讨论、全班讨论交流

流程：

1. 围绕本班的班级文化，学生与老师一起确定特色主题，准备特色班集体申报。

2. 各部门负责人围绕主题分角度阐释班级文化内涵，并以此为线索，分别讲述对应不同班级文化内涵所开展的班级活动，阐释时注重对班级活动所彰显的班级文化内涵进行解读。

3. 特色班集体申报需要配套 PPT 及文字稿，由各个班级依次进行最终的讲演及 PPT 展示。

【注意事项】

1. 特色班集体巡展一般在学期末进行，教师需要在开学初与学生确定特色班集体申报的主题，有助于学期中班级有的放矢地按照所申报主题组织相应的班级活动，使富有创意的班级活动彰显出本班独具特色的班级文化主题，同时有助于班级文化发挥更好的班级建设引领作用。

2. 特色班集体申报的主题确定后，可以根据班级的客观发展情况动态调整特色主题的核心文化内涵，使班级特色主题实时满足班级发展的客观需要，使班级文化成为特色班集体建设的有力引擎。

【实操演练】

特色班集体申报主题：“德馨”14 班

目的：彰显班级特色主题文化

参与对象：全班同学与老师

特色班集体申报内容：

1. 特色班集体申报主题内涵解读

“德馨”14 班中“德”字代表道德、品行，它的左半边是双人旁，意指十四班全体同学，它的右半边的上面是“十”和“四”，代表着十四班，下面是“一”和“心”，代表一条心，我们将它解读为：十四班上下一条心。而“馨”字泛指散布很远的香气，意指我们将自我良好的品质传扬出去，影响他人及班级，形成积极向上、文明有序的德馨 14 班。“德馨”解读为学德之美、行德之举、习德之乐，包含了班级活动的学习、行为举止、个人品德三个维度。

2. 申报主题所对应的班级文化内涵、具体活动内容及效果

学德之美：班级中树立乐享学习的理念，在校学习时，钻研、专注、认真。

开学初，为了帮助同学们尽快适应新学期的学习，培养同学们按时、保质完成作业的良好习惯，班级开展了小组作业评比表彰活动。每周对小组的作业完成情况进行统计赋分，全员完成作业的小组可获得一张奖状，每周进行表彰颁奖。

行德之举：班级中关注对学生常规行为的培养，14 班建立了小组积分的评价机制，以学生在校的日常学习表现为基本依据，细化到学生在校学习的各个维度，例如文明有礼、迟到早退、测验默写、卷子小测、

成绩进退步等项目，每一条加减分明细都将记录在教室墙壁的评比表上，每周以小组为单位计算总积分，并召开颁奖典礼，对积分前三名的小组统一表彰。借助评比活动在班中形成了浓厚的学习氛围与良好的行为习惯，同学们共同努力共同进步，以勤奋进取的学习态度面对课堂内外的学习内容。

我们还将“德馨”班级理念润物细无声地践行到班级与学校文艺活动中来。回想准备艺术节的那段日子充实而美丽，由早期的确定曲目、节目各篇章的衔接、朗诵词的撰写、视频音乐的剪切，至后期的排练、队形变化，每个环节都充满着同学们的智慧与汗水。我们利用有限的时间，不放弃每一种优秀的可能，用实际的言行演绎着何为“德馨”14 班。当我们自信地站在礼堂的镁光灯下时，一段荡气回肠的抗美援朝赞歌缓缓唱响，礼堂中回荡着还有我们面对下一次挑战的昂扬斗志！

习德之乐：14 班的同学们力争将“德馨”14 班的班级文化积极主动地内化于自己的实际言行中来，使其成为调整自我认知的标准。无论面对课堂上的学习抑或是两操出勤等年级的常规评比，努力以“德馨”的班级精神严格要求自我。广播操比赛前夕，同学们更是利用中午的时间互相纠正动作，一遍遍地练习，争取不留遗憾。我们迈出的每一步，都书写着一份属于 14 班的坚持。

德馨 14 班，从最初美好的相遇逐渐走向今日，由蹒跚学步至日臻成熟。本学期我们共获得了尊重月、执着月、雅趣月三次品质班级称号，艺术节比赛中荣获一等奖，广播操比赛荣获二等奖。

两年生活的点滴铭记在心中的阳光里，丝带纽扣串起每个人的情感，感谢这来之不易的相遇。共同努力、共同奋斗的日子还在继续，让我们彼此砥砺前行，在正值青春最美的年华珍惜彼此，珍惜德馨 14 班，陪伴前行。

第三章
文化建设——制度“靠人”

人有三种存在形态，个体的人、群体的“人”和作为人类的人。教育，主要发生在个体的人与群体的“人”之间。教育的根本任务是让个体的人作为人能够成为更优秀的人，学校教育的优势是让个体的人在特定群体中接受相对强烈的正向影响，从而在尊重和保留个人特质的前提下，让个体的人以最高效率融入群体的同时实现更优化。显然，班级也是“一个”群体存在的“人”，只有这个“人”在优秀品质方面表现出相对一致性时，此“人”对个体的人的影响才是我们最需要的。正如“世界上没有两片相同的树叶”，世界上也没有完全一样的学生，每一个独立的个体都有他们各自的“小宇宙”，他们的志趣爱好、性格脾气、学习成绩 、家庭背景、发展目标等各方面都存在着一定的差异，各种矛盾关系复杂。在班级这个“小社会”当中，良好的制度引领学生的成长，必将凝心聚力、共同发展。

第一节　班规领航树班级风尚旗帜

班级制度对于一个班级的建设起着举足轻重的作用，班级制度形式多样，可以有班级制度、部门制度、小组制度、师徒制度等，如何来建立这些制度？这些制度又是如何高效实施的呢？下面我们就一起来进行

“制度制定大讨论”，探究一下班级制度建立始末。

一、班规的制定

【知识讲堂】

1. 班规的定义

一般意义的班规主要是指管理班级中采取的各种规章制度，主要用来约束学生的一些不良习惯，从而形成班级的稳定发展，主要涉及学习、纪律、出勤、卫生等各方面，是中学生自我管理的重要制度。

2. 理想的班规设想

班规不应该仅局限于生硬的学生规范，而是应从学生的角度出发，制定合理的指导，“我制定，我遵守”是理想班规中的重要原则，可引导学生养成良好的学习习惯与行为习惯，养成孩子的美好品德，并让这些美好的方面相互影响，从而形成积极向上的班级氛围。

3. 班规的形成方式

通过同学们和老师对于班级愿景展望的讨论，达成共识，从而为了实现这个共同的目标，而采取的一些行之有效的方法。

【实操设计 1】

（一）教师的思考

个人：教育理想（培养怎样的学生，建立怎样的班级）

外在：学生的成长

（二）大讨论

主题：班规大讨论

目的：大家通过班规大讨论，初步达成班级建设的共同愿景。同时，为了实现这个愿景，大家都应该养成的一些良好的学习习惯及行为习惯等。

时间：两节课

地点：班级教室

参加人员：全体同学、班主任

前期准备：小组：大白纸、彩笔、总负责、记录员、噪音控制员

班级：总负责、摄影师、记录员、噪音控制员

形式：小组讨论、全班展示交流

流程：

1. 头脑风暴（5 分钟）：你理想中的优秀班集体是什么样的？希望交到什么样的好朋友？如何做最好的自己？——写出 1—5 条（具体）。

2. 小组交流（15 分钟）：每个人都要把自己的方法说出来，由组内的记录员进行记录，然后小组通过讨论形成本小组的 1—5 条实现班级文化的最好方法，并写在大白纸上。

3. 班级讨论（20 分钟）：每个小组派一个代表跟全班一起交流本小组的方法，并由班级记录员写在黑板上，最后由班级总负责人带领大家学习，并商讨实现班级文化最有效的方法。

【注意事项】

在制定班规之前， 先要让学生理解制定制度的目的是什么，作用是什么，意义是什么。

学生讨论

【达成共识】

班级文化的建设过程，也是一种教育方式，每位同学从自身听课、自习、做作业、参加活动等各方面进行思考从而制定出大家所需要的班级规范，每位学生讨论、书写、制定的过程就是一个很好的教育过程。

“三菜一汤”之班规

项目	内容
学习方面	1. 会听课：每节课认真做好笔记，完成老师当堂课的所有任务，课后主动让组长检查并签字 2. 勤发言：对于老师的提问认真思考，并积极回答；对于自己的疑惑，举手问老师或交流时问同学 3. 常温习：每天晚上复习当日笔记，每周进行总结 4. 制订学期计划、周计划并进行周总结及学期总结 5. 定期进行作业评比及展览
纪律方面	1. 按时到校 2. 认真做值日并保持干净 3. 争做文明用餐人 4. 做好课前准备 5. 认真做眼保健操

班级一日流程表

序号	内容安排	要　求	负责人	完成情况
1	进校进班	（1）做值日 （2）交作业	生活委员 学习委员	
2	晨检	（1）检查仪容仪表 （2）统计交作业的情况	班长 学习委员	
3	课间操	（1）快、静、齐 （2）星期一戴红领巾	体育委员	
4	课堂	课前准备： （1）课前准备学习用具，放左上角，静候上课 （2）班长喊“起立”，齐声向老师问好 课堂听讲： （1）五到：眼到、耳到、手到、口到、心到 （2）三不：不接话茬，不睡觉，不做与课堂无关的事情	班长 课代表 组长 学习委员	

续表

序号	内容安排	要 求	负责人	完成情况
4	课堂	课后整理： （1）对上节课的疑惑进行请教 （2）做好下节课的准备工作		
5	眼保健操	姿势正确，穴位到位，安静	班长	
6	午餐	文明用餐	生活委员	
7	午休	安静地进行午休或自习	纪律班长	
8	自习	独立完成作业，上自习期间保持教室的安静	纪律班长	
9	放学	值日生做值日	生活委员	

【实操设计 2】

活动主题：“互联网 +”时代班级公约诞生记

活动目的：“班级公约”是班级的公共约定，通过互联网平台，“自下而上”，全员参与从学生中来到学生中去，孕育出班级公约。

时间：40+ 课余时间（一个月左右）

地点：线上线下相结合

活动形式：小组讨论 + 全班展示交流

第一阶段：小组讨论，公约框架形成。

同学们在一次班会课上讨论班里需要拟定哪些方面的公约。先是小组讨论，再由全班商议确定。最后定了要拟出十个方面的公约，并用抽签的方式把这十个公约分配给了 10 个小组，分配结果是：1 组课堂公约、2 组健康公约、3 组公共场所文明公约、4 组自习公约、5 组值日公约、6 组环保公约、7 组美丽公约、8 组考试公约、9 组作业公约、10 组志愿服务公约，分配后要求各组在规定时间内将拟定好的公约上交至电教员。至此，我们的公约框架基本形成。

第二阶段：创建论坛，上传公约，培训操作。

网上全员参与的准备阶段。由班里的电教员负责创建班级论坛，并将10个组上交的公约初稿发至论坛上。接下来就是在班里进行全员培训，从改群名到如何发帖、如何复帖，培训得很详细。其实很多同学对于网上论坛的操作流程已经很熟悉了，就算以前没做过，到网上一试，很快就能学会（培训的环节却不能省去）。

第三阶段：复帖讨论，小组修改。

这部分真正实现了全员参与。要求每个同学在每个公约下至少发表一条评论，可以点赞、指出公约的优点，也可指出不足并给出修改建议。这件事是在学校的机房完成的，可以说在最短的时间内，高效地完成了全班的共同讨论。之后，就是各小组根据同学们的评论对自己小组的公约进行修改。

第四阶段：修改稿再审，签字通过。

班会课上完成。各组将修改后的公约打印出来，在全班进行传阅，由全班同学进行复审，如仍有异议可用红笔直接进行修改或提出疑问，如觉得没问题了，即签字通过。再次提出的疑问会由小组负责人在全班提出来，由全班同学共同讨论解决方案。

【注意事项】

1. 过程比结果重要

一个月的时间，从准备到实施再到结果呈现，这中间除了几次班会外，各小组在课余时间拟定公约、修改公约上也用了很多时间。所谓“日久生情”，其实不仅仅指的是人与人之间，学生在一个月的时间里，经常地要想起“公约”、看到“公约”，对它自然也会产生感情，公约里的内容也就会慢慢地入脑入心。所以，一定不要吝啬时间，要给学生一个熟悉、接受的过程。当然，延长时间不等于拖沓，对于不同阶段要完成什么，一定要有明确的任务和时间限定，要让学生感受到公约是在他们手里一步步“诞生”的，这个过程鲜明又真实。

2. 态度比技术重要

环节非常重要。不是因为不培训学生就不会操作，而是因为拿出专门的时间，详细地来培训如何操作，体现的是老师、培训团队对这个环节的重视程度，也体现出了这件事对班级的重要性。所以在培训一些具体操作方法之前，老师或者比较有威信的班干部要对全班同学说明这件事的重要性，并用问题引导，让同学说出它的重要性。

3. 线上线下，相得益彰

既然是“互联网+”时代的班级建设，是不是所有的活动都要在网络上完成呢？答案是否定的。网络是虚拟的，而班级却是一个实体，班级建设的核心是建设人、培养人。所以，不能为了迎合这样的时代而把网络当作班级建设的主体，小组之间、班级之中面对面地讨论交流，到什么时候都是最重要的，班级建设的主体永远都是有着真实思想和发展愿望的人，网络只能说是班级建设的一个重要阵地。当然，网络的优势也显而易见，它的快捷、高效、参与度高，都是线下讨论无可比拟的，所以，只有坚持线上、线下相结合，才能使两方面相得益彰，使班级建设达到最佳的效果。

4. 集中网论，高效正式

第三阶段是公约形成的重要环节，也是最能体现“互联网+”时代特点的环节。利用班会课，在计算机机房，让同学们集中上网评论，这样做既高效又正式，同学之间还可以互相商量，可以说，集中网论是件“性价比”极高的事（建议在校完成）。

5. 仪式感呈现“我”的约定

签字确认环节，要隆重有仪式感。学生会觉得这个公约是“我”签过字的，是“我”的公约，那么就会自然而然地在公约的制定者这个身份之上，加上公约的“遵守者”“维护者”的身份。

【实操设计 3】

1. 活动主题：高一语文组招聘班级“官员”

2. 活动目的：(报名海报)

为进一步激发同学们学习语文、参与管理的主动性和创造性，锻炼同学们的组织能力、协调能力，增强同学们的责任感与自信心，现通过班级内部招聘，在班级原有“特别助理”的基础上新增设八项职务形成班级“十大官员体系”，分别为“美官、文官、晨官、诵官、学官、字官、智官、录官、讲官、考官”。有意者请积极报名，写出书面申请和一个与你并肩作战的理由！一经录用，待遇从优。截止日期：× 月 × 日放学前，希望同学们把挑战当成机遇，“勇于选择，敢于担当”，完善自我，提升自我，开拓我们更加美好的明天！(爱你们的李老师)

时间：45 分钟 + 45 分钟 + 课余时间

地点：教室

前期准备：调研班级情况，培训撰写个人简历

活动流程一（45 分钟）：

（1）宣布招聘岗位及注意事项

（2）分组进行岗位职责的讨论

（3）确定岗位职责

（4）分组学习岗位职责

活动流程二（45 分钟）：

（1）依据公布的岗位职责递交个人简历（岗位需求）

（2）聘任双方进行岗位的交流

（3）颁发聘书

活动流程三（课余时间）：

（1）十大岗位团队进行任务分工

（2）讨论规章制度及考评制度

（3）班级公布，投票通过

3. 活动结果：

（1）高一（6）班“十大官员”职责及要求：

官职	人员	职责
美官	霍同学	美文荐读活动组织者 1. 积极倡导每位同学周周一篇美文赏读、收录，并写出不少于 50 字的“推荐理由”； 2. “美官”协助轮值小组组长筛选出最优秀的美文参与级部“美文荐读活动”，其余则在班级进行展示、交流，做好记录、评价和收集工作。 我们的宗旨：让美文丰富我们的心灵，让美文提升我们的品位！
文官	韩同学 田同学	作文写作交流考评活动组织者 1. 课前督促各组组长进行作文“完成”（写到 800 字线）情况的检查； 2. 课上展示过程中积极参与，提出建设性意见； 3. 课下及时完成每次作文训练的考评核算工作并印发、张贴范文。 我们的宗旨：好文章是写出来的！真写才能真提高！
晨官	吴同学	周二、四晨读时段组织者 1. 即时到位，明确诵读任务（配合教学进度），并大声领读； 2. 过程中负起监督、管理、及时评价之职。 我们的宗旨：让新的一天从琅琅的读书声中开始！
诵官	吴同学 姚同学	语文必修背诵篇目背诵检查落实者 1. 结合教学进度，设定适宜的背诵规划，明确写在检查表上并提醒同学们按时完成； 2. 以身作则，以身示范，激发同学们背诵诗文的热情和信心； 3. 对于弄虚作假和延时完成者要采取相应惩罚措施，保证背诵篇目的最终落实！ 我们的宗旨：基础过关，不让一位同学掉队！
学官	张同学	导学案装订、评优活动组织者 1. 督促同学们整理好导学案，每月开展一次导学案装订、评优活动； 2. 对导学案完成认真、纠错到位、装订及时的优胜者要进行表扬和记录，每学期末汇总，对优胜前十名进行物质奖励，后十名进行相应的处罚。 我们的宗旨：用心打造属于我们自己的、个性化的高三复习资料！

续表

官职	人员	职责
字官	姜同学 薛同学	班级每周一练活动组织者 1. 组织班内书写“最具潜质”的八位同学（动态管理确定人选）每周练字一次，评分、指导、张贴； 2. 组织全班同学每月进行一次书法比赛，评选优胜及确定下月书写“最具潜质”的八位同学名单。 我们的宗旨：让书写提升我们的修养和气质！
智官	苏同学 谭同学	课堂生成智慧宝典的梳理者 1. 将课堂交流中同学们的“智言慧语”和师生合力挖掘的“认知宝藏”及时记录、整理下来，对自己是一种梳理和提高，对同学们是一种激励和激发； 2. 课后积极进行“反思”和“追问”，并与同学们进行交流，将这种有价值的再思考记录下来。 我们的宗旨：让瞬间的闪光化作永恒！
录官	隋同学 窦同学	课堂“展示”“对抗”考评记录者 1. 如实、全面记录每堂课的评分情况； 2. 每月统计、公示一次，对“展示”和“对抗”优胜团队进行奖励。 我们的宗旨：竞争是为了更有效的合作，合作是为了我们每个人的成功！
讲官	崔同学	班级讲座活动的组织者 1. 结合人教版教材篇目，制定相应的报告主题范围（具体题目可由报告者最终确定），提前告知同学们并征集报名者； 2. 为报告者筹集资料，提供力所能及的帮助； 3. 报告时做好组织工作（主持词、介绍报告者、维持会场纪律等），若是面向年级或学校范围的报告则需设计海报、做好前期宣传工作； 4. 做好每次报告的资料备份工作。 我们的宗旨：我要飞得更高，飞得更高！
考官	吴同学 杨同学	班级自测活动组织者 1. 事前向同学们征集考题（导学案上的典型错题），确定适宜数量的题目； 2. 负责自测中的纪律和组织自测后的批改事宜（可由各组轮值）。 我们的宗旨：口说无凭，落纸为实！

（2）应聘“官员”工作态度：

①如果我能幸运任职，我将认真完成好每堂课程的“展示”与“质

疑对抗”评分记录，并可以在周末、月末、模块或学期结束时统计并公示各组的评分情况，以调动同学们的学习积极性，使同学们更高效、快乐，在积极合作与和平竞争中进行语文科目的学习，最终得到有益的收获。在记录时绝对做到公平、公正、公开和不偏向、不掺杂个人情感，以班级利益为重，在个人利益与班级利益发生矛盾时，做到不惜牺牲个人利益。为整个高一（6）班团结向上做出自己最大的努力！

附言：相信您的信任与我的实力将为我们带来共同的成功！或希望我能为高一（6）班贡献更多自己的力量！

②谭同学“智官”。

今闻师招聘，谓名曰“智官”。吾作深思量，欲报此官职。自知不易善，偶有闲疏懒。如若得此职，痛改前非哉！遵听师嘱托，不负众生愿。记录同窗言，墨香潋滟矣，落字成诗笺。字迹虽轻浅，字字真心作。愿师达吾愿，携手共事焉！

（3）各大官员设计的工作“检查落实表”：

①作文竞赛：《美好的初中生活》。

表一

	完成	展示	其他同学	总计
一组	完成	+6	+10（谢同学、李同学）	16
……	……	……	……	……
五组	−5	+3	+10（孟同学、杨同学）	8
六组	完成	+4	+5（王同学）	9

表二

组员姓名	3月29日		4月12日		5月16日		6月21日		……	
张同学	完成	等级	完成	等级	完成	等级	完成	等级	完成	等级
王同学										
霍同学										
……										

表三

组员	总评		装订	纠错	整齐程度（装订）
	优秀	提醒			
卞同学					
邵同学					
蒋同学	√				
李同学					
李同学	√				

表四

小组	上交情况	优秀		提醒	
		个人	团队	装订	纠错
一					
二					
三					
……					

②练字落实表。

日期	本月练字人员	个人完成情况			
		第一周	第二周	第三周	第四周

二、组规的制定

“没有规矩，不成方圆。”一个优秀的班集体离不开良好的班级规则和规范建设。同样，一个优秀的小组也必须要有优秀的小组规则和规范建设相扶持。因为制度是文化实施的有力保证，所以在小组文化建立的基础上，要求小组长与组员沟通，根据本组情况，制订出小组发展目标、有本组特色的组计划。

【知识讲堂】

1. 建立合作小组的意义

建构主义认为，每个孩子的学习过程其实都是一个在原有知识的基础上建构的过程，而每个孩子的基础不同，因此，建构的结果也不尽相同，这就需要合作学习。在管理层面，一个班级由几十个独立的学生组成，“一对多”的管理方式会让教师感到烦琐，但是，一个个小组成立就如同形成了小的集体，将会利于班级建设。

2. 制定组规的意义

在班级初步制定了班规之后，教师基本完成了“授之以渔”的过程，紧接着需要继续细化，辅导学生应用正确的方法制定一些规定，让学生真正地理解制度的必要性以及重要性，增强班级凝聚力，让学生自发地爱班、护班，从而达到“人人有事做、事事有人做”的班级运行状态，这就需要在小组当中订立组规，组规是小组在建设过程中，大家共同遵守的规章制度，既是小组秩序得以维护的一种权利，又是小组组员应尽的义务，由组员共同完成。

3. 如何形成组规

组规的制定一定是反映全组人员共同的心声，让同学们通过对班规的再一次学习并进行内化，寻找班规中自己小组存在问题的方面，然后寻找问题的本质原因及改进的具体措施，最后通过小组交流、讨论确定本组组规，让它带领本组成员形成一种积极向上的成长氛围。

4. 组规内容的设计要注意什么？

内容可以由易到难，由简到繁，不追求一次完成全部组规，可以在日常的学习、生活中不断完善。

5. 如何体现组员价值——细致分工

做好小组建设、进行学习与班级活动时，最容易让人担心的就是个别学生会游离于小组活动之外，不能与其他组员交流和共享。这些孤独的学生，不仅丧失了自己学习的机会，还严重挫伤了整个小组的积极性，进而影响了小组的凝聚力和竞争力。要想将小组建设落到实处，使其发挥最大的效力，我们必须合理分工，责任到人。教师可以根据学生的性格、爱好等进行合理分工，也可以让小组内的同学根据自己的兴趣进行分工，这样才能使人人都能感觉到一种归属感和强烈的责任感。以上则取决于怎样在小组内部进行最优化分工。

下面是几种常见的小组分工的方式：

第一，教师指定：教师根据自己对学生的了解，给其分配适合的工作。教师可以通过与学生谈话了解其想法，再以指定的方式确定该同学担任某一方面的工作。这样的方式有其自身的弊端，它肯定一部分学生能力的同时也打消了一部分学生的积极性，而且教师对学生的了解仅仅是在班级、课堂之中，并没有完全看清其生活的一面，易产生估计错误的情况。

第二，个人毛遂自荐：教师可以通过对各个工作内容的简单介绍之后，让学生在一定了解的基础上自己推荐自己。这种方式经常会产生极端的情况，不是场面空前热情，就是一片沉默，而且选出来的人员随意性较大，缺乏民主。

第三，民主式：小组内成员通过投票的方式选出组长，然后再让组长根据自己了解到的组员的爱好、特长等进行职责分工。这种方式在实施之前，教师一定要先向全班表明大家选组长、职责分工的目的，尤其是选组长的标准，让大家抱着对自己负责、对小组负责的态度进行民主选举，否则就会选出一些人缘好、纪律差的“交际家”。

以上三种小组分工的方式各有利弊，教师要根据班级学生的特点选用，也可以组合使用。例如：可以先集中，再民主，指定组长后，再由小组进行组内分工。开始时，小组长一定要选有较强组织能力、责任心强的学生担任，一段时间后则应轮流担任。小组长是小组在班级各项活动的组织者，组织全组人员有序地进行课堂学习，还可以在组员关系等方面起到调节作用。一般情况下，我们都会选每组的 1 号或 2 号同学，因为他们有一定的“基础”，不仅能管好自己，而且还有一定的学习基础，更有精力组织全组的活动。

为了调动组内成员的积极性，发挥小组成员的特长和性格特点，不妨给小组的每个组员都安排一些任务，例如：1 号负责学习，2 号负责纪律，3 号负责宣传，4 号负责生活等。如此，每个人明确具体职责，就能做到“人人有事做”，充分发挥小组每位成员的作用。

教师应该根据不同的活动需要设立不同的角色，也可一人身兼多职，并要求小组成员既要积极承担个人责任，又要相互支持、密切配合，发挥团队精神，有效地完成各项任务，提高个人能力和团队凝聚力。

6. 如何进行系统的小组培训

“工欲善其事，必先利其器”，所以我们必须要在小组建设之初做好小组的培训，这样就会达到事半功倍的效果。培训可以分成两部分：“扫盲”培训和适时培训。所谓的“扫盲”培训就是指小组分工之初，对组长、组员职责和工作方法的系统培训。适时培训指的是在小组建设过程中的补充式培训。

第一，组长培训。

首先，明确小组长的职责。（1）小组长要团结同学、帮助同学、组织同学，打造积极向上的小组学习团队，勇敢地担当起学习小组的学习领袖角色。（2）小组长组织成员进行课前准备及认真听课的调动，最终实现小组团队的整体学习目标。（3）小组长要及时检查组员的课堂学习情况和每天学习内容的落实情况。（4）小组长要针对每个小组成员学习态度、学习效果，每周进行公布、总结一次，以督促小组成员不断反思，不断进步。

其次，要考虑培训措施。（1）明确组长的责任和作用。（2）定期召开小组长会议，洞悉他们一周以来在思想上、学习上和生活上的困难并及时予以解决，让小组长感受到教师的关怀和温暖。（3）给小组长“加餐”——给予特殊贡献奖。小组长为同学们服务，很辛苦，学有余力，必须有所回报。（4）教会小组长培养各学科组长，即在某些学科上，让学科成绩优秀的同学担任学科组长。既能助力小组建设、锻炼能力，又能带动学习积极性。（5）适时地肯定、表扬、激励。

马斯洛需要层次论认为，人的需要可分为生理需要、安全需要、归属与爱的需要、尊重需要和自我实现需要。在低层次需要满足之后，会向高层次需要努力。在当前学生基本满足生存和安全需要的情况下，小组长领导一个小组也就属于其满足更高层次如归属、尊重、自我实现的需要，使他们体会到这种自我满足、自我实现的心理满足、荣耀感，是激发他们对小组工作更加尽心尽力的源泉。

第二，组员培训。

（1）教组员学会建设团队，知晓优秀团队的必备要素，如何在小组内提建议、做贡献等。

（2）加强组员之间互助意识的培养，要让优秀学生主动帮助、教会学困生学习，同时也让他们明白教别人是自己深化知识、提高能力的过程，不但不会影响自己，反而能提高自己的水平。

（3）关注本小组的每位同学，对他们的每一点微小的进步，都要给予及时的肯定和赞扬，一点点地培养他们学习的积极性和自信心，心里时刻记着他们，关注他们。

（4）转变传统的学生评价方式，在学习每个环节、学生日常管理的每个环节，都以小组为单位进行捆绑式评价，个人的成绩助力团队成功，包括课堂上的表现、班级纪律、学习成绩等方面。只有你的团队整体优秀了，你才是优秀的，以此强化学生的团队意识，督促学生在小组内开展互助，提高整个小组的水平。可以在班内开展优秀组长的评选活动，以此激发学生互相帮助的积极性，还可以开展学习小组竞赛活动，营造小组间你追我赶的竞争氛围。

（5）在班级内大力开展集体主义和团队精神的教育，定期进行优秀小组的评选，为班级营造积极向上的氛围。

第三，适时培训。

（1）课下指导。要定期召开组长例会，一起讨论建设小组的方法，让有经验的组长进行经验分享，及时对各小组出现的情况进行引导。

（2）树立组长的威信。在课堂上，多给予组长鼓励、表扬，让组长在组内树立起威信，为组长的日常工作打下基础。

（3）课堂上及时找到典型，现场学习。每一个小组长的素质都是不同的，课上发现组织能力好的小组长，进行现场演示，让其他组学习，效果显著。

【实操设计 1】

主题："我的小组，我做主"——小组组规的制定

目的：在进行合理的小组分配之后，每个小组要再一次清楚地认识到小组合作的作用，然后制定适合自己进步的"组规"，从而在班级中获得竞争力，获得荣誉。

时间：两节课

地点：班级教室

参加人员：各小组组员

前期准备：PPT、大白纸、彩笔

形式：小组讨论、全班展示交流

流程：

1. 讨论小组合作的作用；

2. 由小组长带领组员学习班规；

3. 结合班规，反省本组存在不足；

4. 针对不足制定本小组的组规；

5. 将形成的组规在全班进行展示；

6. 每天进行总结，旨在提高小组竞争力。

【注意事项】

1. 让每位学生参与到组规的制定当中，力求做到“从群众中来，到群众中去”的原则。

2. 利用班会和评比等活动增强小组的凝聚力，增强小组文化建设。

3. 适当调节在竞争中产生的小组矛盾，达到良性循环。

【目标呈现】

1. 小组合作的作用

（1）提高学习的效率；（2）锻炼交流的能力；（3）展示自我；（4）磨炼团结合作的精神；（5）提高组织能力；（6）提高自主学习能力；（7）做事方便，分工容易；（8）敢于不懂就问；（9）找到自身缺点并改正，发现别人优点并学习；（10）人多力量大，人多智慧多；（11）取长补短。

2. 小组合作守则

（1）小组成员要团结合作，互相尊重；意见不一致时，组员要以大局为重，保证每次活动的实效性。（2）组长要明确每次小组活动的主题，做到心中有数。（3）每位组员要积极参与到活动之中，发挥个人特长，献计献策。（4）每位组员要认真履行自己的职责，以身作则、尽心尽力。（5）组员要明确自己与本组的关系是休戚相关、荣辱与共的，个人的进步就是全组的荣誉，个人落后就是全组的退步。

3. 小组活动的日常内容

（1）收、发作业；（2）检查每天的作业记录情况；（3）成员每天在校的优势及成绩及时反馈给家长；（4）督促小组成员及时建立错题本；（5）帮助小组成员解决疑惑；（6）完成老师布置的任务；（7）负责班级一天事务的管理。

4. 认真学习班规，分析本小组的优势，找寻进步的空间。

5. 组文化、组规的制定与成果展示。

【实操设计 2】

主题：组规制定

目的：通过讨论，初步形成小组建设中需共同遵守的规定，并制定近、远期目标。

时间：40—45 分钟

地点：班级教室

参加人员：全体同学、班主任

前期准备：PPT、大白纸、彩笔

形式：小组讨论、全班展示交流

流程：

1. 头脑风暴（5 分钟）：每个人想一想我们在小组建设中须共同遵守哪些规定？

2. 小组交流（20 分钟）：每个人都要把自己的想法说出来，由组内的记录员进行记录，然后小组通过讨论形成本小组的一个共同意见并写在大白纸上。

3. 班级讨论（20 分钟）：每个小组派一个代表跟全班一起交流本小组的意见，最后由班主任帮助大家进行梳理，和大家一起达成最终共识。

【实操演练】

严格的组规和良好的组风是小组规则和规范建设最为有力的保障。

所以，小组建立初期就应该要求各小组学生尽快建立起一套严格细致、切实可行并具有约束力的“组规”，严格执行，使学生在小组内部也能够做到“有法可依、有法必依”。需要说明的是，对于“组规”的建立，教师在表明原则后不应过多干涉，相反，应该建立在完全尊重学生意愿的基础上，由学生自行制定、自行实施，这样，学生品尝到“民主自治”的乐趣，才会有“依法办事”的热情与积极性。

组规（一）

为保障本小组成员共同进步，在各项考核中取得优异成绩，经小组全体成员研究决定，制定以下条例，全体成员做出承诺，严格执行：

1. 组长每天应定时召开小组“晨会”或“晚会”，及时分配并提醒组员各项任务。

2. 小组内各负责人（检查员、记录员、学科组长等）应认真负责，不推卸责任。

3. 小组内各组员必须服从组长和各负责人的安排，集体利益高于个人利益。

4. 全体成员遵守纪律，认真学习，凡违反规定者，第一次提醒，第二次口头说明，累计三次，写 500 字“说明书”，在小组会议上宣读。

5. 全体成员认真完成作业，不交作业，第一次提醒，学科组长了解情况，有针对性地进行帮助。第二次在小组内进行说明，得到大家的指导。第三次进行小组内约谈及诫勉谈话或累计四次由组长填写反馈单告知家长签字并带回。累计五次，了解情况约谈家长。累计六次，暂停小组活动，承担离开小组的风险。（班长、学习委员和班主任及时跟进）

6. 全体成员认真值日，无故迟到或不值日者，累计一至六次，方法可借鉴上一条。

以上条例，一经制定，严格执行，如有需要，随时添加或修改。

组规（二）

为确保小组的和谐团结、共同进步，特定此规，严格执行：

1. 积极参加小组劳动，无故不值日者，主动担任小组内“优秀清洁员”的一周工作，负责本组学习环境的布置与清理。

2. 全体成员认真自觉完成作业，发现到校补作业或抄袭他人作业者，第一次挖掘不独立完成作业的害处并讲给同学听，第二次写反思报告。[累计若干次，方法可借鉴组规（一）]

3. 认真遵守课堂纪律，对于上课说话或走神的同学，组内互相监督，就近提醒。

4. 努力学习，追求上进，考试成绩低于小组平均分者，全体组员一起帮助其分析原因，要求在学校完成作业中的难题。

5. 组长于每月 1 日、15 日晚上给组员家长各打一次电话，及时交流组员的学习生活情况（鼓励 + 表扬 + 建议）。

同时，对于小组“组风”的建设，作为班主任，应给予密切关注，对小组建设中积极的、正面的部分及时加以肯定及引导，借助正确的舆论导向帮助学生建立积极的“小组合作观”。

三、部规的制定

学生对于部委的建设是从零开始的，对于活动的策划也没有太多想法，有的只是满腔热忱。因此，作为班主任老师，就要通过培训，具体培养学生的各种活动技能。也许前期的工作是很辛苦的，但是一旦学生的能力被培养起来以后，班主任就会轻松许多。

【知识讲堂】

1. 建立部规的必要性

我们都知道制度的执行者和监督者不应该是同一个机制，否则会出现权力集中、欺上瞒下的情况，因此班级在横向管理的同时，在纵向上也应该成立各个部门位于小组之上，以便贯彻制度的落实。部门针对班级建设常规中的学习、纪律、卫生、总务等方面进行管理和记录，从而落实班规，并且开展丰富多彩的活动丰富学生的生活。

2. 班级部门的设置

班级部门是原班级班委的扩展和延伸，即把从前的一个人负责一个事变成了一群人负责一个事，这样就能让每一个人都可在班级中找到自己的位置，并且在付出中寻求在班级中的归属感，从而爱护班集体。与此同时，多个人便于深入所负责事务的方方面面，把班级常规进展得井井有条。班级部门有学习部、纪律部、卫生部、宣传部等。

3. 制度的灵活性

我们常说“规矩是死的，人是活的”，但在班级中，规矩也可以活起来，因为我们面对的是朝气蓬勃的孩子，如果过分地强调规定会限制孩子正常的身心发展。我们在规矩的应用中可以把制度融汇到各色的活动当中，通过激励的手段让学生更好地接受规定并实践它。

4. 如何进行部委培训

面对千头万绪的工作，我们可能会觉得有些忙乱，但是一旦把握和遵守一些规程就会如剥茧抽丝般地找到工作的要领。基础的架构和规范是非常必要的，因为它给了学生以方法，让学生体会到自主管理快乐的同时会举一反三地应用这些方法，从而达到教育的高效和学生的锻炼效果。当然，仅仅有基础是不够的，还需要深化这些新生的规定，达到对于规范的熟练应用。

任何工作都不是一劳永逸的，在班级的发展过程中，随着学生状态的变化还会出现很多问题，但万变不离其宗，只要学生心中有了制定制度的原则，我们就可以在日常管理当中逐步落实解决。

第一，活动策划培训。

“问题即资源”，我们可以通过发现身边的问题、解决问题的过程，组织多种形式的活动，例如，班级、小组、学生之间发生矛盾或不和谐因素时，有的班级组织了“甜言蜜语”活动等。此外，还可以通过节日、重要事件、平时的日常生活等设计活动，例如：体育部设计的小组篮球比赛、生活部设计的小鬼当家等活动。

第二，活动具体设计培训。

由于学生能力有限，他们设计的活动往往只是一个简单的想法，要想真正实现就必须要有具体的设计，此时，教师应给予最具体的指导。例如：指导学生梳理思路，活动的设计应该包括很多方面的因素，我们不妨以表格的形式给学生一个简单的范本（时间、地点、活动目的、具体内容、需要的支持、评价的方式、负责人），然后再让学生自己去发挥。

第三，工作技巧培训。

在组织活动的过程中，难免会遇到一些写写画画、信息技术等方面的工作，这就需要一些具体的指导，这些指导不一定必须要由班主任亲自来完成，可以邀请班级的任课教师参与，举办讲座，这样既展现了任课教师的风采，还增进了任课教师与学生的关系，一举两得。

第四，活动实施操作培训。

活动的最终实施对象无外乎小组、学生个人，所以各部门必须要将设计的活动广而告之，小的活动可以通过海报的形式，大的活动可以利用班会的时间进行宣传，也可以在每学期的主题项目发布会上进行活动的发布。

在班级建设的过程中，难免会出现一些这样那样的问题，所以各个部门可以通过一些活动来弥补问题或提高学习的积极性。例如：学习部的成员收集班级的一些问题，并针对问题产生的根源设计出了一些小活动，然后通过主题项目发布会的形式向全班进行活动的展示。

师友加油站活动表

活动内容及目的	活动细则	评价方式	所需支持	负责人
全班同学以小组为单位结成对子，按每位同学需求自主申请，以师友互助方式组成团队，达到合作共赢的目的	1. 活动时间：本学期 2. 参加人员：全体同学 3. 活动规则： ①每周以课堂日志、作业、卫生、纪律等，综合评出最佳师友并记 5 分 ②以周为单位进行累计，每月评选出“星级师友” ③期中、期末分别评选出校级“最佳师友奖”	1. 以师友为单位 2. 评奖等级： “星级师友” “最佳师友奖” 3. 颁奖时间：月底	喜报、奖品（20 份）	王同学

系列主题班会（自信）

活动内容及目的	活动细则	评价方式	需要的支持	负责人
学习部想通过部员的努力让大家认识到自信的重要性，并学会自信的方法	1. 活动时间：本学期班会课 2. 参加人员：全体同学 3. 活动规则： ①学习部组织，提前做好会场布置及流程梳理 ②认真听讲，积极发言，会后自主写出自己的心得体会（200 字以上），评比并推荐到班级小报，给小组在总评成绩加 5 分 / 人	1. 以个人和小组为单位 2. 评奖等级：优秀奖（个人、集体） 3. 颁奖时间：周总结	喜报、奖品（12 份）	李同学

演讲比赛“在挫折中奋进”

活动内容及目的	活动细则	评价方式	需要的支持	负责人
通过演讲比赛，展示自己、锻炼口才和胆量，建立自信	1. 活动时间：自定 2. 参加人员：以报名参加人数为准 3. 活动规则： ①凡是参加者给本组加 2 分 ②邀请语文老师参加并担任评委，评出一、二、三等奖	1. 以个人为单位 2. 评奖等级：一、二、三等奖 3. 颁奖时间：班会	喜报、奖品： 一等奖 1 份 二等奖 2 份 三等奖 3 份	李同学

【实操设计 1】

主题：我的部门我做主——部门制度的设置

目的：在组织好部门的基础之上，在部长的带领下定出适合本部门的部规，并且严格执行，力求达到班级正常运转

参加人员：部长、部员、班主任

前期准备：部长准备部员聘书，增强部门凝聚力

形式：小组讨论、全班展示交流

流程：

1. 选出班级需要的部门——学习、纪律、卫生、文体、生活等；
2. 根据学生的表现、责任心及自我推荐，经同学们讨论，大家投票选出班委（即部长）；
3. 在教师的指导下，各部长简要写出招聘启事；
4. 在班会上逐一介绍部门性质以及常规工作；
5. 每个同学根据爱好以及特长到各部门进行应聘（表达和沟通）；
6. 确定班级部门人选并公示，由部长颁发聘书；
7. 每个部门的部员在部长的带领之下制定详细的部规；
8. 公示于全班并且根据同学的意见进行修改；
9. 完善部规并制定负责人评比制度；
10. 展示部规及人员分工及细则。

班级人员分工及职责

职务	姓名	职责
班长	李同学	……
纪律部部长	汪同学	……
学习部部长	韩同学	……
宣传部部长	刘同学	……
生活部部长	魏同学	……

续表

职务	姓名	职责
男文体	汪同学	……
女文体	郭同学	……
组长 1	韩同学	1. 认真收齐本组的作业。 2. 督促同学认真、及时地改错。 3. 对于当天考试不合格的同学，要督促、帮助同学弄明白。 4. 监督本组管理员认真记录本组的情况。 5. 督促本组管理员检查预备工作是否做好。 6. 早晨督促同学交作业后，进行早读。
组长 2	李同学	
组长 3	郭同学	
……	……	
学科代表		1. 按时收作业、记录作业完成情况，并及时交给老师。 2. 上课有责任记录课堂情况（表扬及突发事件）。 3. 协助老师完成教学工作。 4. 督促组长让组员及时改错，并交给老师。 5. 上课前帮老师拿教具，询问是否用电脑。
电教员	周同学	每节上课前询问老师是否用多媒体，做好准备。

卫生部部规

要想成为一个优秀的班集体，不只是在学习与纪律等让人看得见的大事上，在生活点点滴滴的小事中也能看出这个班是否团结、是否优秀、对待困难是否敢于挑战……我们班就是向着这样的目标前进，从最小的事——卫生做起。因此我们班便成立了卫生部，卫生部的部长由我们班的生活委员魏同学来担当。

卫生部部长：魏同学；

卫生部成员：6 人；

卫生部的部规：（略）

希望同学们可以遵守以上的条约，做到用我们的双手把我们共有的家装饰得更加漂亮。

【注意事项】

1. 部长是班级舆论和风气的主要掌舵人，因此部长的选择在坚持民主选举的同时，班主任一定要做好把关。

2. 教师要在讨论之前说明班会的目的，让大家明确选择自己适合的部门并为此努力。

3. 由部员自行制定部规、自己所负责的权责以及评价制度利于部规的贯彻。

4. 在全班公示并且吸取意见进行修改，利于全班同学对部规的认可。

5. 把班级工作分成模块，形成不同部门，便于选择自己即将从事的“事业”。

【实操设计 2】

主题：细节在我身边。

背景：每日卫生的维护和检查是班级精神面貌和文化建设的综合体现。但是，由于标准不明确，监督和检查出现了出入，没有做到细节之处的整洁（比如：墙壁、暖气片、讲台缝、垃圾桶缝）。

流程：

1. 职责明确：确定在检查值日当中需要做的内容及项目（详细），小组之内分配人员，做到“人人有事做，事事有人做”，并且调节每日值日量的分配，保证时间的合理性。

2. 标准清晰：由卫生部根据学校检查评比要求写出详细的值日标准。

3. 检查落实：卫生部的同学安排好检查督促工作，并对小组卫生负责人进行培训，制作计分表，做到课间、午间、晚间都有检查的同学。卫生评比项目共一百分，卫生部的同学负责统筹检查，合格则给予奖励，进而培养良好的卫生习惯。

4. 评比及时：按卫生部制定的评比方式，每日总结反馈。

5. 大力督促：对认真值日的小组给予卫生之星的奖励。

实施效果：卫生部总结（卫生部部长滕某）

身为五班的卫生部部长，我对这一学期卫生部人员的情况做出总结。在这一个学期里，卫生部同学的工作是值得肯定的，每天早上都有卫生部同学的身影，每天放学都有细致检查最后离开教室的坚守，卫生部每个人都付出了努力。在工作中，我们也讲求工作方法，每位部员都明确了自己的分工，知道自己什么时间做什么事；看见有垃圾会自己捡起来，为同学们做出榜样。班里小组的卫生负责人这学期全部值得表扬，因为他们知道自己的职责、卫生区，如果卫生区内有垃圾会自觉地捡起，中午和晚上值日时他们也认真监督以合格地完成值日，保证班内的整洁。班级内部评比活动有成效，同学们都有意识地维护班级卫生，为了小组每位同学都做出了自己的贡献！五班加油！

【实操设计 3】

主题：争当纪律小标兵

流程：

1. 纪律要求分层：以小组为单位，写出纪律最需要注意的细节，经过投票甄选出前五个，成为要攻克的“第一阶梯”目标，主要囊括一些比较容易达成的纪律要求，如按时上课、学具准备齐全等；在班级几乎全部消灭了这些问题之后，再让小组写上“第二阶梯”需要突破的内容，以此让学生自己找出纪律需突破的重点以及措施。

2. 强调课堂纪律：在课堂纪律中主要增加了纪检部同学对于课堂纪律的监管，由老师对当堂课的纪律做出评价之后，纪检部同学负责认真记录。

评比制度：进行评价和评比，是纪律的主要项目，每项十分共一百分，纪检部的同学负责统筹检查，合格则奖励五分，以此督促每一位同学做好纪律的自管，最终做到纪律的无人管理。每天由专人进行记录，当日总结，对纪律最高分的前三个组颁发“纪律之星”桌牌。周总结时，连续三天及以上都获得“纪律之星”的小组给予“纪律恒星”的喜报奖励，并告知家长。

实施效果：纪检部总结（纪检部部长李某）

我们部的每一个部员都有自己的任务，如：洪同学负责课间、孙同学负责自习、王同学负责课上纪律、陶同学负责两分钟预备、李同学负责广播等。我们班在这几个月当中，同学们已经有了很深厚的感情，大家总会不自觉地保护它，不让它受到伤害。开学几个月，我们有许多活动，每一项活动都让我们有新的想法、新的感觉。在纪律月中，大家为了小组评比，努力避免扣分，拼命加分。这使我们的纪律自管效果有了很大的提高。那段时间是我们纪检部最悠闲的时光了。

第二节 评比导航激班级竞争动力

班级建设中，制度是班级建设的基础，评价是导航。

评比促班规的落实

评价的根本属性在于“为了促进发展而不是为了鉴别”。无论是课堂教学还是课外活动，开展同学之间的竞赛，能充分调动学生的积极性和主动性，让学生学会在竞争中与他人合作，进而培养健康的人格。因此，在班级建设中，丰富多彩的评比能更好地促成学生的自主管理，进而推动班级的自治。

【知识讲堂】

1. 评比对小组建设的作用

班级文化建设是以合作小组为载体来实现的，那么如何才能发挥合作小组的巨大作用？评比常常能大大激发学生对于各项活动的参与意识，能提高学生们的责任意识及团体观念，从而有利于小组的建设。

2.“捆绑式”评比的意义

在小组进行良性循环的过程中，评比起到了不可替代的作用。针对小组采取“捆绑式”的评比方式，每个小组每天要进行记录和评分，小组四人得分是小组总分，每一个人的表现都和小组息息相关，这样将会约束个别同学的不良习惯，从而帮助学生养成良好的行为习惯与学习习惯，积极地参加班级的各项活动。

【实操设计 1】

主题：班级评比大讨论

目的：大家通过班级近期的培养目标及班规的温习，制定出能够调动同学积极性的各种评比办法。

时间：1 周

地点：班级教室、老师办公室

参加人员：全体同学、班主任

前期准备：总负责、摄影师、记录员、噪音控制员、电教员

形式：班干部讨论、全班展示交流

流程：

1. 班长根据班规等自定评比方案；
2. 班干部讨论；拟订草案；
3. 以小组为单位对于草案进行评议；
4. 小组代表讨论看法；
5. 全班同学一起定稿。

【实操演练 1】

1. 根据班级的问题、培养目标等制定班级的量化管理表，不同阶段

要有不同的量化内容。

"拼 yi 阁"共同进步表

内容	第一组	第二组	第三组	第四组	第五组	第六组
纪律						
卫生						
学习						
课堂状态						
好人好事						

2. 根据行为情况，每周发放喜报，让学生进行周总结。

3. 喜报数量的多少决定月之星。

4. 月之星的次数决定学期之星。

【实操设计 2】

主题：小组捆绑式评比

目的：通过开展小组之间的评比，充分调动每个学生的集体意识及各方面的积极性，同时增强组长的管理意识。

时间：1 周

地点：班级教室、老师办公室

参加人员：全体同学、班主任

前期准备：总负责、摄影师、记录员、噪音控制员、电教员

形式：班干部讨论、全班展示交流

流程：

1. 班干部根据班级的总目标、小组存在的问题等，考虑学生感兴趣的活动，从而制定小组评比草案；

2. 和老师协商；

3. 征求同学们的意见；

4. 班长介绍评比：

（1）目的：

让同学们了解本组与其他组之间存在的优势和差距，从而调动同学们的积极性。

（2）预期效果：你争我帮的班级气氛更加突出。

（3）活动简单介绍与说明：

小组评比方面采取升级形式。每名同学都以一个建筑工程师的身份，为自己小组的房子添砖加瓦。由于这学期我们在纪律、卫生、学习这三方面进行评比，所以相应地也就有纪律摩天楼、卫生摩天楼、学习摩天楼，希望每名同学都能在坚固稳定的地基上用自己的努力与汗水建起属于自己的高楼大厦。

（4）评比规则：

在各项评比中，获得第一名的组得到5颗星，第二名的组4颗星，第三名的组3颗星，第四名的组2颗星，第五名的组1颗星，其余的没有星。每累积到20颗星时，楼就会自动加一层。

备注：班级文化建设的主题叫“拼yi阁”，其中“阁”本身就有房子、屋子的意思，所以想到了建设摩天楼的评比方式。

【实操演练2-1】

主题：过去、现在和将来

促进小组良性循环，评比起到了不可替代的作用。针对小组采取捆绑式的评比方式，每个小组每天要进行记录和评分，小组四人得分是小组总分，每一个人的表现都和小组息息相关，每周小组总分排名之后，再采取各种形式对小组一周的表现进行总结，不但结果一目了然，而且具有很强的趣味性，能够让学生时刻想到自己小组在班级的位置，奋起直追！

比如“过去、现在和将来”活动，在我们班级中最显眼的一面墙上有一串成长的足迹。“过去时、现在时和将来时”的意义是把错误留在过去，把梦想照进现实，最后冲刺到美好的明天。在每周的固定评比结束以后，会为一周当中加分最多的同学颁发喜报，并通过让家长签字和写感言的方式加强家校沟通。同时把喜报放在班级的加油站中，以小组为单位累计得到喜报的数量，每周都获得喜报的同学将成为年级阳光学生的候选人。

【实操演练 2-2】

主题：小组共闯冒险岛的评比竞争机制

我们将中国 10 个城市作为临时驿站，将小组评比的分数作为导航，优先得到 100 分的小组可以选择往前走一步，比赛哪个小组最先到达法国，并且每一个驿站都设有神秘宝藏。在这个过程中，以小组每天的积分作为依据，并进行累积，稍微加大驿站之间的分数值，令活动更有意思。

每一个小组都在铆足干劲地为组争光，把班主任们担心的常规融入学生的生活之中。在履行自己职责的同时增强班级归属感，从而达到我爱我班的目的。

对小组的成长来说，教师不仅要及时给予恰当的评价，还要注意给各个小组相对均等的参与机会。对小组合作成效的反馈，要立足于发展的原则，使学生明白，自己小组的活动，好在哪儿，应继续发扬，还有哪些不足，要努力克服和改进。评价成为学生合作学习的动力。

第三节　师徒掌舵增班级互助氛围

每个学生都是独一无二的，他们的学习力、交往能力、创造能力、表现能力等都不尽相同，如何让学生们彼此欣赏、互相学习，让每一个学生都拥有自己的“师友”，教师的智慧层出不穷。

给力的师友合作

小组内部推行“互助”。在尊重学生意愿的基础上，小组内学生自称为“领头雁、智慧军师、智囊高手和后起之秀”。“领头雁”与“后起之秀”共建关系，“智慧军师”与“智囊高手”手拉手，齐头并进。这样使小组的各项工作都能落到实处，同时又最大程度地培养起一大批“智慧军师”，为小组的规则和规范建设打下了坚实的基础。另外学生们可以针对问题自筹方案，制定出切实可行的办法，从而增强班级小组的学习风气。

【知识讲堂】

1. 师友合作共赢

师友合作如果用得恰当，发挥了它真正的效益，就可以优势互补、提高学习效率，通过合作交流，促进共同进步。

2. 捆绑评价的优点

捆绑以小组为平台，促进学生各方面的发展。捆绑式评价既能增强学生的合作意识，又能培养学生的竞争意识。在评比过程中，由于不断地强化小组、师友意识，还能增强学生的小组归属感，促进和增强了组员之间的合作与团结意识。

3. 师友协议书应包含的内容

师友协议书的内容要说明各自的责任，以及双方的权利等。

【实操设计 1】

主题：拜师会

目的：通过拜师会，让小组内的 4 位成员两两组合，结成师友，让小师傅在学习、生活等各个方面带动“挚友”（小徒弟）的进步。

时间：45 分钟

地点：班级教室

参加人员：全体同学、班主任

前期准备：师友协议书

流程：

1. 班长讲明建立“师徒加油站”的目的及意义；
2. 学习部宣读师徒协议：师友的权利、义务；
3. 公布师友名单、签订师友协议；
4. 拜师仪式：由“挚友”给小师傅鞠躬敬茶；
5. 小师傅回赠纪念品或鼓励话语的卡片；
6. 师友代表讲话、表决心；
7. 学习部宣读“师友加油站”活动规则；
8. 班主任讲话。

【注意事项】

1. 教师要在讨论之前说明班会的目的，让大家明确目标，高度重视本次班会。

2. 班会前，班主任老师一定要根据学生的性格、学习情况、性别等诸多因素与学生协商确定好师友名单，要与每对师友进行谈话，询问他们的建议和想法。

3.“活动规则”事先写在“师友加油站”的海报上，让学生提前了解。

【实操演练】

主题：一帮一　一对红

如何才能使师友合作发挥它的最大作用，不流于形式呢？关键要扎扎实实地把每一件“小事”做好，然后学会坚持。“小事”其实不小，做好了就是“大事”。

1. 拜师会：明确职责、签订协议

师友结对要采用正式的拜师会的形式，让学生们能够充分认识到班级的每位老师和同学对自己的期望和认可，要有仪式感！让师友二人明确自己的职责，要赋予小师傅一定的权利，也要给予挚友评价小师傅工作的权利，然后师友二人签订协议。

学习部长宣读师徒协议

师友鞠躬敬茶

2. 师友加油站：以活动为载体，以评价为动力

“师友加油站”由学习部进行活动策划，以加分的形式对师徒二人进行评价。“要什么就评价什么，评价什么就会有什么。”因此，活动会定期对优秀的师徒给予一定的奖励并颁发喜报，以便保持两人合作的积极性，培养良好的习惯。

3. 交流会：分享经验、传递幸福

在每周五或每个月末，要让进步的师友进行经验介绍，分享他们在互帮互助过程中让人感动的事情，向大家传递互助的幸福。有的班级之中就悬挂着这样的话语：“听讲的同学，心怀一颗感恩的心，别人会了还要教我，我必须学会；讲题的同学，心怀一颗幸运的心，教别人不只成就了自己助人的美德，还能让自己掌握得更牢固，所以我必须把握机会。”通过交流，目的就是让大家相互学习别人的长处，同时也是对进步师友最好的“奖励”。

4. 给力的捆绑式评价

“捆绑”的目的是激发学生的竞争意识，培养学生的合作精神，在竞争中发挥每位学生的优势。因此在评价的过程中，首先要遵循“组内异质、组间同质”的分组原则，其次要观察师友二人的合作情况，最后对于表现十分优异的师友必须给予“额外奖励”，并计入学生综合素质评价中。

（1）师友结合时要关注性格问题，避免学生之间由于性格不合使得合作效果打折扣。

（2）捆绑式评价应该在开学初就跟学生讲明评价规则，不能等到评选时再临时决定某些评价规则，否则会让一些学生觉得临时制定的某些规则是针对自己的，从而产生消极情绪。

（3）师友合作之时，一定要通过造势营造学习氛围，每天或每周的经验分享就是一种很好的途径。通过交流正面的、阳光的心态，让大家怀着一种感恩的心去对待每天的合作学习。

（4）师友活动中的评价一定坚持每天进行，并及时表扬和鼓励，让合作发挥最大效益。

【实操设计 2】

主题：小小组的评比

流程：

1. 以 4 人合作小组为单位，组内两对师友分别写出最能激励自己的话语和最有效的合作办法。

2. 班级进行各小组评比展示。

3. 全班讨论确定最具激励性的策略。

4. 评比制度落实的负责人。

5. 评比制度的张贴。

6. 评比制度的落实。

师徒评比表

师徒姓名	预期目标	作业完成情况	作业改错	表扬	纪律	卫生	其他
韩某与赵某							
……							

评比细则：

（1）师友两人作业都完成；　　+☆

（2）各科作业按照规定的时间均完成改错的任务；　　+☆

（3）小测达到预期的目标；　　+☆

（4）作业等各方面得到一次表扬；　　+☆

（5）纪律、卫生每项达到班级要求；　　+☆

（6）如果某项表现很好或某些方面进步很大，可提出加星的申请；

（7）每周评比周最佳师友 5 对（根据星的多少）；

（8）每个月评比月最佳师友 2 对（根据周最佳师徒的次数）。

【实操设计 3】

主题：小小组问题的处理

问题背景：在师徒合作活动进行过程中，并不是一帆风顺的，其间出现了一些不积极的话语或者行为。

不阳光的镜头之一：

3 月的一个课间，徒弟赵某问师傅苏某一道数学题，可苏某头也没抬，生气地说：“真烦，你不会想一想。”过了一会儿（好像是苏某完成了当时的某项工作），抬起头来说，“拿过来，我给你讲。”

不阳光的镜头之二：

3 月的某个自习课，师傅郭某对徒弟王某大吼着：“你怎么这么不认真，什么脑子呀，怎么总不会。”（能够理解，但说话的态度与方式欠妥）

不阳光的镜头之三：

中午，挚友党某在看手机上的照片，而师傅李某没有做到及时制止，竟然和她一起看。

追根溯源：

这些不阳光的场景与班级文化建设的初衷出现了分歧。为了很好地解决师友合作中的不和谐场景，我与班干部进行了商讨，准备利用班会的时间很好地分析此问题产生的实质，由班长主持，这样学生才会畅所欲言，不会有很大的压力，也才能找到真正的问题所在。

班会的程序：

1. 班长动员：阐述此次班会的意图、目的、希望及要求；

2. 每个人在纸上写自己所看到的师友合作中的不阳光场景；（不写姓名）

3. 小组讨论进行汇总；

4. 班级讨论进行汇总。

经过学生的讨论及整理，大致原因有：

1. 学习基础不强，感觉耽误师傅时间；

2. 有的挚友上进心不强，影响师傅的心情；

3. 有的徒弟不知感恩师傅；

4. 有的师傅处事之时缺乏耐心；

5. 有的师傅缺乏责任感。

解决方案：

教育寓于活动之中，通过活动让学生明白一些事理，明白一些道理，同时让他们体会个人与小组、小组与集体、付出与成功之间的关系，真正地明白“三只蚂蚁来搬米”之所以能“轻轻抬着进洞里”，正是团结合作的结果。因此，进行了下面一些活动。

活动一：夸夸我的师傅

古人云“滴水之恩，当涌泉相报”，就是教导我们要懂得感恩，知恩图报是我们中华民族的美德。它对于我们来说确实很重要。如今的社会是一个无限的关系网，当别人有困难时你去帮助他，反过来也是如此，一切都是相互的，只有给予才会有所得。在师徒合作的过程中，徒弟对于师傅的付出，表示感谢是必不可少的。因此，我们开展了“夸夸我的师傅”活动，同时，让师傅感觉自己的付出得到了别人的肯定。徒弟曾对师傅这样写道：

王对政说：“政哥，感谢你对我的关心与教育，下课时你时常帮助我改错，课上，你总是提醒我好好听讲，你为我付出了很多很多。每次考试前，你会叮嘱我认真复习，并帮我检查基础知识是否过关。”

尹对刘说：“你对我的帮助很大很大，从开学到现在你一直花费你的时间给我讲题，督促我改错，让我加深了对题的熟悉与印象，几乎每天都要很晚回家，所以我想在这次月考中考出个好成绩，你在我心中是个很好的师傅。”

隋对郭说：“我很感谢你每天帮助我，为我操心，鼓励我、教导我，由于你的帮助，我学习更努力，更加向上了！ Thank you！”

周对吴说：“你对我的帮助真的好大好大，记得星期六，你给我讲了六套卷子，这让我非常感谢你，对不起，你给我讲题的时候我还对你发火，对不起。”

伍对韩说：“谢谢你教会了我如何大度，当我考得不好时，你会主动来找我，嘱咐我好好改题，把错的题仔仔细细地改好。我感谢你对我所做的一切。”

魏对李说：“谢谢你当我不会题时教我，谢谢你容忍我问不完的问题，还有耐心地解决我的问题，谢谢你主动地教我题，我会努力的，我绝不辜负你对我的期望。”

活动二：采访活动

一次，学习委员韩同学听物理老师介绍：最近尹同学的物理知识掌握得不错，上课积极回答问题等。韩同学认为：他成绩的取得一定和师傅的帮助有很大的关系，于是建议利用班会的时间进行采访活动。

活动的程序：

1. 采访对象的确定

方法：当面调查法。

问题：在期中考试中，班里谁的成绩进步大？

结果：尹同学、赵同学。

2. 采访的问题

采访同学的问题：

通过这次的考试可以看出，你的物理、数学成绩都提高了很多，现在想问你几个问题：

（1）你认为学习进步的最主要原因是什么？

（2）师傅对于你的学习是否有很大的帮助，请举例说明。

通过采访活动让学生们明白：

（1）师友只要共同努力，定能取得意想不到的成效；

（2）挚友对于师傅，是心怀感激的。

在保持制度刚性的同时，注意制度实施过程的柔性和发展性。

小结：制度形成，就必须维护制度本身的权威，在实施过程中做到制度面前人人平等。但是，任何制度的制定，无论事前考虑多周密，在实践过程中总会遇到意外情况，比如某学生过于柔弱、敏感，甚至无法承受在一般人看来十分正常的压力。此时，老师必须从更高维度看问题，明确我们制定制度是为了更好地育人，而不仅仅是为了维护公平、秩序等。面对这样的意外，就必须体现出制度的柔性，因材施教。特殊案例出现，会让一般同学对制度和老师产生误解甚至情绪，教师要善于善后，既能让同学们接受特事特办，又能继续维护制度本身的威严。

制度成文必然僵硬，但班级生活却充满活力和变数。老子讲，反者道之动。任何制度，无论当初设计得多么合理、多么周密完善，随着时间的推移，都一定会显现出其越来越严重的教条性。所以，在维护制度刚性的同时，必须建立明确时间节点、与时俱进的制度迭代升级机制，让制度和班级生活尽可能同步。

第四章
文化建设——发展“为人”

精神文化是在长期的教育实践中积淀起来的、反映全班学生的核心价值观，并被全体师生认同的群体意识和精神力量。它是班级物质建设、制度建设和活动建设的内驱力和核心，是班级文化的灵魂。它是一股强大的无形力量，对每一个学生的个体发展起着巨大的潜移默化的教育、激励和制约作用。

“生涯规划”课程之“模拟招聘会”

◇ 徐欣悦

带高一的第二个月。我意识到，班级就是一个小社会，班级岗位和大学生毕业找工作能否结合起来？生涯规划课程是一个突破点。

于是，我和班级的各位部长商定搞一个“模拟招聘会”。部长们全部同意且热情高涨。于是大家紧锣密鼓地上网查阅招聘的流程，咨询家人了解招聘的相关信息及注意事项，最终决定从发布招聘海报，到写简历、投递简历，再到面试、聘任，要还原现实招聘的每个环节，让大家有一个沉浸式的真实体验。

当同学们看到招聘海报时，都很兴奋，因为每个人可以投多个岗位，他们一下课就会站在壁报前去看岗位要求，和同学讨论自己想投哪几个。接下来，就到了投简历的环节，然而，问题出现了：同学们的简历基本都是从网上下载的表格，填的也只是从哪年到哪年，自己做过什么工作的简单经历，这和一份合格乃至优秀的简历相差甚远。

【解决策略】

为了让同学们能写出一份好的简历，班级请到了一位资深的人力资源总监来对同学们进行培训。

老师随机抽出一名同学的简历，并对这位同学进行了访谈：

师：请问你在初中阶段做学习委员时，具体都做了哪些工作？

生：督促课代表收作业、解决个别同学不交作业的问题，还搞过学科竞赛，搞过“师徒互助”的活动。

师：在你做这些工作时，有没有哪件事让你觉得特别有成就感？

生（想了一会儿，突然眼中一亮）：有！就是解决了个别同学不交作业的问题。

师：能跟我们说说你具体是怎么解决的吗？

生：有一次，我把一个同学的作业上交情况反映给家长，结果家长质疑我们统计有问题，还把我说了一顿。我当时居然忍住了，没有挂断电话，也没有跟家长争执，而是平静地感谢家长给我的建议，并且说第二天会再次核实数据。第二天，我一个个找各科课代表确认了这个同学交作业的情况，当天晚上再次跟家长特别诚恳地沟通，这个家长终于理解并相信了我，还说我也不容易，还跟我道了歉。后来，这个同学不交作业的情况得到了改善，我们班的作业上交率也上来了！

访谈进行到这儿，这位同学露出了自信的笑容。

培训老师总结说:“你刚才说的这个才是应该写进简历里的内容。简历里要展示的不是你的‘经历’，而是你的‘经验’，是你在完成工作时体现出的能力和你的工作成绩。一份优秀的简历往往是应聘成功的一半。”

那次培训之后，同学们又修改了自己的简历。第二次交上来时，有的同学补充自己的成功经验，有的同学还做到了从“学习、生活、工作”多方面提供生动的事例来证明自己的能力，有一位应聘宣传部的同学，还配上了几幅自己的画作和摄影作品。

【具体操作】

经过将近两周的准备，期待已久的“模拟招聘会”终于开始了。同学们身着正装，把自己的简历投递到各部委，然后去隔壁的教室等待面试。

工作人员会在部长们审完简历后，通知同学们来面试，面试的场面也是精彩纷呈。同样经过了培训的面试官们认真严谨，问题情境化、具体化，应聘的同学们也使出浑身解数，展示着自己的工作意愿和能力，应聘文体部的同学还现场表演了才艺。

一轮轮的面试结束之后，各部委的部长进行商议考量，最后确定自己部委每个岗位的人选，并把他们的名字写在聘书上。

最后一个环节就是发放聘书。先由班主任给班长发，再由班长给部长发，最后由部长给招聘的部员发，每个同学拿到聘书的那一瞬间，都很激动，因为这个聘书来之不易。当然，这时候老师的总结也很重要：这个小小的聘书，不仅仅凝结了同学们的智慧与能力，还承载着一份责任，接过聘书，就是接过了这份责任，一个班级需要有责任心的建设者，一个国家同样如此！

活动在大家拿着聘书的合影中结束了，但它的影响还远没有结束。

【活动效果】

1. 这次活动确定了班级的组织结构，实现了“人人有事做，事事有人做”。

2. 在教会同学们如何写简历的过程中，初识“生涯”，学生对“工作”这个词有了新的认识，“招聘”不仅仅是一个经历，更让自己在直面问题、解决问题的过程中积累经验、不断成长，最终满足自我实现需求。这样的认识使得同学们在入职后的工作中愿意主动思考、主动创新，使班级工作得到非同凡响的提升。

3. 这次活动锻炼了学生的表达能力、应急能力，增强了他们的社会责任感。

【心灵感悟】

随着高考招生制度政策的改革，生涯规划教育逐渐被纳入课程之中。作为班主任，我们虽然不是专业的生涯教育老师，但我们可以通过班级文化建设引领学生发现人生更伟大的意义，培养学生的核心素养。当然，我们也可以通过培训给学生一些实操性强的具体方法。

我们搞生涯规划的活动也好，其他活动也好，不能只是走过场、求热闹，应该追求让学生在活动中真正有所得，追求触动心灵的思想引领和实用落地的方法指导。只有这样的活动才会有持续的效果，才会对学生有深久的影响。

春华秋“十”，博长“六”艺

——“臻”好十六班班级文化建设的过程

◇杨 举

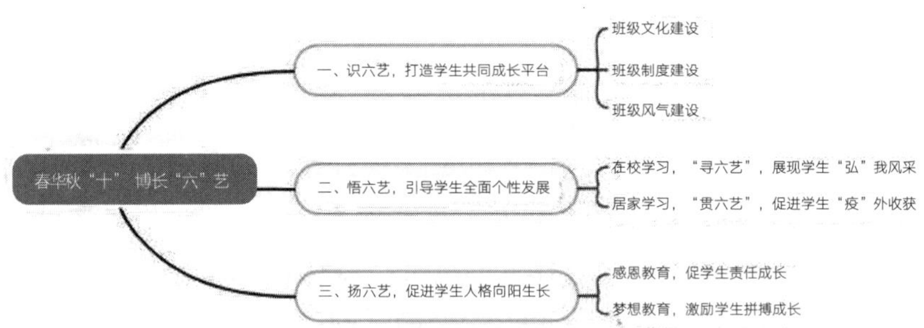

文化是造就人的精神品质的主要力量，特定的文化氛围可以决定人的思想与行为。《颜氏家训·勉学》中说：“夫学者犹种树也，春玩其华，秋登其实；讲论文章，春华也，修身利行，秋实也。”比喻事物的因果关系，后引申比喻文采与德行。儒家文化“君子六艺”，是中国古代儒家要求学生掌握的六种基本才能：礼、乐、射、御、书、数。学生们结合自己对六艺的理解，给传统六艺注入当代青少年的新鲜血液，构成了我们班级文化的载体。以“春华”为始，通过“六艺”，去探索去实践，不断塑造有个性、有深度、独立思考的人格素养，致“秋登其实”，在人生的道路上，至臻至美。

一、识六艺，打造学生共同成长平台

（一）物质文化建设

初中伊始，帮助学生快速度过处处陌生的“尴尬期”，平稳完成小初过渡，形成班级意识是首要任务。建班伊始，我和学生一起赋予班级“家”的形象，通过“遇见16，遇见你”“我为新家添色彩”“我的班级我做主”“我的小组我的团”等系列活动，取班名、绘班徽、定班训、明确班级目标以及制定班级公约，强化学生对班级的归属感和认同感，帮助学生快速了解新同学、融入新集体。“臻”——达到美好的境地，“‘臻’好十六”的班级名称，寓意着我们是一个热情、勇敢、乐于拼搏，尊重个体也强调集体的大家庭。学生们也在不断的相处中，保留了原本自信阳光的热情，增添了包容、欣赏，在班级生活中不自觉地比拼、协作、分享。

环境文化作为一种“润物细无声”的教育，让学生在班级文化的熏陶中自主学习、自我明确和发现自身优势。班级进行空间文化布置时，同样发挥学生的创造性，大家共同商议各板块的内容，从班徽班旗到班级物品摆放，同学们先划分功能区，再讨论布置细节，力求外观主题突出干净简洁，内容优质有榜样作用。

（二）制度文化建设

建立良好的班级制度文化，是班级文化建设的一项重要内容。本着“人人有事做，事事有人做”的原则，结合“六艺”建立6大部门，礼——纪律部，乐——文艺部，射——体育部，御——卫生部，书——学习部，数——生活部。由学生自主选出部长和副部长，再由部长们组建自己的团队，学生根据自己的意愿进行双向选择，这样让每一位同学都有组织。同时班级分为9个小组，每位组员根据组长、作业、纪律、卫生等职能进行分工。6大部门和9个小组两线并行，部门负责活动的组织和评价，以小组为单位参与进行评比和班级日常量化，互为执行和反馈，让班级实现自主运转。

在制定班规的过程中，让每一位同学参与到班级决策中来，以小组为单位收集意见并在班级大讨论中发言，全班同学进行投票表决，经过多次的全班大讨论，形成了“臻”好十六班量身定制的班规。同学们不仅针对本班热点话题——手机管理、课间纪律等方面的行为有了严格的要求评价细则，对考勤、储物柜卫生等个人习惯也有了明确的要求。每个小组的同学都熟悉班规的内容和“量化细则”，在班级的日常生活中，提醒和督促同组小伙伴们争取“多加分，少扣分”，在组内帮助、组间竞争的氛围中学生们完成小初过渡，适应了初中生活节奏，为以后进一步培养学生执着、负责、坚毅、锐意进取的品质打下基础。

（三）精神文化建设

班级文化的建设不能仅是一句口号浮于表面，要通过具体而有效的措施使班级文化慢慢地进入学生的心里。依托学校、年级和班级的各项活动，将集体丰富多彩的文化活动作为教育手段。

文化主题	春华秋“十”，博长“六”艺	
一级	二级	活动
礼	1. 不学礼无以立，做懂“礼”的君子，具备谦谦君子之风，正直豁达且乐于奉献。 2. 培养学生正直、忠诚、仁爱、孝悌、宽容、诚信的品质。	1. 升旗仪式 2. 爱国主题班会、团队会、传统文化活动 3. 班级反馈：每日总结、每周评比、每学期表彰 4. 守时星达人（疫情期间）
乐	1. “乐”不仅能够陶冶人的情操，还引导人的性情心智。志趣高雅有益于身心健康，有助于开发智力和激发创造力，使生活更加充实而富有意义。 2. 培养学生高尚的志趣，热爱生活。	1. 艺术节（12 月） 2. 雅趣月主题班会（12 月） 3. 合唱节（5 月） 4. 班级联欢活动（1 月）

续表

文化主题	春华秋“十”，博长“六”艺	
一级	二级	活动
射	1. “射”指修身养性的体育活动，要有锻炼身体的意识和健康的生活习惯。 2. 培养学生阳光、勇敢、执着、乐于拼搏的品质。	1. 课间操和眼保健操 2. 运动会（9 月） 3. 体育节（3 月） 4. 健身星达人（每月）
御	1. 御：“驾驶学”“驾驭学”，酌古御今，择古之善者以为治今的借鉴。 2. 在信息社会网络时代的今天，人们面对更多更大的挑战，不仅要培养学生具备生活技能，还要培养学生开阔眼界，实践精神，有开放和创新的意识。	1. 科技节（10 月） 2. 科技奥运主题活动（2 月） 3. 志愿活动（图书馆） 4. 居家星达人（疫情期间） 5. 厨艺星达人（疫情期间）
书	1. 翰墨书香：古之作者，寄身于翰墨，见意于篇籍。书是人类文明的传承，读书的过程是一个修身养性、开启心智的过程。 2. 学生善读、阅读好习惯，从书中感受人类文明的传承。	1. 读书打卡及分享 2. 书法展示 3. 朗诵比赛 4. 听讲星达人（疫情期间） 5. 作业星达人（疫情期间）
数	1. 数，通术算，要求君子有较强的逻辑思维能力。现代延伸为“数理化”之数。 2. 学生做事有方法有条理，培养学生具备独立、执着、有责任感、锐意进取的品质。	1. 阶段性总结和计划 2. 学科笔记和作业评比 3. 学科拓展及学法分享（绘制数学星云、点亮数学星系等） 4. 每日学习日记（疫情期间）

二、悟六艺，引导学生全面个性发展

最好的教育是润物细无声的教育，要想在班级生活中在一点一滴处影响学生，活动育人的优势就体现出来了，同学们积极参与学校大型活动（艺术节、合唱节、科技节、体育节、运动会）的同时，精心组织班级小活动：为了培养少先队干部的自主能力，激发少先队员昂扬向上的积极情绪，组织了“做有担当的新时代新青年”“峥嵘岁月百年史，星星火炬代代传”等少先队活动；为了让同学们了解冬奥了解中国奥运，组织了冬奥系列演讲《冬奥我最喜欢的运动员》《科技冬奥》。此外，与学科老师携手设计实践作业，历史文物模型、地球模型、生物呼吸系统模型等，居家学习期间，将学习和生活量化到日常评比中，每周进行阶段总结，及时评价，帮助学生认识到自己的状态，并及时做出调整。

（一）“寻六艺”，展“臻”我风采

将礼、乐、射、御、书、数六个板块活动化，不仅让学生得到锻炼和提高，也锻炼学生的意志品质，提高道德修养。下面以书、御、射为例：

书——阅读、仿写、书法

通过“说文解字寻六艺”活动课，学生能够了解六艺的起源和意义，研究古今六艺的演变。此外，结合语文学科学习任务，开展读书、朗诵等活动，定期推荐好书阅读，展示交流读书体会，培养学生善读、阅读好习惯，从书中感受人类文明的传承。

御——社会实践、志愿服务、科技创新

享受志愿活动的过程，越来越多的同学加入志愿服务的队伍中。每到开学前夕学生们都会帮校图书馆的老师们分书搬书，在平时帮忙整理图书，深入图书馆的工作环境，让孩子们更好地感受到图书馆的氛围，感受到书籍的神圣。看着一摞摞的书籍整齐地摆放在各个班级的相应位置上，大家心中的喜悦不能言表。除此以外，同学们积极参与科技实践活动：几个同学在科技节中打造了飞得最远的水火箭；几个同学将科技冬奥带回班级，给老师和同学们一一讲解；校科技社团的同学还会给同学们分享他们的研究项目……

射——体育节

早春三月，体育节——年级足球联赛拉开帷幕，虽然我们班会踢足球的人凤毛麟角，但不影响报名的热情，看着一群小胖子高高地举起小胖手，我心想：重在参与嘛。仿佛是一夜之间就看到他们穿着蓝色印有名字的球衣在足球场内训练，接下来每天商量阵容，尝试、复盘，还会和我汇报训练进度，看着每天满头大汗的他们，也许是我小瞧他们了？真正的比赛是残酷的，我班面对强敌毫无还手之力。在上半场5∶0落后的情况下，我已经在想可不能让孩子们哭着放学回家啊。中场休息5分钟，小伙子们没提一句比分，继续商量对策调整阵容……一张张不服输的脸、一声声加油的呐喊，小伙子们奋力奔跑着追逐着的身影，每一位都是足球明星……比赛结束后，对方球员抱在一起热烈欢呼庆祝胜利，我们也兴高采烈地合影……回到教室，照例是赛后复盘，分析敌我差距，并扬言：明年的足球赛要赢回来！青春不就是一场轰轰烈烈的奋斗吗？

（二）居家学习，“贯六艺”，促进学生“疫”外收获

疫情期间，居家大规模的线上学习充满着各种挑战，线上班级建设也遇到了困境：师生之间没有眼神的互动，没有面对面的情感交流，老师的神功使不上劲儿；班级不仅要转发上级的通知，还要制定适合自己班级学情的各项措施。我将班级建设分为宏观调控和微观操作两个方面。宏观上依托教育部—市教委—区教委—学校—年级的各项政策措施开展工作，班主任要同学校、年级保持高度一致；微观操作上一方面关注学生的生命和价值观教育，另一方面指导学生的居家学习与成长。

1. 线上班会凝心聚力

借助契机教育引导学生，可以有效地助力班级形成积极向上的班风。疫情期间每周定期召开班会必不可少，从开学前“‘疫’路陪伴，‘疫’路成长”到“春生夏长——期中总结班会”“不忘初心，智慧陪伴——线上家长会”再到“不做网络学习背后的‘看客’和‘赞客’”“让守时成为一种习惯”“世界上最快的捷径，就是脚踏实地”，每周一个主题。班会是德育教育的重要组成部分，尤其是居家线上学习，孩子们在家学习，缺少了集体的生活和同伴的互动，与家长的相处过程中时有摩擦，需要

老师给提供一个倾诉和释放压力的时机。

2. 线上活动践行“六艺”

居家网课没有老师的督促，没有同学之间的互相较劲，学生容易懈怠。于是，慎独教育提上日程。所谓慎独，是指人们在独自活动无人监督的情况下，凭着高度自觉，按照一定的道德规范行动，而不做任何有违道德信念、做人原则、违反法律之事。疫情期间，学生们居家学习，要做到作息时间规律，不沉迷于手机等电子设备的使用，注意自己的言行，不传谣、不造谣。为了培养学生“慎独”的品质，班级组织学生设计自己的“居家学习时间安排表”，每日完成“线上学习日记”，每周进行星达人评比。

主题	星达人	评选条件	评委	周评人数
笃实好学	守时星达人	每节课准时到位，不迟到、不早退	课代表	10 人
	听讲星达人	积极参与课堂、认真回答问题	任课教师、课代表	10 人
	作业星达人	按时完成并提交作业，书写工整	任课教师	10 人
坚持不懈	健身星达人	每天认真完成课间操锻炼，动作标准，个人精神风貌较好	体育老师、体委	10 人
多才多艺	居家星达人	整理自己的书桌、床铺，力所能及做家务	班主任、家长	15 人
	厨艺星达人	学习厨艺，参与做饭，完成作品与家人一同品尝	班主任、家长	5 人

三、扬六艺，促进学生人格向阳生长

（一）感恩教育，促进学生责任成长

责任意识是学生品德教育的支点，责任意识的觉醒会成为一个人前进和成长的动力。责任培养渗透到班级活动和家庭生活的各个方面、每个时间。此外，“责任”是初二学年的德育主题词，每班还会召开一个大

型的青春班会“迈好青春第一步”，这是学校的一个传统特色主题教育班会，班会的筹备、召开和后续的教育活动会持续 1—2 个月。学生通过参与和感悟对青春会产生更丰富更全面的理解，通过爱的教育进一步激发学生的责任意识，为初三拼搏成长打下基础。

（二）梦想教育，激发学生拼搏成长

经历前两年的实践和探索，初三是颗粒归仓是“秋收其实”。“拼搏”是初三学年的德育主题词，除了稳定继续开展常规德育活动，还要针对毕业班进行量身定做的德育系列活动：学法指导系列有怎样画思维导图，怎样利用集题本，怎么开展专题拓展复习，怎样做学习总结，怎样做期末复习，怎样利用时间；励志教育系列有独立自主的中学，执着的人，坚持的力量，怎样提升内驱力；心理辅导系列有乐观，健康，心态很重要，哭与笑的未来，战胜挫折……主题系列活动，激发了学生拼搏成长的意志。

中学阶段是青少年人生中最为关键的阶段，是确立三观的重要时刻，班级活动就像是一颗颗美丽的珍珠，通过“春华秋实，博长六艺”这条班级文化线将珍珠串成美丽的项链，让一个个零散的活动联合在一起，互相影响，挖掘学生内心的真善美，逐步提高学生的综合素质，进而促进学生的全面发展，使学生获得自我“至臻”的成长。

“臻”好十六班是一个温暖的大家庭，每一位老师和学生都是这个大家庭的主人，学生在学习和活动中体验生活、感悟青春，获得成长，每个人有不同的个人目标也有共同的集体追求。愿我们永不止步，永远走在不断学习和进步的道路上，就像我们的校训“继往开来，开拓无前”。

班级评价制度的“四有”标准

◇ 徐欣悦

让“评价制度”产生及发挥作用的过程中做到“四有”，即“有标准、有目标、有培训、有反馈”，就能使“评价制度”成为一种健康、积极、能教化育人的“评价文化”，“评价”的潜在意义就能充分显现。

在班级“小组 + 部委”的横纵管理模式下，根据个人的表现进行小组和部委的评价，本文以小组的评价为例，来分析如何做到“四有”，如何让评价“不只是评价，更是学生的自我成长”。

一、“四有”之“有标准”

其实，要做到评价“有标准”并不难，但要让“标准”发挥更大的作用，还需要做到以下两点：

（一）标准制定，自下而上

小组评价标准指的是在小组评价活动中用来判断和衡量各个小组的价值尺度和界限。评价标准的制定是整个小组评价中最为关键的一环，因为制定标准的过程其实就是一个小组乃至一个班级价值观形成的过程。

“标准”必须是在班里每个同学共同讨论、反复商议的过程中产生的。只有“自下而上”产生的标准才能内化成每个同学心中的价值取向，也才能形成班级的价值观。在这个过程中，老师和班干部只是起到一个组织讨论或问题引领的作用。

初一上学期期中考试前，我们开了几次讨论式班会，讨论内容有小组评价的评价项目、评价标准等，讨论形式就是先小组讨论，然后由小组展示讨论结果，再全班一起讨论，每次班会的讨论结果会由班委会进行整理优化，下次班会在整理稿的基础上再进行讨论。几次班会之后，我们确定了小组“捆绑式”评价的基本形式，确定了小组评比的项目以及每个项目的评价标准，还确定了呈现评价结果的方式，即全组都达到了某个项目的评价标准，就发一张“项目卡”，由此确定了班级的“发卡制”。

（二）标准升级，自我发展

“发卡制”的评价标准都是以养成习惯为目标的基本标准。施行了一段时间，到初一上学期快结束时，绝大部分同学已经能够达到评价标准，对“发卡制”也没有之前的那份热情了。这时候，我们针对小组的评价标准就要进一步升级了，而升级的标准也要自下而上由学生来制定，这样可以激发学生“自我发展”的内在动力。

又经过几次讨论，我们制定了“小组升级评价标准”。每个小组可以通过全组的共同努力，由“常规小组”逐步升级为“金牌小组”，每个级别的评价标准如下：

常规小组：课堂上和学科学习中有合作、有互助，学科成绩在合作中有提高。

铜牌小组：能将合作与互助拓展到学习之外，个人综合素养能在合作中有所提高。

银牌小组：能主动开展小组活动。

金牌小组：能主动、创造性地开展小组活动，并能引领其他小组共同进步，有辐射力。

这个评价标准的制定，不仅让每个小组明确了下一步的发展方向，更重要的是让孩子们知道了什么样的团队才是真正优秀的团队，相信这个收获对他们今后的职业生涯是有巨大价值的。

二、“四有”之“有目标”

小组评价的标准有了，每个小组就要确定他们的目标了。要想让“目标”发挥最大的作用，也需要做到两点：

（一）目标集中，评价合理

评价项目越多，目标就会越分散，所以，如何将目标集中就成了必须面对的问题。“发卡制”阶段，同学们定下的评价项目很多，刚开始让各小组定目标时，大家都说每周一共要拿到多少张卡，这样只说一个总数，针对性就不强，目标不够集中，效果也不会最大化。所以，我提出了一个想法，能不能针对某一项或某几项制定目标。不过问题又来了，如果这一项大家做得都很好，那每周得到的卡数将是相同的，那就没办法比较了。最后我们终于讨论出了一个终极目标并制订了一个较为合理的评价方案。这个终极目标就是“封卡”，也就是不再发某个项目的卡。方案就是如果一个小组某一项目连续两周每天都得到了卡，那就可以得到最高荣誉“封卡”，“封卡”后，如果在这个项目上再出现两次问题，就重新进入评价，如有过两次“封卡”后重新进行评价的记录，将永远不能获得“封卡”荣誉。这样一来，小组的目标就可以集中为每个月封哪几个项目的卡，评价也就更合理、更有效了。

（二）目标展示，竞争发展

有了目标，一定要展示出来，在全班同学面前“广而告之”，这样做，不仅可以起到激励自己的作用，还能引发竞争，促进各个小组的发展。

小组升级的评价标准确立后，我们班开展了一次以“与你一同前行”为主题的组长演讲秀活动。由每个组的组长来做一次演讲，演讲内容包括小组升级的目标、目前的优势、目前的不足、改进的措施等。演讲秀结束后，每个小组的组员都明确了自己的目标，同时也知道了自己的竞争对手是谁，平时会相互观察、相互学习，当对方出现问题时，相互进行非恶意的刺激，这种良性竞争带来的是大家共同的进步和发展。

三、“四有”之“有培训”

有了标准和目标，如何达到？这时候，作为班级里唯一的成年人——老师，必须要站出来，来做培训的工作。如果没有这个培训的过程，放手让孩子们去做，那评价的教化育人的功能就会大大减弱。我主要做了以下几种培训：

（一）通识培训

这种培训主要以开组长会的形式来进行。先由组长来说一周以来组内的情况，然后其他组长进行评价，最后我再来评价。在这个过程中，明确了组长在小组评价活动中的职责，同时也找到了一些解决问题的方法。

（二）个别培训

如果某个小组问题比较多或者某方面问题比较突出，我会单独给这个小组组织一次培训。当然也是以讨论会的形式进行，这种培训可以实现使小组内尽快达成共识，小组成员学会如何相处，想办法共同进步等目的。

（三）引领培训

在小组升级评价过程中，我绘制了不同升级目标的引领图，引领图中有让他们自己填的部分，也有我给出几个选项让他们选择的题目。班会上，各小组共同讨论、填写引领图，在这个过程中，同学们知道了要想达到自己的升级目标，可以如何一步步去做，可以做哪些事情，可以搞哪些活动，也知道了应该如何与同伴相处，应该如何与竞争伙伴相处，总之，这种引领培训是非常必要的，是让“评价制度”成为“评价文化”的重要一环。

四、“四有”之“有反馈”

小组评价制度的落地，与评价的反馈息息相关。这里有两点感受与大家分享：

（一）及时反馈，长短结合

反馈的及时性非常重要，所以小组的评价制度形成初期，必须每天都要总结。我们班“发卡制”实行初期，每天的日总结主要是这样的流程：公布各组卡数—各组填写日总结表—优秀小组介绍经验—其他小组提组内解决不了的问题—全班共同讨论—高声朗诵班训。这样的日总结至少要坚持一个月，当然中间可以根据情况调整或增删流程。

短期反馈与长期反馈要相结合，这样效果能更持续、更牢固。日小结、周奖惩、月表彰、学期评定，一个学期下来，学生会觉得一个小组评价，带给他们的很多很多，不只有荣誉，还有能力，还有团队意识，所以评价反馈这件事一定要坚持做、做扎实。

（二）多元反馈，内外结合

对小组评价的反馈要实现多元化，教师、学生、家长、社会共同反馈。我们班的小组升级评价最后的反馈，由来自班主任、任课老师的评定表，来自家长的评定表，来自各种社会实践活动（如参观博物馆）组织方的评价表共同组成，小组升级评定会也是在最后一次学生和家长共同参与的家长会上进行的，这种多元反馈，体现了公平、公开、开放的原则，对学生也是一种教育。

另外，小组成员对小组的自评反馈也非常重要，他们的自评反馈以展示的形式出现，每个小组都能很客观、真实地对自己做出评价，这个过程中自我肯定和自省的力量足以让孩子们变得更加自信、健康、积极。

做到以上这“四有”，评价便不只是评价，它是一个过程，一个思想教育的过程，一个文化浸润的过程，一个心灵成长的过程。相信这样一个过程，能让孩子们受益终身。

日总结与学生成长

◇ 薛丽萍

日总结场景再现之一

内容：班级日总结

时间：5 月 14 日下午放学前

地点：初二（11）班

【第一部分：小组总结】

主持人：随着一天学习生活的结束，每个人都对自己的优点与不足进行了总结，那么在小组中的你表现得如何呢？下面给每个小组 5 分钟的时间进行讨论与总结。

1. 小组总结 5 分钟

2. 汇报讨论结果

例如：

丁：我们今天的优点是组员都能够自主积极发言，缺点是课间操表现不好，改进措施是管住自己，不跟前后爱说话的同学站在一起。今日之星是李昀祺，上课状态有改进。

袁：今天我们组的优点是日常卡都有，没有矛盾，但是本组在课上不积极且纪律不好，还有组内有不完成作业且抄袭的现象。我们以后在课上要互相督促，作业方面要自觉，若早上有人没有完成作业，要催他赶快补上，而不能给他抄作业。我们组的今日之星是余无菲，她今天课上得卡最多。

张：我们组今日之星是施佳义，因为他今天写物理作业时表现特别好。我们组的不足是上课注意力不够集中，浮躁，有同学上操说话。改进办法是以后上操组长站在爱说话的组员的旁边督促提醒。优点是常规卡都得到，作业全齐，发言积极。

杨：我们组今天的不足是课上发言不积极，由于是周一，大家没有以往那么活跃，希望明天有所改正。优点是常规卡全齐，今日之星是燕亦恒，因为今天他交齐了所有作业。

董：今天本组的纪律较前一天有很大进步，但是上午课堂参与较少，不太活跃。下午精神有些倦怠，解决办法是由组长调动小组课堂气氛，增强积极性。今天我们组的今日之星是周子巽，他上课纪律较好，作业完成情况良好。

3. 汇报小组每日之星（略）

主持人点评：首先，今天每个小组的总结都非常好，能够从更多的方面抓住别人的闪光点或不足，不再单单针对于课堂；其次，袁泉的发言给我印象很深刻，他说得很对，许多的事情就是要自律，自己去严格要求自己；最后，很多小组说今天小组组员上课的状态不是很好，希望同学们今天回家去进行调整，明天用更好的精神状态去迎接学习生活。下面有请今天的值日班长汪映辉对今天一天情况进行总结。

【第二部分：值日班长总结】

汪点评：

1. 一天总结

早读进班轻的同学有 4 人（略）

早读坐姿好的同学有 4 人（略）

早读入境好的同学有 4 人（略）

迟到的同学有 3 人（略）

今天早读总体还不错，迟到的人有些多，因为是周一，很多同学对时间把握不是很好，早自习时读书一开始声音不整齐，有点小，所以以后要注意。课堂纪律较以往有较大改善，希望大家再接再厉，但还需努力。眼操偶尔有同学不认真，但提醒后能改正。

2. 今天我感动的事是董某和张某在操场上捡瓶子

今天中午我和同学们去操场上买票，路过绿茵场时看见了地上有两个被踩扁的饮料瓶子，他们便捡了起来，并放入最近的垃圾箱里，本来操场是大家共同的场地，保持卫生是我们每个人的责任，可是张雅姝和董彦浩起到了带头作用，这令我很感动。

3. 今天我带给大家的人生感悟是：以德立人

人最珍贵的是道德，做人必须从“德”字开始，做有道德的人，是做人立世、干事的基点。有德者必有威，德高者必望重。品德是取得成功的决定性因素，做人要以德为重，处世要以德为先，用行动树立起自己是有德之人的良好形象。

主持人点评：今天值日班长的点评主要围绕着一个“德”字，以德为本。其次张雅姝和董彦浩捡拾操场上的瓶子的事情也给我颇多感受，校园是我们学习生活的地方，相当于我们的家，所以在校园内的任何一个角落看到有垃圾，我们都应该主动捡起，希望同学们向张雅姝和董彦浩两位同学学习。

【第三部分：班级日志点评】

主持人：结束了一天的课程，每位老师都对我们的课堂学习进行了评价，下面我们来听听。

王子玲点评：语文全A，批评黄某上课随意说话；英语全A，数学全A，计算机全A，物理全A，体育和班会课全A。黄某上课说话的情况由小组课下自己解决，最后来向大家汇报。

【第四部分：荣誉考场摘牌仪式】

主持人：期中考试已经过去了许久，在考试过后，我们班发生了一些问题，丢失了“荣誉考场”这个称号，下面就请胡某组织荣誉考场摘牌仪式。

胡：荣誉考场是上学期期末我们全班同学共同努力申请得到的一项荣誉，但是在这次期中考试却因为个别同学失去了，下面我们就来看看失去这项荣誉的原因。（看PPT）

在期中考试过程中，我们班的监考老师在英语、物理、历史上给我们的评价都是B，主要问题是：英语考试 1人东张西望得B；物理考试1人东张西望得B；历史考试个别同学东张西望得B。

胡：请同学们全体起立，行注目礼，请杨心叶和徐可去摘牌。（播放背景音乐）

胡：我相信在刚才的摘牌仪式中，同学们心中都有不同的感受，请你和大家分享一下刚才摘牌时的心理感受！

袁：失去荣誉考场的称号令我很惋惜，但同时要调整自身，争取早日再把这个称号得回来。

第一组同学：今天摘掉荣誉考场的牌子让我很惊讶，不过这说明同学们在这方面做得还有所欠缺，相信大家在反思后，一定能在下次夺回荣誉考场的称号！

徐：我摘牌时心情非常沉重，但是这不是终点而是起点，我们要更加努力，把荣誉得回来！

胡总结：听了同学们的感受，大家都有不少触动。为了更好地解决这个问题，请大家讨论以下两个问题（PPT，时间 3 分钟）：

1. 如果东张西望的同学想抄袭，作为同学你想对他说什么？

2. 如果东张西望的同学就是一种无意识的行为，我们怎么避免？请你给出几条考试行为的建议。

第六组同学：针对第一个问题我想首先会提醒他，并让他努力增强自己的班级荣誉感。对于第二个问题，我们认为主要的解决方法就是自律，只有严格要求自己，才能彻底杜绝这种无意识的行为。

刘：我们组的同学只想对那些想作弊的同学说：“诚信比成绩更重要。”建议：提醒那些东张西望的同学视线不要离开自己的试卷。

张：对于第一个问题，我们小组讨论的结果是：我们会对他说：“考试是对自己真实实力的考查，不要自欺欺人！”对于第二个问题，我们提出的建议是：1. 把注意力全部放在考卷上；2. 要严格自律，不做与考试无关的事。

第八组同学：失去了诚信就什么都没有了。要更加重视考试，把注意力放在考题上，就不会东张西望了。

胡点评：这项荣誉我们曾经拥有过，但由于我们自己的原因却把它丢掉了。通过这件事情，我们应该好好地反思自己，弥补自己的不足之处。在今后的日子里，我们应该以诚为本，踏踏实实地做好每一件事。争取再次获得“荣誉考场”的称号。

主持人点评：通过摘牌仪式我们找出了自身的不足以及解决的方法，徐可说得对，这不是终点而是起点，希望同学们努力改正自己身上的小不足，争取在下一次考试中表现出色，把“荣誉考场”的称号得回来，下面请班主任薛老师进行总结。

【第五部分：班主任点评】

班主任发言：今天让我特别感动的是，同学们能够辩证地去看一个问题，表面上看，摘牌是一件不好的事情，但是它又是一次考试。我特别欣赏徐可说的一句话：这不是终点而是起点。只有我们全班同学劲往一处使，每一个同学都履行自己的职责，集体才能更加优秀。通过这件事，我也在反思自己，在考前没有想到和预见到会发生这样的事情，考前对同学们答题行为的规范指导不够细致，也是造成这种结果的一个原因。下面就由杨心叶组起草《考场基本行为规范》，然后拿到班会上来，大家共同讨论，形成考场的基本行为规范。大家可以看到，今天主持的同学精心设计了一个盒子，把我们的荣誉考场牌放在里面封藏起来，那么这个盒子的最后开启，靠我们每一位同学的付出，大家一起努力才能把荣誉赢回来，到时我们再开启这个盒子。最后对各位老师及同学的到来表示热烈的感谢！

日总结场景再现之二

内容：班级日总结

时间：5月7日下午放学前

地点：初二（11）班

【第一部分：小组总结】

1. 小组总结

主持人：结束了一天的学习生活，每个小组肯定都有自己组的闪光点和有待提高的不足，下面给每个组5分钟的时间，大家对自己的小组生活进行总结。

2. 汇报讨论结果

袁：本小组今天的优点是上课发言很踊跃，课上思考问题很积极，但纪律有待提高，上课偶尔有说话现象，我们以后要互相提醒，组长和纪律委员做出榜样。今天的今日之星是胡雪菲，她课上最积极，纪律也是组内最好的。

张：今天我们组的优点是没有被扣任何卡，并且基本卡都得到了。而且我们组的作业完成情况比较好（尤其是物理），物理作业没有一个组员得“C”。今天出现的问题是梁某在升旗仪式上不够严肃，对这个问题的解决方法是让违反规定的同学跑操。我们组的今日之星是安某，因为他上课纪律很好。

刘：今天我们组换了新成员——黄某，他来到我们组后能很快融入集体，组内也比以往和谐许多。今天的不足是我们发言都不积极，上课有同学传纸条导致扣卡，经过讨论，我们决定以后坚决不能协助他组做不守纪律的事，如有发生，此人要写检讨给组员听。今日之星是黄某，他能够积极适应这个新集体，值得我们学习。希望我们组明天能表现得更好。

3. 汇报小组每日之星

每个小组汇报自己组今天的每日之星，并说明原因。

主持人点评：每个小组的推选班级之星的理由都是围绕着上课发言与听课效果，希望以后各组能从更多其他方面来发现他人身上的闪光点。

【第二部分：值日班长总结】

主持人点评：听完小组的总结，我们再来听听班级生活中的我们表现如何，请值日班长做点评：

1. 今天同学们的表现不错，早读能安静地自习，入境非常好，且无人迟到，午自习有个别同学迟到，请各组组长提醒组员准时回班，课堂表现方面，同学们能积极发言，但课堂纪律有待改善。

2. 今天最让我感动的人和事

今天最让我感动的人是卫生委员董某，她每日对工作认真负责，中午不放心值日，又回来把板槽、饮水机、窗台等仔细地擦一遍，确保班级的卫生不被扣分，虽然是很小的举动，但她这种爱岗敬业、强烈的责任心却是值得大家学习的。

3. 今天我带给大家的每日格言是：责任心。责任心是工作的基础，它像一面镜子，事事映照着人的思想品格、境界觉悟、精神风貌和人格形象。责任心出勇气、出智慧、出力量，是成功的“动力源”。责任心强的人受人尊敬、让人放心。每个人都能塑造责任第一的价值理念，在位尽责，尽责干事。

主持人点评：今天值日班长的点评主要是围绕工作认真负责这一点，负责是我们在为人处世中非常重要的一部分，我们只有拥有一颗负责任的心才会得到他人更多的信赖。

【第三部分：班级日志点评】

主持人：结束了一天的课程，每位老师都对我们的课堂学习进行了评价，下面我们来听听。

王点评：语文全A，批评赵鸿志、韩梦洋、余无菲上课说话；英语全A，作业B，缺交人燕亦恒、姚勃昕；数学全A；计算机全A；物理课前、课堂参与A，课堂纪律B，韩梦洋传纸条；体育和班会课全A。

主持人：今天的班级日志的反馈情况比往日差许多，下面每个小组就说话、传纸条这两个问题进行讨论，说说他们这么做对吗？如何改进？

小组汇报讨论结果：

周：对于传纸条的行为如果其他同学不理传纸条的同学，就不会发生这样的现象了。每个同学都要自律，管好自己不说话。为班级着想，上课传纸条不仅影响了自己的听课效率，还影响了别人，最后影响班级的荣誉。

张：我们每个同学都应该做到自律，自我控制，将注意力全部放在课堂上，即使有人跟你说话，让你帮忙传纸条，都不应受他人干扰。

汪：我认为主要是自律，别人做错了，就不要帮助他再进一步犯错，反而这时候应该阻止他，这才是对他最好的帮助。

主持人点评：首先，在同学的回答中，张某说到的一个词我觉得非常好，那就是“自律”，我们在课堂上听课，就应该集中注意力在听课上，而不应该分散自己的注意力。其次，我们要有辨别是非的能力，要明白什么是对的，什么是错的，不能因为帮助同学就去做一些违背课堂纪律的事。

【第四部分：青春预备营总结】

主持人：青春预备营的活动已经结束了许久，但却给我们留下了很深的印象，今天黄子腾和赵元绍带来他们的感受。

黄子腾：

青春预备营——挑战高空之旅

今日之行，百年难忘。今天，我们全班同学一同来到了这期待已久的青春预备营。早就听说，我们要挑战一种高空项目：高空走钢丝和高空跃钢板。这本非常人能轻易接受的挑战，更何况我这种惧高至极的人呢？为此，我早在几天之前便已做好了充分的心理准备。

即便是这样，一来到这庞大的设施前，我还是不禁地倒抽了一口凉气——这钢丝距离地面至少得有三五米高，且纤细如发，随微风不断晃荡。像我这种从二楼窗户向下看都头晕的人又怎能熬得住？看得我直打哆嗦，打死我也不上这所谓的“穷途末路”。

看着那一个个成功人士的优越的身姿，我竟不禁有些跃跃欲试。再看看那高空钢板，只见同学们在空中那两个钢板之间“飞来飞去”，貌似还蛮简单的，于是乎，我最终还是在同学们的鼓励下爬上了高台。

不上不知道，一上吓一跳——这高台居然还是活动的！这下我可吓傻了，浑身便似一摊烂泥一般瘫软了下来，直愣了十几分钟，我才战战兢兢地迈出了右腿。但不知怎的，我浑身上下却不由自主地使不上劲，没有向前跃过去，而是两条腿横架在钢板之间，进又进不了，退又退不回，诚可谓进退两难，吓得我险些哭出来。再向下一看，几欲晕去。好在拉住护绳的叔叔经验丰富，在他的再三指点下，我试探性地收回了右腿。又耗了好半天，我才终于得以“凯旋”。

虽然在同学面前出了丑，但至少我已经克服了自身一个极大的弱点——心理屏障。从来没有过不去的坎，只有过不去的人。战胜心魔，往往才是最大的胜利。

赵元绍：

度过一天的训练营时光，我既感受到一些新事物又更深层次地理解了旧事物。那个帮助盲人的活动让我感触颇多。我最开始是扮演“盲人”。当我感到有人扶住我带我走时，我既不知道“他”是谁也不知道“他”是否能扶住我，所以我感觉不到一丝丝安全感。果不其然，刚一出门我就差点因台阶而摔倒。但是慢慢地我感觉到“他”还是挺细心的，有台阶碰一下我的腿，到停时拽我一下。有一段时间是站在原地不动，仔细聆听附近的声音。不是有人说嘛，上帝为你关上一扇门的同时，会打开另一扇门。尽管我现在看不到，说不了，但我还可以聆听，用心去感受周围的一切。

之后我扮演的是“哑巴”。我本以为扶一个人，帮助他行走是一件很容易的事情，然而事情并不这样。我帮助他并不能以我为主，而是以盲人为主。你必须目不转睛地盯着他的脚步。我尽我最大的能力去帮助他，让我没想到的是“盲人”的无助与脆弱，尽管他平时不是这样。

没有人能不需要帮助，人人都有需要帮助的一面，尽管他不表现出来。你一定要取得他的信赖，只有这样才能更好地合作。

主持人点评：两位同学分别就两个活动说出了自己的感受。在“盲人与哑巴”的活动中，我们收获的更多的是帮助与信任，我们每个人都是帮助与被帮助的对象，所以在生活中，我们应该随时伸出自己的援助之手去帮助别人。而信任是合作的重中之重，只有当我们彼此信赖，才会将一件事情完成得更好。在“高空挑战”中，我想我们收获更多的是一种超越，尽管我们害怕，但我们超越了自己，去进行了尝试。不管结果成功与否，我们都是赢家，因为我们收获了比结果更重要的过程——超越自我。

【第五部分：班主任点评】

主持人：下面请班主任薛老师总结。

班主任发言：每次听咱们同学青春预备营的感受都是一次回忆，每次回忆都有很多让我感动的瞬间。当时黄子腾的妈妈陪咱们班一起去的青春预备营，他妈妈劝他半天让他上去尝试一下，他都拒绝了，甚至不和他妈妈说话，我就尝试着鼓励黄子腾让他试一试，他最后决定试一试断桥，其实尝试就是一种超越，不在乎你是否成功了。这次预备营的过程中，很多同学都超越了自我，像有恐高的周淑君、王一山等，虽然他们是哭着下来的，但是他们战胜了自己内心的恐惧，这就是超越。同时在这次活动中，很多同学得到同伴的支持和帮助，这就是集体的力量。但是也有很多遗憾。就是有几个同学连尝试都没有，将来离开集体，缺少同学支持，你更不可能去做这件事情，所以集体是你力量的源泉。

今天开班主任会，我得到了 4 月德育量化评比的成绩，下面我们一起来看看数据。从数据中我们看出，我们班级上个月的 8 项评比中，缺少了作业这一项，这次是 9 项评比，我们班级获得了所有的奖项（掌声响起来）。希望同学们再接再厉！几位作业有问题的同学，希望你们把自己和集体联系起来，用集体荣誉约束自己，一定要严格要求自己，因为你是班级、小组中重要的一员。这也是你学会在集体生存必须经历的过程。

“佷毅”·一个有温度的班级

◇ 华丽芳

【前言】

“培养什么人、怎样培养人、为谁培养人”，习近平总书记在二十大报告中的深刻的反问，使我感到自身的责任和使命更加重大。在近十年的教学生涯中，我印象最深刻的就是那一年。

【案例主题】

自主 自信 自强

【问题描述】

某年的秋天，我迎来了这样的一个班级。

班级 21 名学生，家庭背景差异很大：父母以做小生意的居多，文化水平偏低，且无暇照顾孩子，迫于生计，对孩子的关爱更少；条件较好的家庭中，则以全职妈妈为主，专门照顾孩子的饮食起居。所以学生在行为习惯、生活习惯、交往能力以及学习能力上存在较大差异。但实际接触中，我看到了他们心地善良、诚实守信的品质，我打算以激励、鼓励的方式引导他们成长。

【解决思路及操作】

以文化建设为思路，从开心自主建文化、思想规则筑梦想到主题活动暖心扉，有层次、有步骤地推进班级文化建设。

一、开心自主建文化

（一）好印象成功吸引

五天辛苦的军训生活，是我们的第一次接触。孩子们的纯真与表现出对我的喜爱，打消了我最初的那一丝丝的惴惴。闲暇时，他们喜欢围着我，“老师，您教我们什么呀？”“您的偶像是谁呀？”……

“老师，为什么别的班教室墙上有班名、班级公约那些啊，为什么我们班没有呢？”我笑了。在我的倡议下，同学们纷纷拿出字典，查找自己喜欢的字、词，来命名我们的班级。不一会儿，黑板上就出来了像“芳华”“华梦”“华艺”等的字样，让我哭笑不得。当我问他们原因时，他们赤裸裸的“表白”更让我无语了。“老师，我们都喜欢您，这是您的班。”“这个班级不属于任何一个人，是我们 21+1 集体的！”这是我给我的学生上的第一课。

（二）新起点热烈起航

班级中的五个小组，他们你一言、我一语地纷纷展开讨论，时而争辩，时而安静，忙碌地翻阅着字典。他们争先恐后地把班名写在了黑板上，依次来解释自己选择的寓意。“回想起军训的第一天站军姿，刚半小时，同学们就都坚持不下去了，教官教育我们说：‘做人做事都需要毅力，坚持下去就会成功。’”这段话，引起了同学们的高度赞同，我们确定班名中的“毅”字。同学们还是喜欢与众不同，反复查阅资料，多次投票后，最终确定班名为“佷毅”。“佷”，代表完美、良好。“毅”，代表毅力。“佷毅”寓意：无论是做人做事都需要毅力，才能做到完美。我们要成为坚持不懈、追求完美的俍毅四班。

在学生们的投票和我的建议下，班训出来了——俍风向上，锐意进取。寓意：我们在有着良好风气的班集体中，以积极、热情、乐观的态度，不断进步，力图有所作为。孩子们对班徽和班级公约进行了解读，见下图。我真诚地寄语他们："我希望你们能在任何情况下都葆有一种'向上'的姿态，无论顺境还是逆境。"他们对新班级充满了向往，更对初中生活有了憧憬。一双双明亮的眼睛，一张张笑靥如花的脸出现在我的眼前。这是我们22个人的智慧结晶，更是彼此信任的基础。

班徽

班徽介绍：我们班徽底色是白色，图案大体上是蓝色，组成有皇冠、书和翅膀。书本代表着我们要丰富知识、博学多才，书中的俍毅就代表我们的俍毅四班；翅膀代表着我们在知识的天空自由飞翔和我们的梦想；皇冠预示着我们最终将实现自己的梦想，获得成功；班徽的寓意：我们俍毅四班团结在一起，脚踏实地学习知识，飞往梦想的方向。

班级文化

班名：俍毅四班

班训：俍风向上，锐意进取

班级精神：拥有坚强的毅力，具备良好的氛围，通过集体的努力，成为最好的班级

班级公约：我将成为积极发言、高效学习的人；我将成为独立完成、精益求精的人

我将成为尊师敬长、互帮互助的人；我将成为诚实守信、文明礼貌的人

（三）自信心拉近心灵

第一节班会课上自我介绍时，有个男孩子戴着厚厚的眼镜，头发也长长的，身材看起来很壮。每次站起来讨论时，都不说话，面无表情。

班里没有同学认识他，无论我问什么，他始终一言不发。突然，他抬起头想要说话，眼神与我对视的那一刻，又憋回去了，同学们都笑了，很大声。我意识到这个孩子也许是有交流障碍，于是，我带领学生们用热烈且持久的掌声，一遍遍鼓励他，安抚他，让他从用微弱的声音说出自己的名字，到真正大声喊出自己的名字。那一刻，我看到他露出了羞涩的笑容，帅气的脸，发光的眼神……学生们也由最初的各种含义不明的笑声，到持续很久不停歇的掌声，再到发自内心的加油声……还有那连续三遍的，一声高于一声的“我叫小李！我叫小李！我叫小李！”。

我知道，他找到了自信，找到了爱他的同学和老师，找到了心灵的归属，从此，他不再吝啬他的笑容和语言，他们不再是彼此陌生的少男少女。

二、思想规则筑梦想

在开学典礼上，同学们知道了“奖学游”活动后，特别开心，都想着自己所在的小组能够成为本学期的优秀或进步小组。于是，俍毅四班有了“能量币”与“奖学游”结合的评价机制。

每当年级有活动，诸如“英语书虫比赛”“砥砺奋进的五年”等活动时，班级都会提前定下班级、小组、部委以及个人目标。活动完毕，班级小结的时候，根据实际进行能量币的奖励。另外，各部部长会根据班级中存在的问题，每周进行优秀小组和进步小组的评选。例如，本周内，班级公约中的第一条“我将成为积极发言、高效学习的人”效果不佳。那么，在下周主要评选的就是上课的时候能够积极发言、高效学习优秀和进步的小组。本学期累计次数最多的优秀和进步小组即为参加下学期“奖学游”的小组。就这样环环相扣，学期期末，同学们期待已久的“奖学游”小组悄然产生了。至今我还记得俍依二组和俍臻四组的笑声，还有其他组羡慕的眼神。

三、主题活动暖心扉

（一）肉麻的话不妨说出来

“回顾 2017，展望 2018”元旦联欢我们开展了一个主题活动“肉麻的话不妨说出来”。同学们可以任意写某位同学，自愿写到纸条上交给我，其中写小李发生变化的同学最多。我想到他刚开学时候的状态，现在的他可以说是脱胎换骨了。活动前一天，他欣喜地跑过来：“华老师，这个给您，我写的。”“我变得团结友爱，积极发言，大大方方地说话，都是因为华老师和我自己的努力，还有开学那天华老师对我的支持和鼓励，由此，我感谢华老师。我自己表达能力不强，但通过小组我变得开朗，是那三位同学改变了我，让我敢表达，敢说话了。在此我感谢我的小组。”

语言简短，却让我非常感动。班里有一位小李同学站了起来，就有许许多多的“小李”发生了变化。此后，我把“肉麻的话不妨说出来”扩展到了家长的微信群里。家长们的反馈，无疑给了我更大的动力与恒心，我们一定可以更好。

（二）爱的抱抱

迎新联欢会上，还有一个主题活动“爱的抱抱”也收到了非常好的效果。把所有参加联欢的同学和家长的名字放入抽奖箱中，被抽到的人来拥抱一下，为 2018 的同学们加油！小胡抽到了子熙妈妈的标签，他不好意思地跟子熙妈妈握了下手。没想到，子熙妈妈一下子把小胡搂了过来：“孩子，祝愿你新的一年继续努力，越来越棒！”小胡开心极了，虽然他的家长今天没有来，却像来了一样高兴。

“你叫小李？好！祝愿你在新的一年越长越高，争取超过我！”校长到班里来拜年时，刚好抽到的就是“抱抱小李”。其实没有人能明白，这个“爱的抱抱”对小李来说，有着多么非凡的意义。从他妈妈那里了解到，作为一个单亲家庭的孩子，他从小是妈妈一个人带大的。从小就没有来自父亲的关怀与亲密接触，这次的拥抱让他体验了一个父爱的拥抱……同学们无不羡慕地对他说：“不是校长中奖了，是你中大奖了。”我想：是的，他的确中大奖了，而且我也相信，此后他的人生还会有很多的大奖等待着他。

【实施效果】

班级文化建设让班级迅速成为一个整体，并形成了良好的班级风气。在充满正能量的班集体中，同学们积极、热情、乐观，并且在这种风气的带动下帮助单亲孩子找到了自信和温暖。

【心灵感悟】

看着同学们一张张的笑脸，回忆着他们刚进学校时的情景，我开心得像个孩子，又像一位慈母。看见自己的孩子们一天天变得自信、团结和友爱，为了进步而不断努力，这不就是俍毅四班的美好愿景吗？这不就是家长们的美好期待吗？这不就是做一名班主任的幸福吗？怀着这份心情我又开始了新的学习之旅。只有不断更新教育理念，积极拥抱新知识和新技术，反省自己的行为与理念，才能使我更加坚信，对学生、对家长、对同人、对自身不忘初心，方能成为一名无愧于心的人民教师。

“国子监”诞生记

◇李 平

美国精神科医生雷吉纳·帕利在《反思的爱》中谈道:“青少年越来越喜欢和同龄人在一起，相比于家庭成员而言，同辈群体为他们提供更多的新鲜感、多巴胺以及联结感。”我班国子监项目组的诞生恰恰验证了这一点。

国子监代表了班级最高学府和教育管理机构，因为跟同学们刚去游学的那个隋炀帝命名的机构功能相似而借以命名，对学生的习惯养成、品格教育、学业提升都起到了举足轻重的作用，曾被列入班级大事记一等大事，入选过年度十大高光时刻。下面我就来为大家讲讲她诞生的故事。

那是初一上学期期末迎考的阶段，数学课代表小钰——一个成绩优异、内向寡言的姑娘找到我。那是几张数学任务单：正反两面书写字迹和内容差距都挺大，有一份最后两道题还空着。我看了一眼姓名栏——小诺，一个聪明机灵的小男孩，快板表演相当出彩。细心的姑娘指给我看任务单的编撰日期:“老师，这是最近两周的作业，跟着课本模块进行复习，不全是难题，凭他的实力至少这几道题不该是这样。”她一一指点，又补充道，“最近明显感觉到他状态不太对，上课有时候愣神，有时候偷看小说……”她的责任心我早了解，这次她的细致又让我刮目相看。

我突然冒出一个念头:“放学后跟他谈谈吧？由你来主导好不好，再叫上学委和他的小组长？有些细节你们比老师了解得多。”她郑重地点了点头。

我们利用大课间进行了备会，对小诺的近期表现进行了沟通，并做了职责分工。最正义学委小越负责思政，最了解学情的小钰负责业务，直接责任人组长小浩充当和事佬，我则负责现场的节奏调控和后勤保障（包括事前会场布置及供录音的手机支持）。

五人落座，我坐在被约谈者侧后方一米开外的座位上，那是他视线所不能及的地方。两三分钟的静默后，我示意开始。小越一脸严肃:“小诺同学，今天我们是以学委和课代表的身份跟你谈学习，更是以关心你的朋友的身份跟你谈心。请你端正态度，正确看待今天的谈话！你也大可不必着急认错，赌咒发誓，做出保证。这一套我们都对老师使过，哦，我说的不包括小钰同学这种特别优秀的同学。”他赶忙转向小钰，因为自己表达得不够严谨而致歉。我尽最大努力憋住笑。

小诺表态后，小钰开始了以事实说话，一道题一道题跟小诺进行分析，她轻声细语，节奏舒缓，同时又细致深入，不断追问，绝不放过任何一处疑问，直到她确信小诺已经找到了每次轻率背后最真实的原因，并且进行了最诚恳的纠错。听着小诺语速、音调的变化，我能感受到他情绪的变化，我想象着他的表情由嬉笑而严肃，一点一点变得凝重，最终由眼泛泪花到抽噎不止。和事佬一手揽着他的肩膀，一手轻轻拍打着他的左臂。

待小诺情绪稳定下来，讲出了自己心底的秘密和烦恼，我示意可以进入收尾环节了。小越说:“进行保证很容易，做到不容易，坚持更难，这是人性的弱点。我们还是需要监督，设定一些奖惩措施，给自己戴上金箍。”在三位同学的示范启发下，小诺明确了奖惩内容，并在我的手机上录音为据。

深夜，我收到了小诺妈妈发来的信息，孩子回家后主动跟家长进行了深切恳谈，并做了深刻检讨。后来，小诺同学不仅端正了学习态度，成绩飞速进步，他还发起了点歌项目，只要晚八点私信给他，他就会用自己的零花钱买来版权，第二天从进班到课间，你都能听到自己喜欢的歌曲！初三，小诺转学去了户籍所在地，拍毕业合照时他还专程从外地驱车赶来。

这次谈话（主要成分应该是小诺的眼泪）第二天在全班引起了轰动。有几位同学找到我，表示愿意为下次约谈出一份力。班级战略高层小组提议班级成立一个专门的解决学术纠纷、思想教育的项目组，联系到前阵子的游学之地，国子监由此诞生。更神奇的是，随后的几次国子监约谈，尽管发起者不同，约谈对象不同，问题自然也不同，但是在当下全部都取得了显著效果，简直是屡试不爽！

【心灵感悟】

我特别好奇拨动孩子们心弦的究竟是什么？没有疾言厉色，没有煽情苦情，究竟是什么让他们泪如泉涌？期末表彰会后我问了小诺这个问题，他说，感动，就是感动！

同伴的影响竟有如此威力，国子监的诞生触发了我新的思考。青春期孩子自我意识开始觉醒，开始“生产”可以自我掌控的关系与情感连接，那是自尊和归属的需要。他们会悄悄远离父母甚至老师，开始创造属于自己的世界。在同伴那里获得的心理支持、情感共享，还有认同，其作用远远超过家长和老师。明白了这一点，我设计了班级自组织仓位图，方便孩子们扩大交流范围，融入不同的群体。面对青春期的孩子，导师要学会隐身，做氛围的营造者、过程的陪伴者、关键时的支持者，其余则尽可能交给同伴，让“同学”成为人格成长的“真同学”！

小“问题条”大作用

◇ 陶　晶

作为高一班主任，每次接班前的假期，我都会反复翻阅、了解资料中学生的姓名及他们的特点，也特别期待见到线下朝气蓬勃的他们。

这一次，我满怀期待见到他们时，却看到学生们内敛低调。经过一周的了解发现上课主动回答问题的同学少，课下问问题的同学也少，我主动与学生交流，他们也是简单又不失礼貌地应答，距离感很强。这个班不一般，让我有点小焦虑。

我猜测他们是“怕”字当头，怕提出来的问题幼稚，怕老师不满意，怕被同学笑话……各种可能性在我的脑海中一遍遍地闪过。只有猜测解决不了问题，还要付诸行动，于是我将调查和观察相结合，并对结果进行了分析。学生的现状，分别有态度层面、心理层面、能力层面的困扰，总而言之，多种原因使学生们呈现出不主动表达、不问问题的局面。如何解决呢？

【解决过程】

环节一：交流讨论

面对我们班学生不主动表达、不问问题这局面，我想一定要和我们班的学生们一起想办法解决。

首先，我和学习部部长及各科课代表交流了目前班级同学们不主动表达、不问问题的情况。听这些同学分析问题的原因。其次，学习部部长和各科课代表们集思广益，大家一起头脑风暴想解决办法。有同学说："要想让同学们积极问问题，就一定要有一定的激励措施。"也有同学说"让同学问问题，需要有助力的东西"……在交流讨论的过程中，我们班的"问题条"就诞生了。

环节二：总结细化

可是"问题条"怎么设计？又如何使用？

面对这两个问题，同学们又进一步交流讨论。最终，设计部结合同学们的建议，结合各科学习的特点，给各科设计了具有本学科特色的"问题条"。例如英语学科的"问题条"上印着谚语"A man becomes learned by asking questions"，语文学科的"问题条"上印着"学而不思则罔，思而不学则殆"，都是希望同学们多思考多提问。

同时，各科课代表和任课老师交流，邀请各科老师一起参与到班级"问题条"活动中。在班会时，学习部部长和同学们又交流讨论，细化"问题条"的使用规则，和同学们达成共识，即每个同学每一周选取一科老师至少问一个问题。问后将得到任课老师奖励的一张后面有老师签名的"问题条"。为了鼓励同学们问问题，学习部还采用积分制激励多问多得。

环节三：实践完善

之后，"问题条"活动开始实践尝试，并结合任课老师的和同学们的反馈不断研讨改进。活动刚开展时，大部分同学都能参与其中，每周主动找老师问问题。化学陈老师反馈有些同学问的问题比较简单，缺少深入的思考。她最先把学生的提问分成一星二星三星不同级别的问题。对于同学的进步及时在全班予以表扬。过了一个月，陈老师反馈："原来班里提问一星级问题的学生是大多数，比例超过了 50%。现在班里提出三星级问题的学生比例能达到 40%，非常有进步。”于是，课代表和任课老师们交流，将设置问题星级和及时反馈推广到各个学科，以推动同学们认真思考，努力提出更高星级有质量的问题。

环节四：总结提升

马斯洛需要层次论认为每一个个体都有归属和爱的需要、尊重需要、自我实现需要。高中阶段的学生也有被认同被赞赏的心理需要。任课老师及时反馈表扬勤问问题的同学，同时及时和家长沟通交流学生在学校课上发言、课下问问题的情况，近期的学习态度等，家校合力，一起助力学生成长。

同时，利用周总结、月总结、期末盘点以及各种表彰机会，引导学生思考发现自己的成长变化，引导学生写一写班中其他同学的进步之处，从老师、家长、同伴三个维度及时对学生的成长进步予以肯定。

【活动效果】

“问题条”活动在实施过程中，呈现出学生自己主动问—组团问—争先恐后地问，甚至想出了加塞的办法——秩序井然地排队问的四个阶段。一张小小的“问题条”增加了同学和同学之间的交流，同学和老师之间的交流，促使不同类型的同学找到了破解问题的方法：

1. 有些原本不愿意问问题的同学，在问问题过程中得到了老师的认可。他们问的问题甚至拿到班里作为范例，这大大增加了这类型同学表达自己、问问题的积极性。

2. 原本不敢问问题的同学，通过干预期末考试中总分进步了 10 名。她在期末总结中写道：“问题条的出台，让我终于鼓起勇气去找老师问问题，我已经完全适应了高中生活的快节奏，努力地争取不掉队。”“问题条”让她更有勇气去问问题，能更好地表达自己、展现自己，更多地和老师交流。罗同学在期末班级总结会的黑板上写自己一学期的变化时，他写的是“这学期因为有问题条的激励，我开始主动问问题，现在我特别爱找老师问问题”。

3. 众所周知，“学问学问，边学边问。不懂就问，才有学问”。原本不会问问题的同学在课堂中看到同学们问的各种问题，联系自身学习，促使自己在学习过程中有了更多的、更深的思考。

此外，在学生与同学、老师交流的过程中，学生得到的不仅仅是知识的增长、成绩的提升，更重要的是学习主动性的增强，自主学习能力的提升。他们更多思考、更敢于更善于表达自己的想法，口头表达能力也得到了锻炼。

【心灵感悟】

1. 教育学就是关系学

《礼记·学记》说：“亲其师，信其道。”师生沟通是实现教育目标的重要手段，教育效能的高低很大程度取决于师生互动的质量。

以“问题条”为载体，促进师生之间良好关系的建立，促使学生更积极地去思考问题、提出问题，甚至质疑。在生生、师生交流的过程中，学生综合能力、核心素养都得到提升。

2. 丰富教育载体助力学生成长

班级教育载体就是为实现班集体建设的目标而做出的举措。班主任在日常班级管理过程中，有很多教育载体。一个好的教育载体必须建立在对本班学生心理特点和成长需求深入了解的基础上，围绕着“有趣味、有参与、有成就”三个维度，引导学生一起来选择和设计教育载体。目标明确，遵循教育规律，满足学生的需求的教育载体，在实施过程中才能获得良好的教育效果。

班主任还需学会“借势借力”，抓住契机，有了想法还需积极尝试，不断总结反思，这样才能更好地在提升学生核心素养的同时，引领学生从内心悦纳自己，有更明确的目标和方向，更好地做到知行合一，做适应时代发展的青年。

3. 家校合力非常重要

学生的性格、品德始于家庭，与家庭对学生的认同程度呈正相关。家庭教育在客观上决定了学校对家庭教育指导的重要性。不管选择什么样的教育载体，做到“同伴助力 + 家校合力 + 自我认可”才能更好地助力学生成长。

习近平总书记说：“教师不能只做传授书本知识的教书匠，而要成为塑造学生品格、品行、品位的‘大先生’。”相信学生，多给他们一些机会，多为他们搭建平台，他们潜力无限，定会给我们惊喜！

班歌铸就集体大梦想

◇ 田晏嫣

著名的教育家苏霍姆林斯基曾说：集体是教育的工具。如果想建设一个优秀的班集体，其核心就在于凝聚力的建设。而班级的凝聚力并不是喊一两句口号就能激发的，一群陌生的孩子初入中学，来到一个新的集体，如同一粒粒沙子，那么如何将粒粒沙子迅速归拢，创建一个团结友爱、积极向上的班集体呢？这便成了我开学之初最关注的事情。

新班初建，同学们觉得既陌生又新奇。在初步了解之后，确立了班委组织成员，大家各司其职，积极为建设新集体而贡献力量。随后就是制定班规班纪，班旗班徽和班级口号。一切看似都在按部就班地步入正轨，但是在平静的表象下总觉得缺乏一个契机来增强班级的凝聚力。不出所料，在接下来的班级活动中，这种凝聚力不足所产生的矛盾便很快暴露出来了。

一、班歌风波

班歌在班级文化建设中起到了非常重要的作用，是一个班级精神文化的载体。最初接到学校创作班歌的任务时，同学们是很兴奋的，班委们信誓旦旦地表示一定要创作一首独一无二的班歌来彰显班级文化。看到学生们积极性如此高，我也觉得很欣慰。一转眼到了班歌的验收环节，我充满期待地等着欣赏学生们的成果，可是结果却让我大跌眼镜。呈现在面前的是七零八落的歌词，谱子也是零零散散，完全不成曲调，而且负责作词和作曲的几位同学因为意见不统一，内部还出现了小矛盾，导致工作无法进行下去。另外，由于谱曲需要花费较多的时间，学生每天还有功课要做，就只能利用课余时间进行谱曲，这时候家长和学生之间也出现了冲突。家长会觉得班歌创作影响到孩子的学习和休息，同时他们认为一群十二三岁的孩子，怎么会有能力创作歌曲呢？无疑是浪费时间。怎么办？难道就此放弃？如果新集体的第一次活动就以放弃告终，那么我们不仅仅是完不成班歌，在今后的一系列活动中，学生们都会失去奋斗的动力，班级的凝聚力更无从谈起。面对这样的情况，如何来处理学生之间的矛盾，让他们摒弃前嫌、全力合作？如何来调整赢得家长们的支持，让孩子们可以无忧地参加活动呢？这些都是亟待解决的问题。

二、解决过程

我先对自己前期的工作进行了反思，我意识到自己没有充分了解学生的真实情况就放手不管，没有给他们做出明确分工，才导致他们在创作中出现矛盾。所以我先把大家召集在一起，肯定了他们之前的付出，又带他们分析目前急需解决的问题，学生们你一言我一语地发表自己的意见，慢慢地误会也就解开了。孩子们也都懂得了沟通和交流的重要性。大家利用课余时间，聚在一起，作曲的同学将凌乱的音符一句句整理起来，擅长唱歌的同学就在旁边学着唱，很快初具模型的第一段班歌就出来了。大家还用班级的口号填了词，创作的过程不再充满误解和矛盾，同学们也在这个过程中学会了合作。

学生这边的问题圆满解决，接下来就是要如何跟家长沟通，获得家长的支持。如果家长不认同这件事，不仅不利于亲子关系，而且会影响家长对老师和学校的认同感。我找到之前因为这件事情跟孩子起了冲突的家长进行沟通，了解到家长担心的问题主要在于两方面，孩子的学习和休息。针对家长的顾虑，我与孩子进行了时间规划，之后让孩子和家长进行了沟通，家长也给孩子足够的信任和鼓励。就这样，两个棘手的难题算是解决完了，班歌创作的进展也顺利很多。很快歌词写好了，主旋律也谱好了，但是却缺了伴奏。此时离最终的表演活动只剩两天时间了，没有伴奏就只能清唱，呈现出来的效果就不够完美。就算寄希望于班内会弹钢琴的孩子，短短两天时间，白天上课，晚上练习，谁也不能保证可以把伴奏完整流畅地弹下来。特别令人感动的是有位同学还是愿意努力一把。我不知道最终这孩子到底弹了多少遍，晚上 12 点我看到孩子妈妈给我发的信息，说她还在练习，一遍一遍地，家里人都快被音乐洗脑了。家长心疼，又劝不动，是既感动于她的执着，又佩服她的执拗。比赛当天早上，当她把录制好的钢琴伴奏交给我的时候，我们都很激动。在之前还有很多质疑的声音，但是当成品呈现在大家面前时，所有同学都充满了震惊和感动，震惊于在如此有限的时间内我们真的原创了一首班歌，感动于这首歌的歌词和曲调完全与我们班级的精神面貌契合。最后的歌曲名称我选择了“星辰大海”四个字，在我眼里这帮孩子就是追梦的少年，他们的征途是星辰大海，希望我可以带着他们勇敢前行，勇往直前。

三、成果展示

这首班歌创作的过程真的经历了太多纠结，从想要放弃到最后奋力一搏，在这个过程中，我们班级的凝聚力也增强了。在最终的表演活动中，看着身穿制服的同学们，唱着属于自己的歌曲，我真的看到了一群积极向上的少年，闪耀着他们的光芒。经历了这件事情之后，家长对孩子的看法也有了改观。之前家长跟我说他们根本不相信孩子能完成这个任务，班里的学生也对我说，“老师这么短的时间，咱们肯定做不好”，但是到最后的时候，他们自己都惊叹于自身的爆发力。那一天我感触颇深地跟学生们说道：“我的字典里没有放弃，也希望你们的字典里没有放弃。你们又一次证明了团结的力量，感谢坚持不懈的你们，也感谢勇往直前的我们。”我希望在他们以后的人生中，遇到过不去的坎儿的时候他们都能够想起曾经力挽狂澜的、永不言弃的这些瞬间。

【心灵感悟】

通过这件事，我深刻体会到班级的凝聚力建设不是简单地喊口号，而是需要在实践中去感知，去创建。当一个集体中的每一位同学都有很强的集体荣誉感的时候，这个集体必定是一个充满生机、极具活力的集体，那么班级的凝聚力必然是固若金汤、牢不可破的。感谢学生们教会我教育的意义，也让我更加清醒地认识到一个教师的重要性和班级建设的重要性。愿所有的学生眼有星辰大海，胸有丘壑万千，心有繁花似锦，愿他们在未来的征途中乘风破浪，愿他们归来仍是当初的最美少年。

用规则和爱润泽每一个跃动的灵魂

◇ 苗　莹

今年我新接一个班。所接触的孩子和几年前的孩子却迥然不同。这一届的孩子小学四至六年级经历了三年的疫情，脱离线下学校生活比较多，很多学生的学习习惯和规则意识都较为薄弱。面对这样的学生，如何建立规则意识、引导他们很快地适应中学生活，在班级中获得归属感和价值感就显得尤为重要。

一、预热阶段

7月，接到新班级之后，为了更好地了解学生，我在假期做了两件事。第一，请每位家长写一封信《我眼中的Ta》，介绍自己的孩子，包括性格爱好、生活习惯、学习习惯、与人交往等，同时要附上一张孩子的生活照。第二，在开学前夕召开一次线上家长会，通过介绍自己让家长了解班主任、指导小初衔接以及初中学习习惯与学习方法。这两件事顺利且成功地完成为我开学后的班主任工作奠定了很好的基础。

这两件事收到了很好的效果。首先，我从家长信中了解了每一个孩子的特点、优势，知晓了家长的期望，而且通过照片认识了每一位孩子。开学的第一天，我便能轻松地叫出每个孩子的名字。当孩子们流露出惊讶且惊喜的表情时，我知道，他们对班主任已经有了最起码的好感和信任。其次，获得了家长的信任与支持。

二、班级建设的前奏

班号的解读。初一（7）班，如何让孩子们认同7班？怎么解读这个班号？刚开始我并没有想到很好的切入点。突然，我想到我们年级总共14个班，我们7班就是年级最中间的那个数，那就是年级的核心，年级的C位。带着这样一个自我解读出来的班号，开始了和学生们的第一次见面——破冰活动。

破冰活动当天，我首先和孩子们沟通了这个“7班”。让学生们说你如何认识和看待7这个班号，在我的一步步引导下，学生认识到了“7班”是年级的C位，而且我在黑板上写下了C7的符号，然后启发学生思考怎么才能做到年级的C位？我们班应该具有怎样的精神才配做年级的C位？带着这样的思考，我们开展了深入的讨论，最后达成共识：我们7班的每一个男生应该担负起班级的重任，起核心作用，要有责任、有担当、维护班级的荣誉感，要保护女生。同时，7班要在年级活动中、考试中起到“领头羊”的作用。第一天孩子们在掌声中认同了自己的班级，也由此形成了自己的班徽——一个“C”形的龙扛着一只凤凰。这个图形设计完全来自学生，当时设计者的解读是：本图由龙凤组成，代表我们男生女生是人中龙凤。外圈“C”形的龙代表男生，且摆出“C”的造型，体现责任、担当与团结。内圈是凤凰，代表女生，展开翅膀，做出“7”的造型，C7的寓意由此而出。当这个班徽出炉后孩子们都欢呼雀跃，直呼设计得妙极了。

三、班级建设之习惯与有序

见到孩子们的第一天，“散”的特点在意料之中就呈现出来。因此，开学前两周的晨检时间，我与学生们一起讨论“最美中学生”的样子，进班、上课、记笔记、仪容仪表、问候等习惯与规则。我深知，养成很重要，它决定了一个学生和班级能否走得更长久更稳健。同时，当孩子们有了一点点进步的时候，我总是夸奖他们“美或帅气”！一个月后，初一（7）班成了最美班级，这也让孩子们对自己的班级充满了归属感与荣耀感。

第二学期，在规则之上，我着力于锻炼孩子们的自我管理能力与自我约束能力。每位学生做一天“代理班主任”，从早上晨检开始，到课前两分钟预备，再到午休和放学前的总结。这样班主任的一日流程的“工作”，既锻炼了孩子们的领导力，也让他们感同身受，理解“管理不是一件容易的事”，规则很重要。正是在这样体验中，班级学生自我管理能力越来越强。

规则会让个人和班级走得更长远、更稳健。

四、班级建设之关注与温情

如何让平实的日子精致起来？

（一）“突袭”的生日

9月最后一天的中午，我把本月过生日的几名学生叫到讲台前，在他们不知情的状态下，我宣布：今天我们要给9月生日的同学送去一份祝福。话还没说完，诧异、惊喜、激动、开心的表情显现在他们的脸上……一时间班里的气氛就活跃起来。响彻教室的生日歌，棒棒糖、签有班级同学和老师名字的笔记本送给了“小寿星”，从几位同学激动甚至有些湿润的眼眸中，我知道他们感受到师生的温情，以及满满的归属感和幸福感。

以后的每个月我都会来一次不一样的“惊喜”，给孩子们过生日。这种突如其来的小确幸，确实给孩子们平淡的生活中增添了一抹暖意。

（二）作用非凡的“今日感言”

孩子们都有一个记事本，记录当天的作业。而“今日感言”则是写在每天的记事后，重点是盘点一天自己最有感触的事或者简单的感悟，有话则长，无话可短。这时候“今日感言”就发挥了多样的角色：班级事务的情报员、学生情绪的晴雨表、师生情感的交流地、学生青春时光的记录机。孩子们在感言里畅所欲言，写他的喜怒哀乐，写他的点滴生活……每个孩子的感言我都会红笔批阅，写下我的理解。这个简单的活动让我窥到了每个孩子浩渺的内心。他们在感言中写他们的困惑，他们的感动，他们的努力，他们的悲伤……我都给他们一一批复，和他们沟通并给他们充分的鼓励与信心。“今日感言”成为我们师生情感交流的一方园地，我也会和全班的孩子们分享好的感言，并借机教育滋养孩子们的心灵。

有一天，有一个孩子在感言中写下了上操时不为人知的一个情景：“周四和周五的课间操暂时对调。随之对调的还有那‘噩梦’般的链条跑……体委们的体力自然是极好的，飞至操场一端又折回来。渐渐地，有些同学的脚擦了地。几乎没人再说话——因为气都喘不上来，哪里有间隙能被匀出来！还是渐渐地，有同学弯下了身，注视着老师，用手去摸那完好的鞋带。——所幸，直到回到原地，这些同学都不是来自我们班！我心中被堵上了一种说不清道不明的东西，这东西扯起了我的嘴角！”

这篇感言我当着全班同学的面，大声读了一遍，分享给每一个同学，并借机教育他们：一是表扬我们班学生非常棒，没有人在跑链条时违反规则，偷工减料。二是见不贤而内自省。不能因为有人做不合规的行为，我们就想仿作。做人做事要有底线和原则。我们宁可累倒在操场上，也不能被他人鄙夷的眼神杀掉做人的尊严。我相信，每一次和孩子们进行精神交流的时候，我们都是心意相通的，孩子们都是能捕捉并领会到老师对他们的期许的。我想，正是每天这样一点点地浸润和滋养，才能养出学生的浩然正气，才能养出未来的朗朗乾坤。

成长是一个缓慢的过程，而教育也应该是一个缓慢而优雅的过程，润物无声，却日见其不同。行走在教育的路上，我满怀责任、敬意，用规则和爱用心地去塑造每一个跃动的灵魂！

【心灵感悟】

班主任工作琐碎而繁杂，如何面对每一个不同的生命个体，如何让每一个生命个体都能在班级中有长足的发展并找到价值感？需要我们每一位班主任用心去思考。正如德国哲学家雅思贝尔斯所说：教育就是一棵树摇动另一棵树，一朵云推动另一朵云，一个灵魂唤醒另一个灵魂。那么就要求我们班主任用智慧去呼唤、去聚拢每一个漂泊的心灵，让他们在班级里找到归属感和温暖。抓住和创造机会给他们搭建发展的平台，给他们勇气、信心和爱，让他们恣意飞扬起来。

“小分享”打破“小透明”

◇ 李 响

当某位学生特长不突出、性格较内向、社交不主动，Ta 就很容易成为班里的“小透明”。

在承担高一年级的心理教学和心理咨询工作的过程中，总会有些“小透明”们来和我探讨这个话题。原来“透明”只是他们迫不得已在班里的保护色，这并非他们的真正需求。相反，他们特别想融入班级，被大家“看到”，让大家了解自己，和大家打成一片。可是，碍于个性上较为腼腆、社交能力较弱、自我的价值感低、过度在意他人对自己的评价等各种原因，很多同学就开始回避班级活动，久而久之，就成了班里的“小透明”。事实上，当班级里“小透明”的数量增加时，班级的凝聚力就容易涣散，也不利于学生们对于班级、学校的归属感和成长的价值感。而对于其他学生来说，他们长时间旁观了这种现象，对于人际交往开放性、包容度的培养和提升，也是不利的。那要怎么做，才能让“小透明”也成为班级“真正的主人”呢？

【解决策略】

想解决学生们的问题，就要先贴近他们内心，了解他们的需求和具体困境。于是，我利用课间和咨询时间，对所教班级的“小透明”进行了访谈。其中，大部分学生都反映，他们内心其实很渴望和大家打成一片，让大家“看到”自己的存在感。从访谈结果上看，大家成为“小透明”的原因如下：1. 自己个性较为内向，人际中总处于被动型；2. 担心自己说错话，被同学笑话；3. 自己没有什么特长；4. 也想表现自己，但不知道什么时间该怎么做。从以上原因中，我们不难发现，阻碍“小透明”们走出困境的因素可以总结为对于自身认知因素（自己认识不足或价值感低）、自身技能因素（缺乏交往和自我展示的技巧）以及环境因素出现了不信任。

怎么办？学生一定有办法。

于是，我召集了各班的班委，把发现的现象和访谈得出的数据呈现给大家，大家想出了很多点子：1. 营造班级氛围，让同学们更包容每个人不同的个性特点；2. 让社牛带着社恐一起玩；3. 实施小组带动……同时大家也提出了疑问和困难：1. 心理课堂时间不充足。2. 怎么才能立刻着手实施呢？3. 如果社牛想带社恐，但是“小透明”却因为腼腆不敢参与怎么办？

通过多轮讨论，并通过模拟演绎的方式，高中孩子们最终确定出一个易操作、好执行、对于“小透明”较为友好和简单的建议：首先，征求“主角”的想法，进行活动设计（提供一些简单易回答的问题或设置合理积极的小任务，让“小透明”们被看到，增加大家对他们的了解）；其次，利用上课 5 分钟，让“小透明”做自我展示。

【具体操作】

为了避免把学生“标签化”，让“主角”不易察觉，于是给班里每位同学做一个名签，每次选哪位同学分享和展示，由心理老师抽签决定，本次抽到的同学，其名签就从盒里被取走。接着我们就要讨论，让大家展示什么，设置什么样的任务更合适。

因为该活动主要是让大家增加对“小透明”们的了解，加强彼此的联结。大家决定，每次心理课上课 5 分钟，抽选 3—5 名同学来做分享。分享的问题可以从以下问题中选择 1 个：1.“请说出大家还不太了解自己的某个特长，以及取得过什么样的成绩”；2.“请说出大家还不太了解自己的某个个性特质，并举个例子”；3.“请说出自己可以为这个班级做出的贡献，以及其中 1 条具体方案”。

就这样，结合大家讨论的方案和问题，我们开始在每个班的每节心理课上实施，刚开始，被抽到的同学（尤其是“小透明”）会有些羞涩，班委们发现后，立刻私下提议让其他同学对此给予反馈，于是，我们又增加了“助威团”的角色。每次一人分享后，找其他一位同学对此给予反馈和鼓励。

【活动效果】

这个活动坚持了一个学期，“小透明”们也从刚开始的羞涩、无所适从变得分享更加自然，表达的内容越来越多。越来越多的同学反馈，“哇，原来 Ta 还有这项技能”“我们下次带着你一起参与”。就这样，课堂的 5 分钟形成了余波效应，班委们也会结合同学们课上分享的技能，开展“隐藏技能”展示会，让“小透明”们有真正展示的机会，而反复的成就体验，使学生提升了自信，感受到班级的包容和接纳，随着同学们对他的了解越来越多、越来越深入，同伴之间的情感连接就更紧密了。一个学期后，整个班级的凝聚力和心理活动的参与度得到了明显提高。甚至有“小透明”表达“在这样的班级里，我很幸运，也很幸福”。

【心灵感悟】

“小透明”的学生几乎在每个班都会出现，他们往往容易被同学忽视、自我价值感偏低，也很容易呈现心理脆弱、生命能量不足的状态。

这既不利于他们对于学校和班级的归属感，也不利于班级整体凝聚力的建设。通过这个案例，我们可以看到，老师利用心理小活动与班级建设相结合，既能让学生们在安全的环境下得以训练，又能发挥班委及学生的参与互动和主动性，这是一次很有效的尝试。

“名人之光”照亮成长之路

◇ 孙雪娜

读了苏霍姆林斯基的《给教师的建议》，其中有一条建议给了我启发：推荐学生读书，尤其是名人传记。英雄人物的传记是少年进行自我教育的百科全书。名人传记中，成功人士的方法、经验，以及值得我们学习的品质和精神，正是值得中学生去学习、思考和感悟的。

于是一个想法跃然脑中，我要在班级开展阅读名人传记的系列活动，让学生从“百科全书”中汲取积极的能量，循着“名人之光”，通过自我教育，不断完善自己。

【活动过程】

环节一：阅读活动

我们召开了主题班会，解读“名人之光”阅读活动的程序和内容，布置具体任务。首先，学生自己选择名人传记相关书籍，如：自己最崇拜或钦佩的人，最令自己感动的人，自己想成为什么样的人等。由于是学生自主选择读物，充分激发了学生的阅读兴趣，使学生能够“乐读”。其次，学生两周内自主阅读书籍，每人用A4纸制作一份手抄报，可呈现的参考内容如下：所阅读书籍的内容简介，从书中获得的启示，你从中学习到传记人物的哪些优秀品质？为什么读这本书？等等。

环节二：分享活动

两周后，利用班会课时间，每位同学在小组内分享交流自己所读书籍，通过分享活动，每人可以了解四个不同的名人故事。每个组通过讨论，重点推荐一个名人故事，制作 PPT，代表小组向班级同学推荐。每位名人都有各自的特点和值得学生学习的优秀品质，可以吸引学生的理智和心灵，通过阅读分享，可以多维度激起他们对自己的深思，使他们认识自己和思考自己的未来。

环节三：展示活动

每组一名代表，利用班会课时间，展示、分享名人故事。每一位在班级分享的同学，都做了认真的准备，受到了同学们的欢迎。每一位同学讲解完毕，我会带着同学们对这个同学的分享进行评价和总结，帮助同学们从名人故事中汲取养料，让读书逐渐成为学生的智力需要，激发他们求知的欢乐感。

如分享爱因斯坦传记的司同学从人物简介、有趣的小故事、他人评价、值得学习的品质和感受五个方面进行了分享。简介部分主要介绍了爱因斯坦的生平和成就。有趣的小故事主要讲了真假司机和诙谐相对论的故事，同学们从生动的故事中能够更好地理解和体会爱因斯坦的智慧。小故事往往比单纯的说教更能引起孩子们的兴趣、思考和共鸣。他人评价环节主要介绍了霍金在《相对论简史》中的一段话。最为可贵之处是该生用简洁的语言和生动的故事总结了爱因斯坦值得我们中学生学习的品质。1. 不拘成见，勇于创新。爱因斯坦并不早慧，他在整个学习期间也无“神童”的表现，甚至在教师眼里显得平庸迟钝，但是他具有很强的独立自主、勤奋自学的探索能力。2. 坚持不懈的毅力。一次，有个青年人请教爱因斯坦成功的秘诀，爱因斯坦给他写下了一个公式：A＝X+Y+Z。他解释说，A 代表成功，X 代表你付出的努力和劳动，Y 代表你对所研究问题的兴趣，而 Z 表示少说空话，要谦虚谨慎。3. 对科学有强烈的好奇心和认真负责的态度。最后，该同学谈了自己读完爱因斯坦的故事后的感受：“我深切地感受到‘命运不是任何人能决定的，而是靠自己去创造的’。”爱因斯坦用自己的大脑细胞和一双勤劳的手创造了自己那不平凡的命运，那伟大的命运。同时他也告诉我们一个道理：只要我们努力了，就可以成功；只要我们尽力了，就是最棒的。

这是一个成功的读书分享案例，同学们在有趣的故事中，不仅对爱因斯坦有了深入的了解，更领会了他的成功之道，激励学生通过自己的努力进取，创造自己的人生。

环节四：实践活动

第二学期伊始，班级重新组建小组，在新的小组建设中，我们将名人榜样列入其中一项。每个小组需要为小组命名，制定小组目标，选择一个名人作为自己组的榜样，并阐述理由，设计本组 logo，并说明设计理念。

同学们经过认真的讨论，都选出了自己组的名人榜样。如一组名人榜样：袁隆平。他实现了杂交水稻在中国的种植。他创新、锲而不舍的精神，值得我们学习。二组名人榜样：毛泽东。毛泽东在革命道路上克服了重重困难，最终引领中国走向光明。在新中国成立后，他为新中国的建设鞠躬尽瘁。三组名人榜样：屠呦呦。因为她努力钻研，为国家和世界做出了重大贡献，建设了美好的社会。四组名人榜样：海伦·凯勒。她天生残疾，却靠努力取得了伟大的成就。没有谁的生活是完美的，但是只要努力，就有希望。五组名人榜样：达·芬奇。他是一个天才一样的人，但他的成功也源于他的努力与尝试，这些铸就了他的成功。

树立了名人榜样，不能只是摆设，我鼓励同学们在学习生活中以心目中的英雄为榜样，不畏艰难，勇于攀登，发扬我们的拼搏、奋斗和奉献精神。

【活动效果】

这次的“名人之光”阅读分享主题活动，因为形式新颖，内容生动丰富，得到了学生们的积极响应和欢迎。此次活动从阅读、分享到应用逐层深入开展，具有人文性、开放性、体验性的特点，取得了良好的效果。

1. 从学生的阅读成果可见，古今中外的艺术家、科学家、政治家均有涉猎，如《达·芬奇传》《居里夫人自传》《毛泽东传》等，可见学生的阅读面非常广泛，这也为后续的分享活动奠定了基础。

2. 每次阅读分享后，我会引导学生思考，从这些名人故事中，有何收获？如在分享会上，同学们分享了《我心归处是敦煌：樊锦诗自述》《屠呦呦传》《米开朗琪罗传》，杨同学总结说：“我感觉三位伟人都是信念坚定，做事专一，一直为自己梦想的一件事情所努力，没有因为其他的事情而改变，这就是值得我们学习的精神。”同学们给予了热烈的掌声，从他们闪闪发光的眼神和认真聆听的状态中，可以看出大家都深受启发，非常赞同这一观点，今后在学习生活中也要学习并发扬这种精神。

3. 本次活动对学生有着积极的潜移默化的影响。开展阅读活动以来，午间闲聊、打闹的同学少了，看书的同学多了。平时调皮捣乱的学生，也积极投入阅读与分享中来，并且做了精彩的发言，让同学们刮目相看。同学们以名人为榜样，投入学习及各项班级活动中，精神面貌有了很大的改观，学习积极性明显提高，各科成绩稳步提升，班级中出现的问题也逐渐变少了。

【心灵感悟】

初一年级的学生正处于“困难的年龄期”，在这个时期内，学生在身体、智力、道德方面都在迅猛发展，所以教育者会面临许多困难。除了有针对性地解决某个问题之外，更重要的是我们要引导学生找到自我成长的方法和路径。

苏霍姆林斯基在书中写道：真正的阅读能够吸引学生的理智和心灵，激起他们对世界和对自己的深思，迫使他们认识自己和思考自己的未来。没有这样的阅读，一个人就会受到精神空虚的威胁。因此，要让读书、读好书成为学生学习和生活的重要组成部分。使好书成为自我教育的手段，帮助学生从英雄人物的道德财富中为自己找到榜样，让名人的优秀品质沁润到每一名学生的心灵。

教师除了传道授业解惑以外，还必须教给学生读书，教他们在读书的同时认识自己，从书籍里受到教育，丰富自己的心灵和内涵。在阅读过程中和写笔记的过程中，学生可以跟自己进行内心的交谈，真正达到自我教育，让名人之光照亮成长之路。

“带腿”的作业本

◇ 张桂芹

像往常一样，我沐浴着晨光走进教室。突然，一群学生冲上来，其中一个学生委屈得要掉出眼泪：“老师，我的数学作业本找不到了！刚刚还在，现在不见了，我问了周围的人都说没看到，怎么办啊？”接着一群学生开始作证：确实看到过他的作业本。

作业本为什么不见了，作为老师很清楚原因，但是如何解决呢？

【解决策略】

一、维护学生自尊——幽默化解尴尬

面对一张张不同表情的稚嫩的脸庞，我首先是安抚焦虑的孩子，让他们感知到老师的信任，其次要让拿走他人作业的同学主动送回来。于是，我说：“××× 同学的作业本带腿了，大家看一看是否跑到了自己的座位上，发现的同学把它送到它的主人那里。”话音一落，原本各种表情的脸上都笑开了花，焦虑的同学放松了，大家都开始在座位上找带腿了的作业本。突然，有同学从英语作业堆里抽出一个作业本说：“老师，找到了！交错地方了，在英语作业里！”于是，带腿的作业本回到了主人手里。

我故作疑惑地说:“作业本怎么就带腿了呢？”学生听了之后哈哈大笑，我故作不知状，询问为何发笑。学生齐声说:“有人抄作业呗！”我又故作惊讶状:“咱们班还有抄作业的呀？！”有同学说:“不会写又怕挨批评就抄袭呗，不过这样肯定是不对的。”接着大家一致说不应该这样。意见统一，我没有再说教，而是提醒大家要把各科作业提前整理好，防止作业本带腿。

二、摆事实说案例——小故事大道理

抄作业一直是屡禁不止的现象，该事件正好是一个教育契机，利用这个事件，争取改正抄作业的不良风气，端正孩子们的学习态度和学习习惯。

解决这个问题的方法只有变“不会”到“会”，途径只能是认真学习，努力赶超。如何让学生清楚努力的方法、赶超的途径呢？我话锋一转:“给你们讲一件往届学生的真实故事，有一男生初一时数学学得不好，上课几乎就是听天书，作业就是抄袭应付老师。初二一个偶然的机会，他接触并了解了一个心仪的中学，特别向往这个学校，准备好好学习，考进这个学校。可是落下太多也不知道从哪里入手，怎么办呢？他请教了各科老师，老师们给出的答案都是‘勤学好问’。可是他目前的水平还提不出问题怎么办？最终他想了一个办法，除了课堂认真听讲之外，课余时间他就围着老师转，只要有其他同学问问题他就跟着听，听不明白他再拿来接着问。往往是问问题的同学听明白走了，他还在继续问这个问题。就这样一开始他听别人问的问题，渐渐地自己也能提出问题，作业再不用抄袭。半年之后成绩就赶上来了，后来这位同学考上了自己心仪的学校。”学生都听得入了迷，还有人发出感叹声，提出很多问题，从他们亮晶晶的眼睛里我看到了故事的力量。

三、作业分层设计——人人有收获

解决问题的根本在于让学生有获得感。于是我按照学生的实际学业水平分成三组，作业也设计成三个层次，完成一项即可，对部分同学适当降低要求，也可以根据自己的情况找替代作业。比如班里一位同学说自己不会写作业，我建议他录一个讲解定理和定理证明的视频，并教给他录的方法与技巧。第二天我就在课堂上播放，刚开始大家听到身边同学的声音很好奇，都大声惊呼：这不是 ××× 吗？同学们的赞叹和老师的表扬让他异常欣喜，后来发展到如果哪一天没有作业，他就追着问我要不要录视频！后来他给同学分享了录视频的经验，还帮助同学录制。再后来从中了解到：为了一个满意的视频，他有时候要录好几遍，直到自己满意为止。原来对作业充满恐惧与抗议的他，现在是最积极主动申请作业的同学之一。

四、巧用课上与课后服务时间——尽量在校完成作业

作业尽量在课上完成，保证学生学习活动时间，宁可少讲，一课一得，保证质量。特别是对于学困生，让他们在课上有收获，积少成多，慢慢增加题量。通过班会让他们根据课表合理规划一周的课后服务时间，力争在学校就完成作业。

【效果反馈】

作业分层、调整上课节奏和合理规划课后服务时间，这些具体措施大大提高了学生的学习热情和写作业的积极性，表现在课堂上人人动笔动脑，研讨氛围浓厚了，课后服务时间秩序良好，人人有事干，人人有收获，而幽默让学生学会有情感地表达己见，班级氛围和谐友好积极向上。

小故事树立了榜样，后续我在班级开展了“寻找我周围的榜样”“我为你点赞”活动，可以是学科榜样、作业榜样、行为习惯榜样等。活动

目的：通过找榜样，讲故事（事迹），发现同学的优势与亮点，为他们点赞，明确自己的努力方向与目标，成就优秀的自己。活动方式：找到周围同学的亮点并当众为之点赞，送点赞卡，列为自己的榜样，每周班会时小组分享自己的进步故事。同时，在班内组织成立学习小组，师徒结对，互相帮助。之后没有人再发现带腿的作业本。从心理学的角度来看：既切中了学生的错误，又保全了他们的“面子”，避开了学生的“叛逆”心理，在后续的班级活动中让学生自觉纠正抄袭，“教育无痕”应该就是这个样子吧。

【心灵感悟】

1. 教育要触动学生的心灵

想法和意识是看不到的，如何谈论看不到的东西或者传达一种思想，对于新初一的孩子来说，大篇的说教、讲道理都显得苍白无力，如何向学生传达自己的思想与理念呢？从培养学生的成长性思维角度出发，应该以不同的方式，让学生从不一样的角度看待错误，让错误成为教育的契机，从而带来学生心态、行为乃至思想的转变，进而明是非、知善恶。

2. 教育要唤醒学生的心灵

真正的教育是用心灵唤醒心灵，苏格拉底说：教育不是灌输，而是点燃心灵的火焰。故事具有力量，也是学生了解社会、了解世界的基本途径之一。有人说过，要对学生顺利地进行引导教育至少要记住 100 个教育故事。发生在身边的故事就是最有说服力的。某种程度上可以说一个人的故事就是他的思维模式。当我们一遍遍地讲故事的时候，往往会深深地嵌入自我意识中；不断讲述学生的故事，塑造一个个优秀的光辉形象，会在班级树立榜样，形成积极向上的班级风气，唤醒学生心灵深处对真善美的追求。

3. 可行的解决方法优于说教

采取可行有效的方法，切实解决问题，是对学生最好的身教。

教育无痕却有迹可循，教育无声却传播深远，随时观察积累身边的教育故事，让学生感到教育不是空洞的、遥不可及的，而是实实在在的，是洒向他们心田的“酥雨”，“润物细无声”，这也是我们教育工作者的一种追求。

评语虽短　情谊深长

◇ 田晏嫣

一次接到一个家长的电话，他用很惊喜的语气跟我说：“老师，太感谢您啦，您的评语对孩子的评价特别贴切，孩子也觉得很开心，老师能这么关注她、了解她，特别感谢您！”挂了电话我陷入沉思，没想到几句评语能够对学生和家长产生这么大的影响。我开始关注班级评语的书写，希望能够通过短短几句期末评语，让家长和学生感受到老师的关注和期望，进而激发成长的动力。

环节一：关注点滴积累

班级有 40 多名学生，要在期末时间为每一位同学书写评语，常常是刚开始信心满满，写着写着就觉得语言匮乏，此外对于班里有些“小透明”存在的同学，可能更是没有什么特别的语言来进行总结描述。基于这种情况，平时的点滴积累就显得尤为重要。如何才能做到点滴积累呢？于是我开始尝试为每一位同学建立一个个人小档案。在平时班级的学习和生活中，每位同学身上发生的一些值得记录的小事情就可以随时写进档案中，这样在期末时，直接可以根据个人小档案的表现来进行书写评语，既可以做到有理有据，又不会有失公允。比如我们班里有位不爱说话的小 T 同学，她在班里就是“小透明”的存在，在期末写她的评语时，就想不到有什么特别之处可以称赞，但是如果只写该生踏实认真之类的话语，家长和孩子又会觉得老师就是应付差事，也就失去了评语的价值。翻阅她的成长档案，发现里面记录着她帮助班级养护绿植的事情，于是在评语中就为她写道："正是因为你的存在，我们的班级才会每天春意盎然，让同学们感受到春日的温暖。"此外，这名同学性格也较为内向，不爱交朋友，于是在评语中我又添加了一些鼓励的话语，如"老师看到你每天一个人辛苦地照顾绿植，为你的奉献精神点赞，也希望你可以找一些志同道合的好朋友，一起来为班级服务"。家长和孩子看到这样的评语，就会知道自己为班级所做的事情虽小但是很有意义，老师和同学也都会感谢她，那么她就会有很强的班级归属感和融入感，在今后的学习生活中也会更加热爱自己的集体；老师适当地提出期望，学生也会主动尝试改变自己内向的一面。点滴积累，看似不够起眼，但是却能在关键时候助力评语书写。

环节二：尝试广泛征集

说实话，想要把几十条评语写得完全不同，也是一个难题。如何把评语写得有区分度呢？一个人的力量是单薄的，但是一群人的力量却是巨大的。我尝试在班内组织一个"匿名写评价，请你夸夸我"的活动，在这个活动中我会把所有同学的姓名放在一个盲盒里，大家随机抽取，并为自己抽到的同学写一小段评价，这段评价首先以夸奖为主，然后也可以为同学提一些意见。学生们参与活动的积极性很高，也会带着好奇心，想看看自己会得到怎样的评价，同时在这个夸奖的过程中大家也会发现身边同学身上的闪光点。当然，班主任更是该项活动的受益者，活动中的评语收集起来，就可以为期末写评语所用，一举两得。此外，作为班主任，我们虽然和学生朝夕相处，但是并不是每一位学生都会在老师面前展现出真我的一面。有的学生不善于和老师交流，所以常常表现出沉默寡言的一面，但是在同学面前，却能够放得开，展现出不为老师所知的一面。所以广泛征集同学之间的评价，可以帮助班主任们更加全面地去了解每一位同学。比如班里的小 × 同学，他平时给老师的印象就是标准的乖乖学生，不善言辞，但是在学生的评价中，我发现他非常热爱体育，爱踢足球，也因为足球结识了一帮朋友，所以在他的期末评语中我就借用了同学给他的评价：“沉默时，你就是教室里的微光，温暖但不够耀眼；行动处，你就是赛场上的明星，光芒万丈。老师欣赏教室里的你，勤勤恳恳，脚踏实地；老师也欣赏赛场上的你，汗水挥洒，青春朝气。期待见到更多面的你，勇敢地展示自我吧！骄傲的少年。”当学生看到这个评语时惊讶于老师怎么知道他的爱好，在惊讶之余也会暗自高兴，觉得老师关注到他，于是在课堂的表现上变得更加积极主动。广泛征集，提供充足素材，会使评语书写更加丰富多彩。

环节三：注重用心书写

班里的小 J 同学，平时在班里纪律性较差，自我约束力也较弱，因为这些问题，没少被批评。对他来说，被老师点名批评也是家常便饭，见怪不怪了，所以在最后拿到自己期末评价的时候，他根本就没想过会得到老师的夸奖，我在他的期末评语中书写了他身上的闪光点：“幽默的你，给集体带来了无限的活力，让我们在午后睡意全无，可以全心投入学习；爱动的你，让班级变得更加生动，每位同学肆意欢笑的背后都有你的功劳。如果集体少了你，那将会变得多沉闷无趣啊！老师感谢你的存在，但是也希望你可以更好地规范自己的行为，我们该欢笑的时候就尽情欢笑，该安静学习的时候也可以静下心好好学习，相信如此聪明的你肯定能达到老师的期望，要加油哦，老师期待看到你的蜕变。”小 J 同学看到这样的评语特别感动，特意找到我去表决心，在以后的学习生活中，能够看到他确实发生了很大的变化，还会主动帮助老师去管理班级其他调皮的学生。所以只要用心，便能收获不一样的感动。

把对学生这种真情实感落在笔尖，写出来的评语一定是真情实感的。爱本身就是相互的，如果教师对学生抱以良好的期待，那么被期待的学生必然心生喜悦，从而奋发图强，不断进步。所以用心书写评语关键在于要用一双充满爱的眼睛去看待学生，才会看到学生身上更多的闪光点，这种以真情实感评价学生优点的评语，对于平时调皮、自我约束力不强的学生可以起到非常明显的激励作用。

环节四：打造专属评语

家长们往往想要透过期末评语中的只言片语来窥探班主任是否关注自己的孩子。家长们希望看到的评语，首先要有对孩子的褒奖，如果老师一味地对学生提意见，家长会觉得老师对孩子有偏见；其次还需要在评语中体现老师的殷殷期望；如果评语中句句夸赞，没有任何期望的字眼，家长又会觉得老师对孩子了解得不够全面。家长也会希望可以借老师之口，让孩子注意到自身还有哪些不足，从而知道如何改进和努力。比如班里的小 H 同学，平时学习能力出众，做事情条理清晰，身为班委任劳任怨，这样一个各方面表现都很优异的学生，在她的评语中我只能用很多肯定的字眼来进行褒奖，那么如何对这样的孩子进行期望教育呢？我会跟家长去聊孩子的近况，先以夸奖为主，然后再问孩子在家的各种表现，这个时候家长就会滔滔不绝地去谈孩子在家的各种情况以及她对孩子的哪些不满意，借此就可以了解到家长的期许。就像小 H 同学，她平时在家做事比较拖沓，每天写作业都要拖延到深夜，家长担心孩子没有好的睡眠会影响身体及上课的听课效果。于是在评语中我特意加了这样几句诙谐话：“你的优秀有目共睹，老师也特别欣赏各方面都很优秀的你，班级的学生也都喜欢把你当成班级的标杆，优秀的你还不时透露着可爱，甚至有同学会说你像班级的吉祥物，原来是因为你有时候会顶着熬夜的黑眼圈啊，虽然可爱，但是长时间熬夜对身体可不好，希望你能合理安排好时间，期待见证一个更加阳光和可爱的你。”针对不同的孩子打造属于他们的专属评语，不再千篇一律，会让学生和家长有被重视的感觉。

【心灵感悟】

一则好的评语，能温暖和照亮学生的内心。评语虽短，但字里行间却表达了一学期教师对于学生在校表现的评价，学生想要通过老师的评语来了解自己在老师心中留下的印象，而家长更是希望能够从评语的只言片语中了解自己孩子在学校的各种表现，从而及时发现孩子存在的问题及展现的优点。所以，期末评语就如同家校共育的一根纽带，如何更好地打造这根纽带，就需要我们在期末评语上多下功夫。

哲学家常说，教育的本质是一棵树摇动另一棵树，一朵云推动另一朵云，一个灵魂唤醒另一个灵魂。教育的本真不只在于知识的传递，更在于灵魂的教育。对学生潜移默化的影响体现在我们与学生相处的方方面面，而期末评语就是这里面一个小小的环节，如果每一位班主任都能够用心书写，打造学生的专属期末评语，以短短的几句话，去打造好与学生和家长交流的纽带，助力学生拥有一个积极阳光的未来。

爱，构筑亲子沟通的桥梁

◇王 玮

一、事件起因

班级内不善表现的男生在某课堂上因为补其他学科笔记，没有听课，被任课老师发现后告知暂时保管两本笔记，先认真听课，课后解决。课堂在平静了两分钟后这位学生突然情绪失控，要求老师立刻还给他，完全听不进老师的话，嘴里一直念叨要回笔记本。

面对学生这种反常的表现和失控的情绪，为了不影响课堂教学，作为班主任，我先陪学生来到一间安静的办公室，递给他一杯水。等待他情绪慢慢稳定下来，我开始跟他谈老师对他的认可和期望，理解今天发生的事情一定事出有因，让学生愿意与我交流。在我慢慢的启发和诱导下，学生说出了原因。原来，他的父母离异并分别重组了各自的家庭，学生现在跟爷爷奶奶一起生活，升入高中以后，父母就没回来过，学生认为自己的爸爸妈妈根本不在乎他，也不关心他的学习和生活。面对学业上的困惑，他认为没人帮助他，面对成长过程中的情感等问题，也没有人理解他。

二、解决策略

环节一：搭建家校桥梁

我对学生的处境很是理解，在安抚好学生的情绪之后，我及时联系了学生的爸爸妈妈。我把两位家长加进一个微信群里，并把学生升入高中以后的日常表现、学习情况告诉了家长，接着叙述了今天课上发生的事情。父母对学生的过激行为也很诧异，因为在他们眼里学生一向听话懂事，从不与人发生冲突。但当我带着父母剖析事件背后的原因时，家长都沉默了，没有想到自己的行为带给孩子这么大的伤害。父母也都表示，尽管自己重建了家庭，但是没有不管这个儿子，按月给他生活费，也会经常买学习和生活物品给他，有时候还会电话或微信询问。

环节二：剖析问题

我告诉家长，这些都弥补不了学生内心的空虚，他需要父母和他聊一聊，听他说一说新的学校，新的老师新的同学，他想父母多给他一些陪伴，哪怕是陪他吃一顿饭，看他写一次作业这么简单。我还给家长说了目前学生的表现情况，不善言辞，不爱交往，比较沉默，如果不正确引导，长期下去会使学生产生心理问题。我把有可能出现的情况与家长进行了沟通，并普及了一些心理知识（抑郁的产生有可能是由于孩子长期生活在压抑的空间里，缺乏安全感，很容易产生恐惧心理和敌对情绪，就会和同伴保持一定的距离，自我保护意识也会增强，有时会感到压抑、郁闷、烦躁。这种心理困扰得不到排解，就会爆发出来）。并提示家长这次发生在课堂上的事情，就是他的一个爆发点。另外家庭的变故使孩子的心灵更为脆弱、敏感，与健全家庭的孩子相处时更容易产生自卑的心理，认为别人都瞧不起自己，不愿与人接触，不愿向他人敞开自己的心扉，进而自我封闭，表现出孤独、内向的性格特征。耐心地交流，让家长认识到孩子的教育不是简单的物质的给予能解决的。

环节三：提出建议

听了我的分析，父母对学生的现状感到担忧，都表示会调整自己，并分别安排各自的时间和孩子进行沟通。我还建议每周末父母轮流回来陪孩子，聊一聊一周的所见所闻，陪孩子吃一顿饭。放寒假前，我又和学生的父母进行了电话沟通，了解下学生的假期安排。妈妈表示，因为平时学生都是和爷爷奶奶在一起生活，放假了就准备把孩子接在自己身边。听了妈妈的安排，我先肯定了妈妈的想法，但同时我也建议妈妈一定要先跟孩子沟通，听听他是否愿意接受这样的安排，而不要强迫他这样去做。毕竟，回到妈妈身边，要面对一个对他来讲很陌生的环境，融入需要一个缓慢的过程。听了我的建议，妈妈表示会跟孩子进行商量。

三、解决效果

渐渐地，这名学生在学校开始热衷于班级事务，也会看到他和同学们开玩笑，心地善良的他还特别关心和照顾班里一名多动且言行不太受控的“弱势”学生。放寒假期间，我询问学生假期过得怎么样，学生开心地告诉我，妈妈带着他和弟弟回到了燕郊的姥姥家，和姥姥姥爷舅舅一家人在一起，还有比自己大的哥哥姐姐，一家人在一起很热闹也很开心。转眼到了第二学期，真的发现他变了很多，性格开朗了，自信了，学习成绩也在不断提高，课堂上经常听到他回答问题的声音，进步很大。更加令我震惊的是，他还主动参加了学校学生会的竞选并成功获得自己心仪的职位。当我把学生参加学生会竞选演讲的视频发给他的父母时，家长由衷感谢。这名学生的性格和各方面能力都发生了变化，和父母相处很愉快，尽管不能每天在一起，但是每次相处都很开心，他也会告诉父母这一段时间发生的事情。经过慢慢的沟通和适应，这个学生变得越来越开朗乐观，除了性格上的变化，学业上也有了突飞猛进的进步。特别是到了高三，学习劲头十足，无论是他擅长的理科学习，还是他不擅长的英语，他都能很好地规划自己的学习，有目标有计划地努力，最终，考入了理想的大学。

【心灵感悟】

天下没有不爱自己孩子的父母，父母是孩子最亲的人，单亲家庭的家庭结构虽然发生了变化，但是父母对孩子的爱不应减少，为单亲家庭的孩子营造温暖和谐的成长环境，做好单亲学生的教育，需要家庭、学校共同努力。老师是联系学校、家庭、学生的纽带。对离异家庭学生的教育，必须深入家庭，必须尽可能地争取家长或监护人的密切配合。还要及时向家长反馈学生在学校的情况，特别是让家长知道学生在学校的每一点进步，唤起家长的信心和责任心，以便让家长更好地配合学校对学生进行教育。构建家校合作模式，才能够帮助并引导单亲家庭的学生克服不良心态，使他们和其他学生一样健康地成长。这个学生的家长在和我几次沟通后，学生感受到了父母的爱，充满爱的家庭会使学生的心灵健康成长。父母的改变，创建了一种真诚的氛围，使学生能够感受到缺失的温暖和快乐。爱，是成长的动力。

主题班会设计之巧用“道德两难故事法”

◇ 蒋丽娟

一、活动背景

在主题班会设计中，不少教师会以正面教育为主，把一些精神理念、社会生活法则通过灌输传递给学生，并直接要求学生按照道德标准来做事。但实际生活中，我们又发现现实远非“非黑即白”那么简单，很多时候我们会遇到价值冲突和选择困难。学生的成长建立在逐步理性成熟的基础上，他们的任何道德行为都是在面临情感、价值和规则选择的情境中做出的决断。培养学生良好的道德自律，需要引导其构建起个人的理性判断，而后才能更好地付诸行动。

生涯规划指导是高中主题班会的重要内容之一，很多相关主题班会都以职业介绍为主，形式比较单一，很难直击学生心灵，引发思想碰撞。因此，我想到了利用柯尔伯格“道德两难故事法”，去尝试建构职业选择的两难情境并引导学生进行必要分析、抉择、判断，使学生在“两难选择”中进一步了解和验证自己的职业价值观并进一步进行积极、正向引领，我认为这是十分必要的。

二、活动目标和意义

职业价值观是人们以自己的需要为基础而形成的对职业选择进行有无意义、是否值得接受或追求的认知与评价时所持的基本观点，是青少年价值观的重要组成部分，是影响个体职业选择与生涯规划的主要因素，能够有效地预测青少年在未来工作中能否获得工作满意感。

利用“道德两难故事法”设计本节班会，使学生面对复杂的道德情境和交叉性的道德价值网络时去倾听自己的内心，做出最真实客观的抉择是十分必要的。因此本次班会目标设计为：

1. 通过职业情境体验中对“道德两难”问题的思考、抉择使学生进一步了解和验证自己的职业价值观。

2. 对学生在职业情境体验过程中呈现出来的职业价值观进行积极、正向引领。

三、活动设计

环节一：岗位发布（六种职业类型特点展示）

学生：结合《职业价值观测试量表》测试所呈现出的自身职业价值观特点，选择与之相近的职业类型进行探究展示。

环节二：职业情境体验

学生：自主选择进入某职业类型区域进行体验，接受工作人员的考察。情境列举如下：

情境 1：自主创业

岗位名称：咖啡店老板

体验情境：你是一个从小就渴望自主创业的咖啡店老板，你的小店已经经营了一年，但一直生意不好，这是渴望实现自我价值的你所始料未及的。你想要挽救小店的命运，需要再次投资 30 万元，才有可能使小店经营走出低谷，但是父母已经拒绝帮你垫资，而且他们已经帮你联系好了一家事业单位去过朝九晚五、收入不错的生活，你会做出怎样的选择？

情境 2：国有企业

岗位名称：某大型国企总部财务部职员

体验情境：在该公司的财务部，你的收入比以往任何工作都丰厚，随着工作的深入，你发现领导存在制作假账、侵吞公款的行为。更为糟糕的是，你发现自己也在不明就里的情况下参与了账目造假行为，如果你指出领导的问题，不仅要被解雇，更有可能面临牢狱之灾，如果你继续参与到这样造假账的行列中，领导答应可以给你升职增薪，如果是你，你会怎么做？

情境 3：自由职业者

岗位名称：摄影师

体验情境：你是一个小有名气的摄影师，有不少杂志、网站都找你约图片，你的收入颇丰，过着舒适的生活，但是一次外出采片改变了你的生活，你开始关注贫困地区留守儿童的生活，你不仅用镜头记录了一个个留守儿童的故事，筹办了留守儿童摄影展，并长期驻扎在留守儿童集中的地区，联合更多人的力量为孩子们捐款捐物，花去了自己大部分的积蓄，力图唤起社会对留守儿童问题的关注。这时你的妻子打来电话，哭诉自己一个人在家操持家务、照顾老人和孩子的艰辛，恳求你放下对留守儿童的关注，离开那个极其艰苦的地方，马上回家过普通人的生活，你该如何选择？

在以上情境中，学生要经历“道德两难”的抉择，最终做出自己的选择。

环节三：职业情境体验交流、分享

本环节，招聘工作人员（学生扮演）随机采访学生，了解学生在职业情境体验中的选择及这样做的理由。

环节四：班主任引领

1. 明确：情境体验的两难选择背后实际上是职业价值观的较量。

情境1：独立、舒适、智力刺激、经济报酬之间的价值取舍。

情境2：正义、权力、地位、经济报酬之间的价值取舍。

情境3：舒适、经济报酬和奉献之间的价值取舍。

2. 出示职业价值观金字塔，班主任引领学生解读。

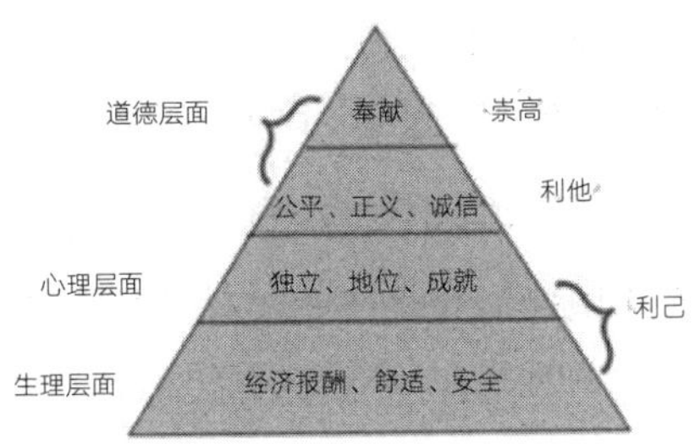

环节五：班主任价值澄清

职业价值观本身并没有对错之分，价值选择的背后是你自己想要过什么样的生活，每个人都有自由选择的权利，但是如果你实现职业价值的手段与道德相悖，就有了对错之分。生命的境界不同决定你的生活层次不同，希望大家在热爱生活的同时，去追求更为高贵的精神境界，做一个利己利他、甘于奉献、高贵的人。

四、活动效果

这次班会利用柯尔伯格“道德两难故事法”设计出职业选择中的两难冲突，不仅丰富了班会课的设计形式，更使学生在冲突中审视自己，不仅充分发挥了学生的主动性，也挖掘了学生思考的深度，最后的教师价值澄清顺势而出，职业价值观金字塔的四个层级引领提高了班会课的深度，引领自然有效。

【心灵感悟】

在柯尔伯格所提倡的道德教育中，认为教师不应把某些预定的价值体系灌输给学生，而是应该把学生所面临的道德问题作为要解决的问题提出来，发展成熟的道德行为需要各种“开放性情形”，其中一个重要的情形就是“使学生处于冲突之中”。柯尔伯格“道德两难故事法”可以有效引导学生积极参与讨论，并使之在冲突的抉择中形成自己正确的道德判断，这就要求教师首先要转变教育观念，不再凭说教去教育学生，而应该和学生之间建立平等的关系，有效引导学生参与讨论，并在讨论中进行价值引领，循循善诱方能化教育于无形。当然，这需要教师有敏锐的观察力，了解学生的价值选择，然后有针对性地教育、指导，以保证良好的教育效果。本次班会课巧妙地利用柯尔伯格“道德两难故事法”设计了职业规划的主题，效果绝对胜过常规主题设计。当然，这一设计的背后还要求教师掌握一定的教育学、心理学知识，在道德两难的教育过程中，做好价值澄清，才能正确引领学生，提升其道德思想品质。

“道德两难故事法”合理吸收、运用到班主任工作中，师生之间会多一份理解，多一份融洽。

自主组队的学习小组

◇王　丽

初一刚入学时，同学们在破冰活动中通过拼图的游戏分成了不同的小组。半个学期后，Y同学和她的三个好朋友来找我聊天。谈到学习时，她们说更愿意找学习程度差不多的同学一起学习。也有几个喜欢数学的男同学来找我申请，他们想在课后服务的自习时间一起讨论问题。原来开学初这种靠缘分形成的四人行政小组，学习能力参差不齐，渐渐地，便不能满足同学们在学习上的需求了。

经过调查，同学们更愿意自己找学习伙伴一起学习。有很多同学愿意利用午休、课后服务时间讨论学习。怎么解决同学们的这些诉求呢？那就尝试建立自主组队的学习小组吧！

【解决过程】

一、铺垫与筹备

为了更好地调动学生的学习积极性，发挥学生给自己学习当家做主的权力。我在学生中进行了几次调研：你现在的小组对你学习的帮助大吗？你的优势学科和劣势学科分别是什么？你想和谁一起学习？你觉得给别人讲题对自己有什么帮助？几经渲染，同学们已经猜到了我的意图，开始私下讨论，寻找伙伴，为自己的学习小组筹备。

我也开始筹备——制定小组成员表及活动记录表。小组成员表格包括组名、所学学科、成员、规划（何时、何地、学什么、怎么学）、以期达到的目标。小组活动记录表包括：活动时间、活动地点、参与人员、活动内容、自我评价及收获、下次活动时间。

二、成立与宣讲

制定好表格，我也没有急于在班里宣布关于学习小组的事情。直到有学生忍不住来问我，我看时机成熟，便拿出十张小组成员表，宣布同学们可以自主成立学习小组，有意愿组建的同学先来领取一张表格，结果迫不及待的只有三名学生，三名领了表格的学生去找同学商量成立学习小组了。其他学生有犹豫的、有观望的，也有看起来不想参与的。这正合我意，借机和同学们明确了学习小组成立的原则——自由自愿组合，深思熟虑，成员学科优劣互补，可找老师商量咨询。

组建好的学习小组，利用晨检时间，全组成员到讲台上给同学宣讲小组的名称、规划和目标，这样的仪式感会让这个小组重视这件事情，也对犹豫、观望的同学起到榜样的引领作用。我也给先行者高评价、多赞美，更多的同学开始蠢蠢欲动了。

同学们经过分析、讨论、寻找伙伴、平衡优劣、制定目标和规则，成组宣讲。一周多时间八个学习小组成立，有二人组的，有四人组的，也有七人组的。也有深思熟虑两周后，请求已建立的小组收留的。

学生很喜欢取名，组名有：小敏组，高端组，面向对象组，Priest 组，真秀组，D.A.（邓布利多）组，吃饱了撑的组，二人组等。许多名字我是不能理解的，我也感觉到了我与孩子们之间深深的代沟，不过，孩子们自有其道理，自己喜欢就好。

三、活动与评价

学习活动如何开展？什么时间学？在哪里学？活动未开始便让我犯了难，学生们能一起小组学习的时间有限：课间、午饭后休息时间、课后服务自主学习时间。课间基本利用不上，学生要去卫生间、接水、准备下节课用品。午饭后要放松一下，消消食，能一起学习的时间也不多。可充分利用的就是课后服务的自主学习时间了，但活动地点就受限了，只能在教室外的储物柜边，站着学习。学生们一听，高兴得不得了，孩子们说站在储物柜那里学习，高度正合适，也方便教室里的老师和同学监督，没有教室里一桌一椅的拘束，孩子们觉得自由且与众不同，而且孩子们说我们班储物柜旁会成为初一走廊的一景，特给班级争光。

（一）信任学生，逐渐放手

学习小组是自主建立的，也要自主管理。如果是利用课间或中午学生自己的休息时间学习，小组长一定做好活动记录。如果利用课后服务自主学习阶段站在储物柜边学习，要提前申请学习内容，并保证不打扰到其他人。如果声音过大影响到班内同学，暂停两次活动。

（二）组长全程主控

小组的每次学习活动，小组长负责申请，保证纪律，做好记录、评价。

小组学习活动次数最多的是“面向对象”小组。组长王同学，做事特别认真，有主见，而且总能提出一些很好的建议。他几乎每天都能给自己的学习小组安排出学习的时间和内容，哪怕是某个课间，哪怕是背一个历史知识点，他对组员也能严格要求，他每次到讲台一板一眼地总结和分享，都能给其他小组提供借鉴。

组名为什么叫“面向对象”呢？他们组四位同学都是计算机高手，“面向对象”是计算机语言，就是站在对方角度考虑。小组取此名的用意是，讲题时要站在听讲者的角度去讲解。他们小组在活动记录的自我评价和收获一栏，原来是文字的记录，后来他们自己改成了 ABCD 等级评价。在晚检总结时他们解释，受荣誉课堂评价 ABCD 等级评价的启发，他们把自我评价分成 ABCDE 五等，把收获分为 ABCD 四等，特别有创意。他们小组还给自己设计了有他们组徽的作业统计小条。我把小条都留好粘在我的电脑上来提醒我：放手让孩子们自己去做事吧！学生在做自己喜欢的事情，用自己喜欢的方法学习时，动力是无穷的，潜力是无限的。

（三）用评价去激励

我自己去说孩子们你们要行动起来，去学习吧，讲的道理越多，效果越小，叛逆的孩子哪里听得进去，质疑和反抗才是这个年龄段孩子的本质。我想那就让孩子们亲耳听到、亲眼看到学习小组的好处吧。

每天晚检时，学习小组再一次进行总结分享，我让孩子们重点谈小组学习活动的收获，以期能带动其他行动较缓的小组；班长和同学对活动的学习小组评价，我引导孩子以分析小组学习的优点为主，赞美它、学习它，最后再表扬积极主动的学习小组，激励其他组向活动小组学习，能够利用课余时间一起学习讨论。

【活动效果】

学习小组实施一段时间后，虽然不是所有小组都能充分活动，但是学习小组整体已取得了初步的成效。

1. 学习小组活动的积极性越来越高。课后服务自主学习阶段，原来只有一两个小组申请去楼道里学习，现在更多的小组活动起来。学生喜欢这样自主、自由、与众不同的学习方式。哪怕是在楼道里站着讨论，甚至是坐在地上讨论，学生也乐在其中。我们班的储物柜真的成了初一楼道的一景。

2. 学生学习的主动性增强。主动请教问题的越来越多。原来有个不交作业的同学，我和他说：“你的组长、你的好朋友这样带着你学习，你自己要给力，你先从写一点、交一科开始，让组长看到你的进步，你自己看到自己的进步，你去体味体味星星点点进步的甜味吧！”在组长的带动下，他真的能想办法把作业从写一点到再多写一点，交个别科目作业到全部交齐。不论质量，他现在交作业基本不成问题了。

3. 学生的自信心增强。早检时，学习委员和生活委员总结，值日班长分享完名言和今日小目标之后，还有十分钟的时间，学习委员安排各科课代表每天轮流带领大家梳理知识点。历史课代表一次做了40多页PPT，他妈妈和我说，他前一天晚上做课件到11点，乐此不疲。课代表们特别期待给同学们讲题、提问和发奖励，很享受在讲台前当老师的感觉。

学习小组实施半个学期，班级的学习气氛越来越浓。看到孩子们在储物柜旁站成一排低头讨论的样子，我深感欣慰，这是之前以行政小组为学习小组无法达到的效果，这就是自主自由的力量吧。

【心灵感悟】

1. 充分了解自己的学生，给学生更多的自主权。

初一年级学生的特点：学习动力不足，但比较容易被调动，喜欢游戏和活动；学习能力不够，但比较看重成绩，有提升成绩的欲望；学习方法欠妥，但愿意与人切磋，课堂上喜欢举手回答问题，表现自己。与其抱怨学生学习动力不足，不如思考怎么提高学生的学习动力；与其按行政小组强行要求，不如让学生按自己需求自主选择；与其老师苦口婆心强制规定，不如榜样引领侧面激励。

2. 运用学习金字塔理论打造个性化小组。

学生们自由组建的学习小组，打造自主学习的载体，适应了孩子们有区别的个性需求，也符合学习金字塔原理。学习金字塔理论指出：讨论、实践、帮助他人这样的主动学习方式，学习内容的留存率都在50%以上，帮助他人学习的形式学习内容可留存90%。我们班楼道学习的一景，以及那些经常跑办公室请教问题的身影，证明我们自主自由的学习小组的可行性。

相信我们的学生，给孩子们一点小火星，孩子们就可以燃起熊熊烈火。学生自主学习的火种就这样被点燃了，孩子们学习的热情、自我展现的热情被调动起来，学习成了学生自己想完成的事情，这是学生由内而外的成长。自主设计完成，同伴助力同伴，团队合作克服困难，全班参与学习的热情被不断推向新高。

闪光的班级点评

◇ 万吉华

【背景】

就快放学了，我正在办公室梳理当天晚点评的内容，这时班级纪律委员来了，他吞吞吐吐却又很急切，我赶紧拉来一把椅子让他坐下。他平静后，向我倾诉：刚才课间班级有几个同学比较吵闹，他就大声管理，结果大家都比较激动，他和他们几个人产生了口角，还说要放学后好好“说说”。冷静下来，他觉得他们这样做很不合适，感觉有必要在教室把这件事情说开，但是又不知怎么做才好。

【分析】

了解了事情的原委，我们两个人一起分析了课间发生口角的原因和影响。我试探性地问他是否需要老师出面解决。他思考一会儿，犹豫地说他们都长大了，有些事情可以他们自己解决，还不好意思地说有些事他们自己解决起来结果会更好！即便他如此说，我却能感受到他的紧张和不自信。当我告诉他我会和他一起面对时，他明显松了口气。然后我提议可以把晚点评的时间给他来处理这件事。

在我们一起准备细节时，他表示他会首先道歉，虽然他管理的出发点是好的，但是当时态度有点急躁，语气有点不耐烦……我为这名初二男生敢于自我剖析的勇气感到赞叹，于是我们一起设计了当天他要进行的晚点评内容：1. 明晰课间班级纪律要求；2. 今天课间发生的事情回顾；3. 纪律委员分析自己不当的行为并道歉；4. 对同学的期待。

【解决】

晚点评的时间到了，在同学的惊讶中，纪律委员站在了班级的前边（没有站在讲台上），他开始娓娓道来今天他站在前边进行晚点评的原因。课间发生口角的几名同学的态度和面部表情也一直在变化着，由说班级纪律时的不屑一顾，谈到今天课间事情时的跃跃欲试想要争辩，到纪律委员自己表达在处理这件事中的不足和歉意时，他们也露出了惊讶、羞赧的表情，并立刻站起来说："我们也不对，太吵闹了，我们态度也不好……"这时，全班响起了热烈的掌声，纪律委员走到他们中间，互相击打一下拳头，然后都笑了！

一次同学间的"争执"就这样由学生自己完美解决了！

【深化】

我正在为学生能够自己解决问题感到高兴时，班级有同学建议以后的午点评和晚点评就由同学来完成，我心中一喜，询问大家的意见，没想到全班同学都特别热烈地表达同意！他们激动地表示没人（包括班主任）比他们更了解每天班级发生的事！于是我们用几分钟的时间就完成了"班级轮流午、晚点评章程初稿"的设计：1. 每天按学号轮流点评，有特殊需求可以调整顺序。2. 点评内容需要指出班级同学表现的优点和不足。3. 每天选出至少三名在某方面表现进步的同学。4. 班级当天发生的事情一定当天解决，可以有争执但是晚点评结束，大家还是团结和谐一家人！

【升华】

当我郑重地把红色的班级日志本交给第二天要点评同学时，班级响起了热烈的掌声！从第二天开始，我就坐在班级后边认真听他们的午点评和晚点评。每一名同学都十分认真地对待自己的点评的机会，他们会随时认真地在班级日志中记录班级情况、他们眼中同伴的进步，点评前还会找我和他们一起审阅班级日志。逐渐地，同学们都开始意识到什么样的事情是对的，怎么样能让自己更受欢迎、更优秀。班级日志的内容也越来越丰富，从关注班级的点滴到有同学开始提示大家第二天的天气，注意冷暖加衣，到提醒大家月考时间、做好复习，分享周末计划，提醒大家第二天是哪位同学的生日，偶尔还会涮一下某位老师……每天的点评形式也都成了学生特别的期待，有同学用脱口秀的形式，有同学把点评变成了天津快板，也有同学几人合作以相声或小品的形式来点评！每天的点评除了对班级情况的梳理，更多的是对同伴亮点的赞叹，同时也是学生们认识和展示自己的舞台。

【效果】

每一天，学生都很期待这种坦诚的、亲人般的“同学眼中的我”和“我眼中的同学”这一时刻。欢声笑语中的点评也让班级的团结、凝聚、向上的力量一次次得以升华！无论课上课下，同学都更加遵守纪律，无论批评与赞扬同学们也都能虚心接受。班级的凝聚力和学生的学习状态获得了老师们的一致称赞！同学间的关系更加和睦，他们称班级为“咱家”。

【心灵感悟】

教育的本质之一就是让学生拥有独立解决问题的能力，帮助学生树立自信，实现自我悦纳。作为班主任的我，从讲台上到讲台下，从学生听我点评，到我欣赏学生的点评，我意识到学生和老师之间因为年龄、阅历的差异，是很难真正站在同一立场看问题的，而且学生对于老师的指正可能也会因持不同意见而产生隔阂。这时“同伴眼中的我”就是最有说服力的，他们更易于也更愿意树立自己在同伴眼中的优秀形象，这就促使学生行为不断发生利好的变化，“班集体”对于他们也将不再仅仅是一个词语。

把讲台让给学生，让学生自己来发现和解决自己的问题；把讲台变成舞台，让学生在忙碌学习中有一个展示自己、发现同伴优点的机会，而每一位同学在发现周围同学的优点中，会让自己更优秀、更自信地走好未来的路！

小小棒棒糖

◇ 陈会芹

俗话说：龙生九子，子子不同。初一刚接班的时候，班里几个表现“与众不同”的孩子引起了我的关注。

【问题背景】

王同学不爱说话，也不和同学交流。每天上课眼神迷离，一个字也不写，一上课就哭，问什么也不说，老师和同学上课的状态和情绪都会受他的影响。李同学好动，上课时一会儿拿这个同学的笔给撅折了，一会儿拿另一个同学的橡皮，用小刀切碎。下课就到讲桌前要么拿粉笔打人，要么把粉笔刮成粉末，往人脸上吹。每天就是和不同的同学发生冲突。杨同学天天迟到，交流之后依旧我行我素每天迟到……每天出现不同的状况，弄得我身心俱疲。

【分析原因】

问题表象的背后往往隐藏着深层原因，因为每一个孩子都有一颗向好的心。我与这些同学的家长多次交流之后，理解了他们这样表现的原因：王同学性格内向，小学学习基础没有打好，成绩不理想。到了初中自己想有一个新的改变，提高自己的学习成绩，但事与愿违，又不善于和同学、老师、家长沟通，心里的想法不被人理解，于是只能用哭来宣泄。家长也是恨铁不成钢，对待王同学的态度由开始的急躁变成冷漠，没有给孩子足够的家庭温暖和支持。李同学拿别人东西等现象就是想引起同学的关注，想和同学们多交流，希望得到大家的认可，但不会用恰当的方法来表达。在家里，他只要犯错就会被爸爸暴力对待。杨同学做事磨蹭，没有养成良好的生活习惯。如何让各路大神各归其位，让他们建立集体意识、树立起集体的责任感和荣誉感呢？

【解决策略】

既然存在问题，就要分析问题、解决问题。首先开班干部会，针对班级存在的问题，让大家各抒己见，讨论出切实可行的解决办法，在集体的带动下共同进步。经过充分研讨，我们确定了方案：首先全班同学一起给班里习惯不好的同学找优点，给每个同学至少找十条以上的优点。同时，给这些同学每人找一个师傅结成师徒帮扶小组。将班级同学结成四人组或六人组，形成小组进步共同体，采用小组量化的方法，加分鼓励学生，评选优秀的小组和特色小组，如：哪个小组是最团结的小组，哪个小组是纪律最好的小组，哪个小组是做值日最干净的小组。根据情况，评选小组的名称可以随时调整，比如：成绩优秀的小组，成绩进步的小组等。达成一致意见之后，再开班会，大家讨论，补充完善内容，确定加分项目、加分标准、评奖办法。班级制度初步形成。

【具体操作】

召开“每个同学都很棒”微班会，挖掘每个同学身上的优点。全班分组给小组的同学找优点，至少给每个同学找十条优点。以同学自愿和教师参与的方式，将班级的学生分成四人或六人成长共同体。

从各科作业、课上表现、两操、卫生等方面形成小组量化表。赋分标准以两分为起点。具体加分职责：作业以老师反馈为准，优秀的作业由各科课代表负责加分。课上老师表扬同学由纪律委员负责加分。卫生做得又干净速度又快的由卫生委员负责加分。两操以老师表扬为准，由体委负责加分。另外还有单独加分内容，比如拾金不昧、校志愿者、好人好事等可以根据情况酌情多加分，或五分或十分，当然也要同学们认可同意。然后每周统计，每周五由班长统计各小组加分情况，然后加分最低的小组要在下周一的班会上给大家表演个节目，形式不限，但要小组集体亮相。每月一评奖。除了选出量化前三名外，还要选出两个特色组。最后奖励，奖励有精神奖励和物质奖励。精神奖励是每个获奖的同学发一张奖状，物质奖励每次都不同。或者是一个本，或者是一支笔，或者是一块橡皮，或者是一个棒棒糖。

除了小组之间互相帮助之外，参照同学们提出的学生优点给每个同学安排力所能及的工作。王同学热爱劳动，我也想让他把提高语文成绩作为起点，增强自信心，于是安排他担任语文课代表。李同学动手能力强，安排他担任劳技课代表。杨同学安排他负责班里考勤，有迟到的、请假的都要记录，每学期期中、期末评两次全勤奖。总之，发挥每个同学的特长，让每个同学有事做，目的是增强大家的责任心和集体荣誉感，让每个同学成为班集体的主人。

【实施效果】

现在的班集体已经形成了良好的行为习惯和学习氛围，一切工作都有条不紊。同学们团结协作，有很强的凝聚力和集体荣誉感。那几个“与众不同”的孩子进步最大。王同学上课再没哭过，学习状态稳中有升，已经形成和老师交流的意识。他每天放学走之前，都要到我办公室当面和我说再见，我也每天送他一个棒棒糖或小零食，逐渐地，我发现他脸上有了笑容。后来家长激动地和我说，孩子特别喜欢学校，喜欢老师和同学。李同学不再破坏公共财物和他人物品，手工课的时候还经常帮助他人，得到了同学们的赞许，其中有个学生的一篇作文这样写道："我仔细观察，只见他轻轻地撕下一小段彩纸，卷成纸卷儿，拿起桌上的胶水，在纸卷儿上涂了一点，一个花瓣就做好了。接着，他又撕下一段纸，重复地做了好几次，终于做成好几个花瓣，最后形成一个花球。我问他：'你做这花到底是干什么呢？'他微微一笑说：'老师生病了，我要送给她，希望她早日康复。'他不仅心灵手巧，而且还心地善良啊！"这篇作文的言语间充满了对李同学的敬佩赞美之情。杨同学因为要负责全班考勤，没有特殊情况就再也没有迟到过。

有一天放学后，班里的一个女孩充满神秘地问我："老师您知道咱们班发的奖品里我最喜欢什么吗？"还没等我回答，她就抢着说，"是棒棒糖啊！"我问为什么，她说："因为吃到嘴里是甜的，心里也是甜的。"听了这句话我真的很感动，真的没想到小小的棒棒糖能发挥这么大的作用。

【心灵感悟】

班级内如果遇到"与众不同"的学生，要顺势而为，因势利导。

1. 民主讨论很重要。解决班级学生出现的问题时，一定要让大家参与讨论，最后确定解决问题的方法。因为大家讨论的过程就是最好的教育过程，这样不仅能够解决问题，还能促进大家共同进步。

2. 奖励比惩罚的效果会更好。一张红红的奖状、一块方方的橡皮、一颗小小的棒棒糖，东西不在是否贵重，但对学生是一种肯定，一种激励，这样也会调动学生的积极性和主动性。

3. 充分发挥集体的影响力。班主任一定要建立一个支持、鼓励、理解、宽容、和谐的班集体，细心观察每一位学生，及时发现他们身上的优点，及时表扬，树立榜样，大家自然会向榜样看齐，在潜移默化中健康快乐地成长。

抓住“换组”契机　助力成长

◇ 聂少莉

一、故事背景

初一新生破冰活动过程中，一名小男孩儿一下子就引起了我的注意——他几乎就没有规规矩矩地坐着的时候，随时随地，身体都和课桌椅保持一个动态的夹角。不仅如此，似乎只有跷起二郎腿横放在过道里他心里才舒服。反复提示和要求，改观并不明显……我预判了一下，这样的行为习惯势必会影响到其他方面。

果不其然！上课接话茬儿，不接话的时候就犯困；哪里有点儿风吹草动最活跃的永远是他；作业完成数量、质量欠佳，经常需要追要；做值日偷懒、跑路……

于是，我和他妈妈做了沟通，收到的反馈是：孩子沉迷手机游戏、作息缺乏规律、学习缺乏兴趣、生活缺乏秩序，更由此发展到亲子关系日趋紧张。由于家长经常需要出差，致使他小初衔接的超长假期中更是近乎处于失控状态，管理难度越来越大，妈妈倍感力不从心，寄希望于老师的严格管理……

关于手机的管理，在征求了家长的意见后，除了遵守学校的手机管理规定以外，我们三方又共同拟定了一个在校以及居家管理细则和违约处理条例。出乎我的预料，相对来说执行得竟然比较顺利。不仅是他妈妈收获了惊喜，我也就此看到了希望。

二、换组“风波”

根据班级公约以及常规管理量化积分细则，经过一段时间的集体生活，他在各个方面都没少给自己和临时小组扣分，组内的其他同学都成了“背锅侠”，大家的积怨颇多。期中考试后，经过了一段时间的了解，开始进行小组重组。在调整阶段，他异常兴奋，到各组中打探内部消息，出谋划策，仿佛自己就是一支“绩优股”。可没想到，结果出来的时候，他们小组通过“公投”，不要他了！并且他是这个组唯一一个惨遭“驱逐”被调整了的同学……

好在有另一个小组看到他一把鼻涕一把泪的委屈模样，动了恻隐之心，非常仗义地把他“收编”了。但是，好景不长，进入新组，他却不知悔改——首先是组内挨着他的同学要求调换位置，后来干脆蔓延到组长一再要求要把他驱逐出组。建议他坐到讲桌旁边，自成一组……

三、归因分析

1. 通过他的表现和背景调查，可以感受到家庭的散养模式导致他自我管理能力极差。渴望同伴交流和被接纳，但同时缺乏在集体生活中的自律意识，而且大多数的时候错不自知——对于自身的不良习惯所带来的各种隐患，他并没有主观意识，甚至可以说就是“习惯使然”。因此，没有外力的引导和纠偏是不会有什么改变的。而貌似家校合力首先是瘸了一条腿的局面……

2. 每个孩子都需要有集体归属感、认同感以及同伴交往的需求。但是真正的融入和自由是包含克制的，这一点，他几乎完全没有意识到。虽然，被最初的小组“抛弃”之后给了他一定的打击，也让他有所觉醒，但是，他的习惯几乎已经是他无意识的肌肉记忆，改起来绝非易事。

3. 孩子的家长比较忙，父母经常双双出差，有时候能长达半月之久。很多时候就他一个人在家“自生自灭”，吃饭靠外卖，学习和生活靠自觉。为了方便联系，父母又不敢断了他的手机使用，所以孩子散漫就不足为奇了。同时，家长的无力感又是苍白的：首先，从根源上家长陪伴的缺失对于这个年龄段的孩子来讲，本身就是一个非常致命的问题；其次，虽有焦虑，但家长表示这种家庭氛围一时很难有所改观；再次，虽然家长有归置孩子的初心、措施和方法，但不能坚持又无法打到他的七寸。从心理学上来分析，孩子的心智尚不成熟，缺乏自律能力，所以他会在“角力”的过程中，坚持他已有经验中能起作用的应对之道——毫不费力还能有效搪塞。因此，一说，他就认错，态度异常良好；一做，就没有任何改进和落实，永远是我行我素——家庭环境和过往经验起到了推波助澜的作用，这无疑给在校管理带来了不小的难度和挑战。

四、抓住契机

（一）首次“被驱逐”

当时，情况完全出乎他的预料，平时关系那么要好的小哥儿几个，竟“背信弃义”地抛弃了他！因此他情绪颇为激动。为了稳住他，及时抓住教育契机，我把他带到办公室，和他一起分析整个事件的脉络。

首先，大家都期待有一个好的学习和成长环境。实践表明，对于影响自身成长的潜在因素，再好的友情也并不能包容下所有，友谊的小船终究在这里翻船了。但是应该可以理解大家的选择：并不是针对你个人，而只是大家意图屏蔽你不良习惯带来的干扰和不适。换位思考，每个人都会做出同样的选择。所以，不能因此而记恨小组的其他同伴儿。

其次，经过这件事，必须要反思自身的问题。很多时候，都不容易发现自身的问题，这个事件恰是一个很好的提醒。要想想存在哪些问题？怎样调整？如何坚持？人贵在知耻而后勇。最有力量的“回击”是自己通过努力，越来越进步，让他们后悔当初放弃和你组队，把自己打造成最受欢迎的存在。

（二）险遭“再抛弃”

首先，做通组长和其他成员的思想工作：当初的接纳是非常有担当的行为。无论初心是什么，应该想办法帮助他，甚至是改造他，而不是在关键时刻放弃他。

其次，如果他再被“驱逐”，对于他的身心将是更大的打击，三班是一个整体，不能抛弃和放弃任何一个人。出了问题，最好的方式是想办法解决，而不是逃避。接纳他以后，看到他的改变了吗？多发现进步和可塑性：比如我们挖掘出他乐于助人、值日认真负责、作业有较大进步、能有意识地发现自己的一些小问题……这些都是进步。把他推出去很容易，但是他还在我们大集体当中。问题依然存在，甚至可能会更糟。而如果能帮到他，是多方共赢。

建议小组邀请他开个小型会议，开诚布公，分析小组所面临的困境、表明大家的态度、提出改进意见以及期望，重点落在大家希望帮着他改进、带着他一起成长上面，也可以适度渗透压力，甚至可以酌情渗透“最后通牒”。

在整个事件过程中，我和他、他们小组多次沟通他的近期表现和小组发展的进展。从中他再次感受到了由于自身的不良习惯所带来的反噬。意识到了问题的严重性，从而激发他的内在动力，主动约束和管控自己的行为、举止，进而形成好的习惯。为了争取他居家学习和生活状态能够将行为习惯固化，至少不能成为“法外之地”。经过协商，我和他的家长建立了日联系制度：通过家校联系本，每天写下他在校的表现、进步和期待，妈妈结合需要沟通和交流的内容进行居家情况的反馈。

他悄无声息地发生着变化，慢慢地，一点一点地进步着。虽然很快受疫情影响，开始了居家学习，但是在网课期间他的表现可以说是可圈可点：积极回答问题，作业质量也有了很大的突破。面对认可和表扬，他很开心，家长更高兴。

【心灵感悟】

1. 初一的小孩子，进入新环境，有些孩子的行为习惯是真的需要手把手去教的——只是静待，不是所有的花儿都会如期开放，总有些花草需要额外的管理和照顾。野蛮生长才是真正的荒芜。不良习惯的修正需要付出长期的陪伴和监管，没有固化之前，一点点的懈怠将是雪崩式的坍塌，所以，需要努力和坚持的不只有他自己。

2. 成长中会有各种问题，但是原则性的问题不能给他们试错的机会。这既不利于个人的成长，也会直接影响到集体的发展。及时发现即刻干预、有效落实和长期监管，直至行为固化，良性发展。

3. 每个问题孩子的背后一定会有一团矛盾，而这些东西的源头往往不仅仅是孩子本身。所以除了纠正他的行为习惯，还要挖出背后的东西，和家长做好充分的沟通，争取教育合力。即便没有形成合力，至少要达成共识，不拖后腿。

4. 现在的孩子，思想不成熟，但大环境造就他们往往以自我为中心。大多时候都不思己过，却理所当然地要温度、要理解、要认可、要权益、要尊严、要自由……没有“把柄”在手，很难让他们心悦诚服地参与管理，哪怕是涉及他自身的发展问题。所以，一定要抓住每一个微小事件背后的教育契机，不抛弃、不放弃、找措施、重落实、看发展。

总之，引领成长是一个春风化雨、润物无声的过程；更是一个“时不可失”的因势利导的过程——绝不能一拳打在棉花上：既费力气还没有收效。我相信，每个孩子都是潜力股，只要抓住、抓好教育契机，定能遇见成长。

“旋风小子”成长记

◇ 王晶苹

小鹏是一个聪明好动又帅气的孩子，是田径场上的运动小达人，也是足球场上的进攻“小旋风”，并且在学校各项运动类活动中，都收获了一批“粉丝”。然而，小鹏性格急躁，有些目空一切的自负，导致他在运动场上有些“输不起”，比赛输了总为自己找各种理由，出口就是脏话及各种不服气。

一、家庭背景探究竟

为了寻找小鹏脾气暴躁的源头，我对小鹏家庭进行了解。小鹏的父母从事销售工作，文化水平不高，接触的社会人员比较复杂，身上有些江湖习气，对小鹏的教育非打即骂。而且，父母经常因为教育观念不一致而发生争吵，对小鹏性格也产生了一定的影响。

在一次年级班会上，全年级在阶梯教室安静地听会，小鹏竟然在会场与同学动起手，原因只是进入会场时这个同学没有给他让路。我意识到小鹏的冲动暴躁性格已经影响到了班级的正常教学和活动，就将小鹏父亲叫到了学校进行进一步沟通。小鹏父亲到了办公室后，我还没来得及说清楚事情的经过，就指着小鹏愤怒指责：“你就没一天让我省心的，不愿意上就和我回家……”说着说着竟然在办公室就开始对小鹏动手了，上来就是一脚。小鹏也毫不示弱，一边指责爸爸，一边防御，父子俩竟然大打出手，“小旋风”席卷了办公室，场面一度混乱。在办公室老师的帮助下，总算让两个人停下来。

二、家校共育促进步

通过本次“办公室”风波，我亲身体会到小鹏父母的脾气暴躁，经常用“武力”解决孩子的问题，这也导致孩子性格好胜，脾气暴躁，遇事总是喜欢找他人问题。为了帮助小鹏健康成长，我为其制定以下家校共育措施。

（一）心语小屋话真情

为了了解小鹏和父母内心的声音，我与一家三人进行一场心灵的沟通。

1. 走进孩子内心世界

首先，利用午休时间我与小鹏进行一对一聊天，我没有说小鹏的问题，只是询问他的家庭关系。小鹏本来就是个性格开朗的孩子，和我滔滔不绝地讲起了自己和父母的相处。

“我妈老厉害了，早上我不起床，直接把我摁到床上就扇我。然后他们俩就打起来了，我就接着睡。”

“我爸经常带我和他那些哥们吃饭，天天听他们吹牛。我妈就不乐意，待着没事就吵架。”

小鹏兴奋地和我讲着父母的各种事迹，我也感叹孩子能坦然面对真是难得。通过与小鹏的沟通我记录其家庭存在的问题，为接下来与小鹏父母的进一步沟通制定调查问卷，内容包括：是否彼此相爱，在孩子面前是否有过争吵甚至动手行为？是否为孩子提供健康的作息和饮食、健康的娱乐活动？是否在平时设立清楚的界限、规范孩子的行为，教导孩子做正确的选择？是否教导孩子进行健康的人际关系，心平气和地解决问题？是否为孩子提供温馨的生活环境？

2. 帮助父母认识问题

接下来与小鹏父母的沟通中，我首先强调小鹏的优点，性格开朗，积极向上，有集体荣誉感，讲义气；其次将小鹏的问题与家长进行沟通，并说明为了小鹏更好地成长希望家长完成问卷。面对调查问卷，小鹏的父母微微蹙眉，也认识到在对孩子的教育中存在许多问题。我进一步总结家长对孩子还是很重视的，为孩子提供了很好的生活条件，但是关心有余，方式欠妥，没有真正为孩子提供一个温馨平和的家庭环境，以致孩子性格火暴急躁。通过心语小屋的沟通，双方都觉得很多问题处理得太过暴躁，如果心平气和地解决问题会更好。小鹏父母也承诺今后一定关注孩子，不吵架，不动手，让孩子能健康成长。

（二）家庭会议平心气

想改变长久以来一家人的脾气和处事方式需要我们制订长期的循序渐进的计划。因此，我为小鹏一家制订每月家庭反思和家庭活动计划。

1. 家庭会议反思问题

每个人记录自己每个月发脾气次数，在月底家庭会议中分享每次发脾气的缘由及经过，反思不发脾气是否能够更好地解决问题，每次家庭会议我只作为主持不参与家庭活动。通过自我记录和自我反省的方式克制家庭每一个成员的处事方式，以此控制三个人发脾气的次数。

2. 主题活动缓和氛围

小鹏总是抱怨父母陪伴自己的时间很少，导致小鹏无法理解父母对自己的关心和爱。因此我为小鹏一家共同制定每个月活动主题，通过家庭活动改善家庭氛围。

家庭活动计划表

1月	一起在家玩一个游戏	7月	一起做一份夏日冷饮
2月	一起包饺子	8月	一起整理开学用品
3月	一起去公园晨跑	9月	举办家庭开学仪式
4月	一起爬山	10月	一起观看升国旗
5月	一起家庭野外郊游	11月	一起扫树叶
6月	一起制订期末复习计划	12月	一起完成堆雪人

（三）亲子活动促和谐

为了帮助家长更好地了解孩子在学校的状态，我利用班级活动积极邀请小鹏父母来校助威加油，增加亲子正向接触机会。特别是在学校举办的亲子活动中，小鹏与父亲配合默契，率先完成比赛，对彼此的信任度进一步提升。小鹏亲手为父亲系上象征自己关爱父母的丝带，写下自己的理想和对父母的祝愿。在这个温情的时刻，双方也看到了彼此的爱。

三、集体力量共成长

马卡连柯的集体主义原则认为：集体教育过程应当遵循“在集体中通过集体为了集体”的原则。我创造各种机会，挖掘资源，帮助小鹏融入集体，感受集体的温暖，满足被关注需求。小鹏从小学习街舞，于是，元旦联欢小鹏为大家展示舞蹈，并邀请课任老师来到班级鼓励小鹏；在年级足球联赛中，小鹏担任足球队队长，带领班级同学为班级争得荣誉。小鹏逐渐找到了自己的目标。

经过一年多的努力，曾经那个暴躁的“旋风小子”逐渐知感恩、守规则，也慢慢认识到父母对自己的爱和付出。小鹏父母也将更多的时间放在孩子身上，关心孩子生活和学习，家庭矛盾逐渐减少。虽然三个人的性格脾气一时难以改变，但是他们懂得感恩、懂得克制脾气已经是很大的进步。

【心灵感悟】

如果说，学校是一艘载着学生驶向理想彼岸的大船，那么家长和老师就是这艘船上最得力的双桨，要使这艘理想大船顺利到达成功的彼岸，离不开家校合作。只有将家庭和学校的作用真正结合发挥到最大，才能更好地挖掘孩子的潜力，改正错误，健康成长。在教育学生的过程中我们会遇到各种各样的“旋风小子”，作为一名班主任，我们要用爱化解矛盾，陪伴身心，帮助孩子走出旋涡，静待花开。

我和小可的故事

◇ 张丽萍

每一个孩子都有故事，故事的内容不同，但都很精彩。

一、初遇小可

我接手初一新班第二天，就有家长状告，说小可欺负他们家女儿，说脏话，骂人，如果老师不解决，家长就要来学校理论，不行就找校长。接完家长电话，我不由得对办公室老师们诉苦：“这也太快了吧，新学生装也要装几天的吧！”第三天，又有一家长投诉小可，欺负她们家女儿了，骂人说脏话，并说小可就是一个坏学生。这就是小可开学第一周的表现。事后，我找小可了解相关情况，都是日常琐碎的事，引发了小可与两女生的“大战”。我对小可说新学校新班级，我对小可一无所知，希望他给我的是美好的新形象，还好，他给了老师面子，答应道歉。于是我找来俩女生，让他与俩女生道歉，握手言和。

二、一波三折

小可在班里“崭露头角”：作业完不成，上课说话，自习课班委说“小可根本管不了”。怎么办？小可管不好，这个班一开始的风气就会受影响。我采取了一些应对办法：作业完不成，就推荐他来当课代表收作业；自习课说话，就由他来管理班级纪律，自习课再不安静，我就找他。幸好小可喜欢数学，做课代表没问题，做纪律委员他也很乐意。小可很享受管理别人的权利。一切就顺了，小可干得很好，我暗自得意。

没有多长时间，同学纷纷指出，小可午自习又开始随意说话了。我们继续过招：我找了另一位纪律委员小雷，两人一人管一天，形成竞争。看谁管得好。小可也许怕小雷抢了他的风头，小雷管时，他总要找点茬。我私下找他谈："小可，你管理小雷时，他也不配合，你会怎样？""不舒服。""那同理小雷管你时，你不配合，他呢？""肯定也不舒服。""对了，所以你们要互相配合才会和谐。如果你想一个人管，那就要管得比他好。那才是真本事。"小可认同地低下了头。此后，两人配合得很好，而且谁也不想独霸管理，两人合作管理，班级越来越稳定。

纪律问题解决了，那怎么改善小可与同学的关系呢？我想到了办法：树立形象，风采展示。

一天我找到小可说："临近期末，作为数学课代表，能不能给大家讲讲题，解决同学们学习上的困难。"小可很乐意，这种事在他看来很有面子，于是连着给同学讲了几次题，大家对他的态度明显改变。我看到了些希望。

年级组织《西游记》故事戏剧展演。我们班的剧目是《三打白骨精》。小可非常想参与表演，可大家并不看好他，我提议让小可试一试，饰演小妖的角色，大家全票通过。没想到小可很有悟性，在老师的引导、自己刻苦训练下，演得惟妙惟肖。最终展演那天，他"报，报……报"的结巴台词，加上连滚带爬的动作，硬是把一个小配角演出了满堂彩，全场掌声雷动。期末评优，他还以超过半数的票数当选优秀少先队员。

三、重情重义

不知何时，我发现他愿意听老师的话了，对语文学习突然有兴趣了。

是演小妖的意外收获吗？我确实告诉过他做演员语文功底必须好。语文他从来不及格，是弱科，现在的语文课他是发言最积极的人。他最怕的是语文背诵，曾因背诗发愁得稀里哗啦地哭，现在也会积极背诵默写了。阅读题他也越来越认真，原来只写几个字，现在写得满满的，不留空隙。最讨厌的英语也开始学了。

后来，因户籍原因，他要转走了。走之前的班会上，他精心制作了PPT，与大家告别。他真诚感谢每一位老师和同学，深深的鞠躬，含泪的话语，让我也忍不住……原来这个外表大大咧咧的孩子，竟然是如此有情有义的孩子。

在《小王子》这本书中，狐狸告诉小王子：“驯服”就是“建立联系”。“对我来说，你就是世界上唯一的了；我对你来说，也是世界上唯一的了。”小可就是我用付出建立的“唯一”。

【心灵感悟】

马斯洛需要层次论把人的需求分为：生理、安全、社交需要、尊重和自我实现五阶段需求模式。给任务管纪律当课代表，是为了让他找到价值感，满足了他获得尊重的需求。管纪律从新鲜到腻味，是因为自我实现的价值感得不到新的体现了，我及时调整，再找一位同学与他竞争管纪律，是为了调动其积极性，让他重新找到自我实现的价值感。与管纪律同学从对抗到合作，满足了他对友谊的需求。力排众议请他演小妖，就是想利用他的好胜心激发其语文兴趣，演出成功的喜悦再次满足了他自我实现的需求。小可一次一次地变化，也是他的价值得到认可、个人素质不断提升的过程。当我们把孩子作为一个独特的生命个体，考虑并满足他个性的需求时，孩子就会像我们期望的模样生长。

“肚子疼”背后的真相大揭秘

◇ 郭秀立

关同学是我所教的初一学生。开学的第一学期他在校表现很好，听话、懂礼貌、上课积极回答问题，喜欢表达，学习成绩优良，无论忧愁或欢喜都愿意找老师诉说，在老师、同学眼里他是一个高情商的孩子。然而第一个寒假归来，他发生了巨大的变化，作业敷衍、衣着不净，开始三天两头赖在家里，每次都说生病——肚子疼、脑袋疼接连不断。一个大小伙子天天请假、天天生病，背后一定有隐情，而且问题一定不简单。

一、解决过程

环节一：全面约谈，了解真相

首先，倾听母亲（因为只有她的联系方式）的发声。几次电话，三四次约谈，母亲到校面谈，真相才慢慢浮出水面：原来，现在陪在孩子身边、负责照顾他的这位母亲，已经是孩子第四位后妈了，他们是一个再组家庭，孩子父亲已近六十，搞房地产，手里有钱，当过兵，脾气暴，不痛快就会对家人大打出手，掐脖子、拧胳膊、抡拳头，非打即骂。关同学出生不久被放到四川乡下姥姥家寄养，没有良好的卫生习惯和学习习惯，小学三年级回到北京海淀父亲这边就读，“脏，玩手机，不运动，不学习”这些现象造成了家长和孩子之间的主要矛盾。寒假过年，父亲喝酒后暴打了孩子，发誓不管孩子。开学了，孩子不听后妈的话，反以生病为由断断续续不来学校，偶尔来了浑身臭烘烘的，趴在桌子上补觉。看来真不是身体上的病，而是心理出了问题。

接着，倾听孩子的声音。“我活着还有什么劲，反正我爸也不管我，他说了再也不管我了，呜呜，还让我滚蛋！”孩子一边哭泣一边诉说自己的委屈。“小时候不要我，等把我接回来，又忙着自己结婚，把我一个人扔在家里，根本就不在意我的感受。”孩子在不断抱怨父亲，还讲了小学时候发生的一件事：“我正在写作业，父亲走进来踢了一下垃圾桶。我没在意，过一会儿他又走进来狠狠地踢了一脚垃圾桶，都踢翻了，吓了我一大跳！我继续写作业，父亲突然闯进来，把我大打一顿，骂我是猪、脏鬼，屋里垃圾不倒。我不明白在我不懂事的时候，他怎么不告诉我一声，指导一下我怎么做，而是大打出手呢？”

环节二：面对真相，挖掘实质，寻找解决策略

1. 孩子肚子疼显然是借口，打算破罐子破摔才是目的。

后母没有文化，不懂教育，多了絮叨和牢骚，造成了孩子反感。父亲才是关键，父亲平时的牢骚“我不要你了”以及在孩子面前表现得不管不顾，或者酒后的大打出手，都让孩子感到绝望。我们看到了本质的东西：关同学缺少父爱的真诚陪伴，父亲参与管理、回到孩子身边才是关键。

2. 不屈不挠，打动父亲，参与孩子管理。

几次谈话，感觉到了父亲在孩子心中的分量和地位，必须做好父亲工作，引导父亲直接陪伴和管理。后母做好后勤工作，多给温暖和鼓励，少点指责和告状，也是和谐家庭的关键。但让孩子父亲参与管理是个艰难的谈判过程，他以自己年岁大、多病、住得远（大兴）、业务忙、朋友多、起床晚、没精力等理由和借口，拒绝参与管理。“这孩子我放弃了，您就别费心了……”“您用一个天平称一称，一边放着您全部的理由，另外一边放着您一个正在自甘堕落、日渐迷失自我的儿子，现在您掂量掂

量，这最后一个砝码到底放在哪一方？”对方沉默了好久，“郭老师谢谢您，我听您的，我到学校和您好好面谈，配合您制订个详细管理计划，为这孩子，我要打破十几年的生活规律，我去海淀陪孩子，让他好好成长……”

环节三：总结提升

冰山理论，是萨提亚家庭治疗中的重要理论，实际上它是一个隐喻，指一个人的“自我”就像一座冰山一样，我们能看到的只是表面很小的一部分——行为，而更大一部分的内在世界却藏在更深层次，不为人所见，恰如冰山，包括行为、应对方式、感受、观点、期待、渴望、自我七个层次。

我们看到的冰山一角——孩子肚子疼不上学，实际是孩子在家矛盾的升华。我们需深入挖掘看到真相，他是离异家庭的一个受害者，是对生活绝望的一种反抗。

二、活动效果

1. 孩子开始锻炼身体，再不迟到，和爸爸妈妈的关系和谐了。为陪伴孩子，父亲搬到孩子身边住（海淀几十平米的小房子），放弃大兴一百多平米的大房子，让孩子跑步上学，父亲骑车陪伴。每天早上 6 点半孩子已经到校，最终减肥三四十斤。“现在怎么样了？”暑假我采访他父亲。“嘿嘿，还行吧，不惹我生气了，孩子身体强健多了。”他父亲憨憨地在电话那头笑了。

2. 孩子课堂不睡觉了，阳光活力、积极向上的他，又回到了从前的美好。无论放学还是早上上学，走了或来了都要到办公室跟我打个招呼才走，人情味又回来了。

3. 作业认真了，期末成绩进步很大，进入班级前十名。再采访他父亲，“满意吗？”“不满意，他的智商还可以考得更好，希望他可以考上一所重点高中。”一次重大改变，正在点燃一家人的希望。

【心灵感悟】

1. 孩子需要家长陪伴，家长在管理孩子中需要细节关注，更需要耐心引导，而不是简单粗暴。

2. 班主任有必要第一时间了解学生家庭情况，对于单亲或再组家庭，要鼓励家长们提前告知，在教育方面给出正确的策略，防患于未然，导师会保守秘密，尊重孩子和其家庭。

3. 导师工作必须认真、细致、全面，不能轻易相信表象，你费心地迈出一步，孩子转变的也许是一生。

4. 有必要提示家长，有些时候不是孩子不想改，而是他都不知道自己错在哪里！什么是好，什么是不好！在他需要的时候要耐心解释，一步一步教给孩子怎么做，我们的教育也会少走很多弯路。

因此，我们的教育不仅在课堂上，还在学生的家庭中。我们看到很多事物的表象，请再多一点思考，才能看到真相。

造成儿童发展上的偏差的最有害的因素之一，就是不健康的、经常发生冲突的家庭关系，特别是家长的酒精中毒症。——苏霍姆林斯基

“反思信封”大作用

◇ 王叶彤

印度诗人泰戈尔说过：花的事业是甜蜜的，果的事业是珍贵的，让我干叶的事业吧，因为叶总是谦逊地垂着她的绿荫的。怀揣着对教育事业的热爱与向往，去年夏天，我开始了作为“叶”的征程。初为人师的日子里，面对着一张张渴望求知的稚嫩脸庞，心中充满了激动，但也有忐忑和惶恐。不禁问自己，我能胜任这一平凡而又伟大的工作吗？

班里有一位叫小宇的学生，在刚入学竞选班委时就表现出了极大的热情。他交上来的班委志愿单上密密麻麻写了七八个职务，想要为班级做贡献的心昭然可见，让初为人师的我也感受到了莫大的欣慰，不禁对他多注意了些，给他安排了生活委员的职位。小宇每天下午留下监督值日，哪怕晚些回家也没有怨言，让我对他好感倍增。但在之后的深入接触和了解中，我也发现了他的很多问题，比如总是以各种理由不交作业、上课说话屡教不改、偷玩手机等。我多次劝导，甚至在班里声色俱厉地批评过，但只管用一时。

十月的一天，午饭时分，小宇匆匆忙忙跑来办公室找我，泪流满面，说被一位高一同学打了一巴掌，泣不成声，很是委屈。我让他将事情经过先同我讲一遍，但他口述的经过却让我对事实有些疑心。还未经我证实，两位年级组长和高一同学的班主任也被惊动了，我们赶快联席解决学生们的问题。原来是小宇已经不止一次中午取餐时，去高一同学队伍里插队。起初，高一同学认为自己作为大哥哥大姐姐，让着初一学弟一次两次也没什么，但时间久了，每次总是这位同学插队打饭，不然就是借着“带饭”的名义，让其他同学给打，甚至其他高一同学都对小宇脸熟了。这次这位高一同学对小宇说不要插队，小宇还在辩解没有插队，高一同学实在忍无可忍，打了小宇一巴掌。

在我们梳理事情经过的时候，两边同学都比较激动，高一同学认为小宇没有规则意识，而此刻小宇或是害怕，或是没有意识到自己的问题而委屈，一直在抽泣。在我一遍又一遍的安抚下，小宇逐渐能够冷静下来，说出了他自己的想法：他为了早几分钟吃上饭，确实插队了，但没有意识到问题如此严重。

两位年级组长分别与当事者进行了交流，引导学生面对问题如何正确解决……一番努力下，小宇和高一同学道歉握手言和。

解决之后，我让小宇复盘这件事的前因后果后，小宇进行了自我反思，认为自己的规则意识不够，每一位同学的时间都很宝贵，一上午的学习后，大家都想早早吃上饭补充能量，但这不能作为自己去抢占别人时间的理由。看到小宇低下头反思后，我接着询问他，如果换位思考，有其他同学总是来插队，或者是让别的同学带饭来变相插队，自己会作何反应。此时，小宇已经意识到自己的行为是错误的，表示自己也不会同意这种做法。其次是在他人劝说后，自己仍然明知故犯。再一再二不再三，我向小宇明确了，犯错不可怕，可怕的是意识不到错。知错就改仍是好孩子，我给了小宇两分钟时间，让他回顾自己是不是属于屡教不改的那一类。一分钟后，小宇羞愧地低下了头。接着，我由小见大，告诉他这不仅仅是规则意识，更是素质问题。在学校中与同学发生冲突有老师们去帮他从中周旋解决，但将来长大后步入社会，每个人都要对自己的行为负责。

后续班级里开了一个“遇到问题怎么办”的微班会，学生们基于自己遇到的问题和困惑进行了交流，我也给每位同学准备了“成长信封”。

班会课上我把信封发到每位同学手中后，先请同学们自己说说是如何理解这个信封的呢？同学们七嘴八舌，有的说是记录自己的错误，有的说是改正后不再犯，有的说是当作错题本……

我对他们说：“‘人非圣贤，孰能无过’，初中生活是我们成长的关键时期，我们要从儿童转变为青少年，这期间我们的世界观、价值观、人生观慢慢形成，面对新的环境和情况，经验不足的我们难免犯错，但是我们面对问题的态度至关重要，如何正确面对和解决问题也至关重要。这将为我们的未来打下坚实的基础。同学们可以随时将自己认为做得不尽如人意的地方写在小纸条上，并附上自己的反思，在班会课上大家一起交流。今后在遇到同样的问题时我们都知道该如何解决；或者写下问题给我们的启示，时刻提醒自己、发展自己。”

小宇的事情大家都略知一二，但他的改变大家也有目共睹。“反思信封”不一定要存储多少的过错，更重要的是记录自己在一次次跌倒后再站起来的所得，争取下次稳稳当当向前进。

学生们的表现还是很可喜的。实行“成长信封”第二天，小宇就带着信封来找我了。里面林林总总五六张便签，分别是他对在学习上、规则上、态度上、习惯上四个方面的反思和表态。其他同学也主动带着反思信封来找我谈心，甚至几位同学组团来，说他们几位同学都意识到了某个问题，觉得有必要在班里强调一下。每一个孩子都是向上的、善良的、积极的，作为班主任的我，更应该看到他们的闪光之处和蒙尘之处，使他们能够在学校中绽放自己的光芒，闪闪发亮，成为一颗璀璨的星。

【心灵感悟】

“用心”才是教育学生的第一要义。我们的教育对象是一群正在蓬勃成长的初中学生，他们正处于人生观和世界观养成的关键时期，正是需要积极能量和正向价值的时期。作为老师我们要用爱和欣赏的目光接纳和引导，谁都会犯错，我们就是在一次次小错中成长起来的。

“反思信封”恰是能够引导学生自发地去思考自己的问题所在，以后该如何做，以涓涓细流般的温和教育代替大声呵斥的批评，使他们被相信、被鼓励、被看好，更加易于学生接受。美国教育心理学家多萝茜·洛·诺特尔曾说：如果孩子生活在批评中，他便学会谴责。如果孩子生活在鼓励中，他便学会自信。那么我说：“如果孩子生活在爱意中，他便学会爱人。”

爱学生，要严慈相济，传授知识，解决困惑，帮助成人，才能让学生全面发展。让师心化作杏雨，让我们不吝啬自己的关爱，用心呵护学生，静待他们花开。

她的“小事情” 我的“小招数”

◇ 刘 丹

成年人常常会面对各种各样的挑战和压力，有时候我们就像是身处一场兵荒马乱的战斗，充满了焦虑、不安、恐惧和迷茫，未成年人何尝不是这样呢！面对波澜，成年人可以沉默不语，把消极情绪深藏心底，不表露出来，通过自我调节，回到正轨。但对未成年来说，这种沉默是非常危险的，2022 年青少年抑郁风险检出率达 24.6%，他们的沉默不会让内心的痛苦和挣扎消失。和学生们建立完全相互信任的关系不容易，但这种关系恰恰是能帮助他们从负面情绪中走出来的至宝，我很有幸成为学生们乐于倾诉的对象。

一、发现问题

她品学兼优、阳光豁达，每次看到她，她都会面带微笑主动向我问好，当同学们遇到困难的时候，她从来不吝惜自己的时间和办法，而且都能帮到点儿上。可是前些天，我注意到她放学后会在办公室门口徘徊，我问她是否有事，她说没什么大事情。在我看来，学生口中的没什么大事情就是有自我难愈的大事情，出于尊重，我没有追问。因为她的性格我了解，即便我追问，她也会说“真没什么大事，老师您放心吧”。那一周，我几乎“窃听”了她的所有课堂，她的表现差别很大，文科课堂目光炯炯有神，而理科课堂愁眉紧锁。有一节体育课她竟然在教室偷偷摸摸趴着休息，我走近她，轻轻地问了一句：“孩子，是不是不舒服？”她睁开朦胧的双眼说：“老师我好困。”于是我说：“那好好休息一会儿吧！”走后，我知道，我必须当天主动约她聊聊了。

二、探索方案

当天，我主动找她寻求帮助，我说：“孩子，帮个忙吧！我在学校食堂订了一袋馒头，你方便帮我放学后取下吗？”她很爽快答应了。当她把馒头放到我桌子上的时候，我很“随意”地问了一句：“孩子，着急回家吗？”她说不着急，于是我们的对话就很自然地开始了。我习惯在办公室放些零食和果汁，以备学生们缓解饥饿之需，我们彼此客气坐下，开始边吃边聊，此刻，对她来说，没有什么比诉说更重要了，我的问题很“敷衍”，诸如最近生活和学习状态满意吗，但是她回答起来非常认真。

通过倾听，我了解到她的困境缘于对理科新知识的掌握速度较慢，学习进度总是达不到预期，完成不了作业，还每天熬夜，对理科有很大的抵触情绪，她非常担心这种情况会恶性循环。我没有直接回答她的问题，而是做了两个“游戏”。

第一个是“蝴蝶拥抱法”。它可以帮助学生回归自己，静下心来，关注当下，关注自己的感受，强化学生的自我认知，有利于处理暂时的困扰，增加学生的安全感和积极感受。我清晰地记得，她当时泪流满面，等处理好情绪后，她主动地说：“老师，实际上我可以不必这么为难自己，我尽力了，虽然理科成绩不理想，但我可以坦然接受放弃学理这件小事。”

另外，“让我看看你”这个方法可以有效地帮助学生把注意力转移到其他事情上，通过面对面、背靠背，再面对面的体验，让学生感受选择自己关注事物的意义。在这个游戏的进行中，我们多次“笑场”，在喜悦中，她说出了我想告诉她的话："我还是很擅长文科的，学习文科，我很有成就感。"作为在大学里弃理从文的我，现身说法，跟她分享了很多自己以前的很多经历，她听得津津有味，并且会心一笑的次数越来越多。

三、跟进实施

接下来的一段时间，我创造出很多"偶遇"，或在操场，或在教室，或在食堂，或在楼道，我们的长谈变成了短谈。这可以帮助学生高效落实学习任务并找到兴奋点和快乐点，科学的学习策略才能支撑学业的每一次进步。不夸张地说，不讲科学的学习不可能持久，更谈不上感到快乐。

首先，建立信心，我要让她相信她自己有能力学好。创建大脑偏爱的学习环境是第一步，比如腾出一个单独的房间不要有过多的噪音，房间要光线充足，书桌要简洁干净等。"战斗或逃跑反应"是人在面对威胁时的本能——释放肾上腺素，大脑要迅速决定如何应对，包括学习在内的无关活动都会停止。我告诉她在受到威胁或指责的时候，不要学习，因为这种情况下的学习是没有效率的，还不如休息，至少对她而言，充足的睡眠提高了听课效率，还减少了内耗。这些很简单的调整，让她渐渐觉得学习没那么枯燥，自信油然而生。

其次，加强自我管理。埋头苦学从根本上讲不能提升学生的学习能力，自我管理才是提升学习能力的最好开始。有针对性的学习计划需要她特别重视，于是，我和她各自制订学习计划，然后开诚布公地进行切磋，采纳彼此计划的高效部分，对达成共识的不足之处进行修改，然后进行实施。她会不定期给我反馈，随时发现问题随时改正，比如记忆类学习放到晚餐后，她说犯困，这个反应很真实，因为根据狮子记忆法，显然应该放到晚餐前，饥饿状态有利于提高记忆的时效性。同时我建议她尝试晃动身体，这样的调整之后，她说记忆效率明显提高。

学习最重要的原则之一，就是激活与学习目标相关的神经元，并且不断加强它们之间的连接，我建议她通过思维导图把所学知识进行关联，及时发现问题跟老师交流。对于我的英语课，她会不定期把单元主题下的词汇进行梳理，搭建网络，拓展词块，坚持一段时间后，她洒脱地说：“老师，我的英语成绩‘莫名’取得了巨大进步，在全年级都能名列前茅！”同时，我鼓励她对自认为学得不错的知识跟同学分享，她的每一次娓娓道来都在固化深度学习成果，事半功倍的效果显而易见，她的坚持让她在高二选科中处于优势的地位。

【心灵感悟】

我的很多“小招数”来自参加心理咨询师备考的过程。与学生恰当的沟通才能真正走进学生内心，从心底理解学生才能让我跟学生进行有效沟通，得到学生的信任才能让教育顺利进行。陶行知先生说过，教育和学习的主体是学生，所以我们要教会他们懂得如何去“学习”，而不是一味地给他们灌输知识，要帮助学生掌握学习方法，学生不是被动学习的机器。作为教师，我们必须接受因时代的进步带来的自己与学生的不同，换到学生立场去考虑问题，发现学生问题的根源，不怕低下身子，不怕遇到困难，走到哪里都要让学生闪亮，真正助力学生的快乐成长。

让 Ta 爱上读书

◇ 杨 梦

进入高二年级，学生有了一些变化：学习上分化日益明显，孤独感和焦虑感增强。尤其作为艺术类学生独有的特点是“思想活跃、个性鲜明、注重专业、追求自由”，在日常行为中体现得更加明显，给班级管理带来了新的挑战。

思考很久后，我打算通过阅读的方式来推动问题的解决。养成良好阅读习惯，可以让高中生去除内心的浮躁，在求学路上走得更加稳健。高中阶段，多读书、读好书，会让人受益匪浅。阅读习惯不仅是成长的需要，培养学习意识的需要，还可以丰富文化素养，不断开阔眼界。

【解决过程】

从班级学生的兴趣爱好出发，用主题班会搭建平台。从分享“朗读的好处”，到“书声琅琅”的晨读活动；从清晨在教室学生静静地捧着一本书，到学生分享名人名家谈读书；从浅层的朗读和阅读，到深层地挖掘意义和感悟人生，从理性的文字到感性的情怀；从一人分享到小组交流，再到全班共读，学生们认可读书是快乐的生活，读书是滋养心灵，更是为了更好的自己。

环节一：学生自读及推荐书目

1. 学生自读分享系列一：通过将自己平时阅读较为精彩的书籍以卡片的形式推荐给同学们，简单写出推荐理由。

班级学生推荐书单

姓名	书目	推荐理由
李同学	The Jungle Book	英文读物并不可怕，还很可爱
王同学	《外婆的道歉信》	锻炼英语阅读能力，故事生动有趣，极具画面感
陈同学	《了不起的盖茨比》	带我走进 20 世纪 20 年代“爵士时代”的美国梦
朱同学	《训诫小说集》	悲剧性与戏剧性，严肃与滑稽，庸俗与伟大
卢同学	《红楼梦》	因颜值而读，痴迷于脂批
……	……	……

2. 学生自读分享系列二：在学生分享书单的基础上，我们邀请有想法的学生在班会上做读书分享，他们非常踊跃。有个性的分享不仅听众受益匪浅，做分享的学生更是得到了锻炼。

王同学分享《历史的荷尔蒙》：

《历史的荷尔蒙》写史，以史实为骨架，以现实为血肉，以幽默为灵魂，套用现代生活方式，讲不一样的故事。辛弃疾是个古惑仔？唐伯虎令四个皇帝成为背景板？……

王同学解读辛弃疾：

他是蓦然回首里的阑珊灯影，是塞北江南的春风细雨；

他是家国河山的广袤莽原，是陵薮市朝的浮生过客。

他写政治，写哲理，写朋友，写恋人，写田园，写民俗，写读书……

他写《破阵子》是壮志豪情，写《永遇乐》是报国无路；写《西江月》是乡村情趣，写《青玉案》是婉转沉郁。

不管他手中拿的是剑还是笔，他永远在作战。

“一个古惑仔，就该永不言败。”

只因他深深爱着这个世界。

王同学刚来到学校的初期也有大志未酬的纠结和困惑，读书时对辛弃疾的遭遇能共情，这本书引领着他走出情绪的阴霾，在班级中积极奉献自己，乐于参与班级活动，感恩与同学的所有经历，找到了在班级中的位置，变得自信，成绩也有了明显的进步，并立志考清华美院。

环节二：小组共读

“读爱育爱”小组共读

<table>
<tr><th>组名</th><th>书目</th><th>展示内容</th></tr>
<tr><td>金刚组</td><td>《陌上桑》</td><td>诵读经典，品评自爱</td></tr>
<tr><td>决斗者</td><td>社会热点透析</td><td>自尊自爱，爱惜身体，更爱惜心灵</td></tr>
<tr><td>帝王</td><td>《简·爱》</td><td>解读简爱的自爱</td></tr>
<tr><td>天元</td><td rowspan="2">辩论：自爱是该放飞自我还是该约束自我</td><td rowspan="2">如何真正做到自爱</td></tr>
<tr><td>艺术</td></tr>
</table>

小组共读活动，是小组在班会课上，小组内分享读书感悟。同龄人表达自己，站在台前讲述收获和感悟，学生收获认同感、自信、自爱以及团队合作方法。

简·爱（板绘）

例如：学生解读小说人物，创作板绘画作：将简的成长困难表现为一条河流，简·爱对人格尊严和爱情的追求是蜕变的过程。

环节三：班级共读

首先，班级在班会课上分享共读《你若爱，生活哪里都可爱》。

《你若爱，生活哪里都可爱》，依照“爱”字选编、收录丰子恺先生描述佛性禅理、童趣人性的文章，充满了对世间的悲悯和关爱。配有多幅丰子恺先生的经典漫画，美术生通过文字与漫画，体会我们热爱生活，发现生活中的可爱，生活才会回报你以爱。

其次，班级在英语课堂及课余时间，共读英文原版小说《夏洛的网》。

《夏洛的网》（学生美术作品）

学生初读英文小说，学习语言，逐渐理解生命中友谊的重要，爱他人比得到爱更幸福。

在这期间设计图配文活动，通过共读小说，结合学生美术特长，通过画笔尽情发挥阅读感悟。

共读英文原版小说《小妇人》这本书时，在英语课堂上，同学们会站上讲台，分享章节内容、语言知识、感受，段落间的逻辑关系……同学们的分享从青涩到成熟，从不知所措到侃侃而谈，这是读书的魅力。

环节四：班级读书主题活动之文化延伸——“绘梦青春朗读者”系列主题班会

叶圣陶先生说：吟咏的时候，对于探究所得的不仅理智地理解，而且亲切地体会，不知不觉之间，内容与理法化为读者自己的东西了，这是最可贵的一种境界。

通过共读小说，学生体会到阅读的乐趣，有了很多的收获，就想到要在班级内继续推进共读活动，但又想打破之前的活动方式，有创新，有提升。于是，就有学生提议，创建我们自己的班级文化品牌，将阅读进行到底。于是我们打造了班级文化创意品牌："朗读者"。

首先，确定"朗读者"品牌主题活动：从小组主题到主题班会。

"朗读者"小组主题

组名	主题	诵读感悟
金刚组	童话	重读童话，感悟经典
帝王	时间	时间都去哪了？如何珍惜规划时间
决斗者	陪伴	诵读经典亲情文章，珍惜温情，感恩温情
启恒	生命	生命诚可贵，爱情价更高，若为自由故，二者皆可抛
艺术	梦想	点亮，追逐，坚持，超越梦想，未来可期

其次，在班会活动中，让小组以各种不同的形式来进行分享，在梦想主题班会中，同学们以访谈形式来从不同角度和不同层次分享书中对梦想的理解，呈现出了很高层的读书效果和收获，更启发了更多同学理解读书的意义。

【活动效果】

读书活动在实施过程中，学生从个人阅读—小组共读—班级共读—班级文化品牌"朗读者"系列活动的一次次读书分享中，不仅督促彼此认真读书，多读好书，更增进了同学之间的交流，有深度的语言交流，有维度的思想交流，从而从自己的人生困惑中走出来，找到了问题的答案：

1. 在读书过程中，学生领悟道理，这些道理在人生中给予他们帮助。

2. 学生的阅读速度和阅读质量有很大提升。

3. 在准备分享、演讲的过程中，小组的凝聚力增加，组员之间变得更加团结和谐。

4. 学生语言表达技巧得到了提升。

5. 学生的学习主动性增强，规划目标，制订学习计划，寻求帮助、想法达成。

6. 学生学会了理性解决问题，不再抗拒规则。

7. 学生从与家长从不沟通，一提学习就吵架，到能正常沟通。

【心灵感悟】

杨绛先生说：年轻的时候以为不读书不足以了解人生，直到后来才发现如果不了解人生，是读不懂书的。读书的意义大概就是用生活所感去读书，用读书所得去生活吧。

1. 教育学就是关系学。师生沟通是实现教育目标的重要手段，教育效能的高低很大程度取决于师生互动的质量。我和同学们一起设计读书主题活动，我们一起读书、学习、分享、感悟、收获，一起成长。在陪伴的过程中，引领学生突破瓶颈，走得更高更远。

2. 小组和班级学习共同体促进学生学习。学生不是独立的个体，随着发展得越高就越需要团队及合作。学校班级学习共同体是由学习者（学生）和助学者（教师）共同组成的，以完成共同的学习任务为载体，以促进成员全面成长为目的的，强调在学习过程中以相互作用式的学习观作指导，通过人际沟通、交流和分享各种学习资源而相互影响、相互促进的基层学习集体。它与传统教学班和教学组织的主要区别在于强调人际心理相容与沟通，在学习中发挥群体动力作用。学习共同体，即学习社群，包括教师的学习团队以及学生的伙伴关系，是一种基于伙伴关系的有效学习方式。班主任善用学习共同体，不断总结反思，将调动关系学中的同伴关系作为学习过程中最有效途径，还能更好地增加团队动力，引领学生从内心接纳自己，接纳集体，有更明确的目标和更有力的心理支持。

3. 学习兴趣是一切学习的基本保障。

从教育心理学的角度来说，学习兴趣是一个人倾向于认识、研究获得某种知识的心理特征，是可以推动人们求知的一种内在力量。学生对某一学科有兴趣，就会持续地专心致志地钻研它，从而提高学习效果。

作为班级文化主导者，班主任需要通过问卷、访谈等方式，找到学生兴趣点，开展班级文化活动，这样的活动会触动学生内心，激发学生兴趣，以兴趣为动力才有源源不断的内动力推动活动持续进行。

习近平总书记强调：要把立德树人的成效作为检验学校一切工作的根本标准，真正做到以文化人、以德育人，不断提高学生思想水平、政治觉悟、道德品质、文化素养，做到明大德、守公德、严私德。

相信学生的潜力，开发、建设班级文化，用文化沁润学生心灵，撒下文化的种子，在你想不到的时候，在你看不见的方向，你播下的种子正在悄悄生根发芽，终有一天，它们会长出一片森林。

小话语，温暖你

◇ 丁兆荣

“老师……萧萧上课和英语老师撑起来了，英语老师现在让你过去一趟。”

“老师……萧萧上课和政治老师撑起来了，政治老师下课让你过去找她。”

“老师……萧萧上体育课踢足球，踢到学校主席台前的大屏了。”

这是谁？能量这么大！这是我上一届带的“大宝宝”。自从 9 月遇到他，我就开始了三年职业生涯的快速成长。

初一开学初，通过孩子的妈妈了解到：她是一个高高大大，嗓门很大，表面看起来大大咧咧，内心却感情细腻、追求完美的女孩子。她的荣誉感极强，曾经为了班级比赛，专门跑去观察别的班级比赛，回来再给大家做应战分析。也曾经因为比赛裁判不公，跟人家拍了桌子，回到班级里气得哇哇大哭。这样的娃，会让老师又爱又愁吧。她敏而好学，也能够很好地完成学习任务，从小学一年级起，全部的课内外学习成绩都是她自己努力的结果，目前，算是养成了良好的学习习惯，就是有时候会翘尾巴，不是很细致（暑假交作业时候，会有更直观感受）。她会为了一个目标，努力付出去实现，比如，为了能够去日本滑雪沟通无障碍，她开始自学日语。她的兴趣爱好很广泛，突出的有阅读，尤其是历史、探险类的书籍是她的最爱；音乐，圆号、钢琴的成绩都还不错，也仍在坚持深造；体育，篮球、滑雪是最最喜欢的，但是她的柔韧性不大好，还需要多训练。其他还有一些诸如绘画、烹饪、天文、科技等兴趣和爱好。她对事情的态度基本上是非黑即白，她认为对的、善的就会拼力维护，认为错的、不文明的就会深恶痛绝、不留情面，常常会敏感、自负和假装不在乎。好在，这孩子能够听道理，私下里跟她讲明白了，她会去改变。

事实上，了解了这么多，做好了心理准备，我发现现实还是很“残酷”。她会在上课的时候自己笑得无法停下来，甚至会嘲笑学习能力和语言表达能力比较弱的同学；她会在课间的时候蹦起来去够门框；与同学说话的声音在隔壁办公室都能听到；她会在语文课上说语文太难了，我不要学语文了。她一次在体育课上用力踢球，把球踢在大屏一角……她所做的事让我心惊胆战、怒发冲冠！冷静下来后，我会为自己当时的行为感到后悔：为什么要生气？她还是孩子呀……在耐心地跟家长一小时又一小时的沟通后，我发现对于她这种敏感但又装作不在乎、自强而又不自律、希望获得表扬而又表现得不在意的孩子，要想让她有一个正常的三观，一要认识自己的错误；二要看到她的闪光点，及时进行表扬；三对待她的事情一定要冷静，绝对不能让事情带着自己走，自己要掌握主导地位。所以，我安排她做班级的安全记录员，她很高兴，还给安全记录本包了一个塑料皮，借机我表扬她“你对待工作很仔细”；她在课堂上又说别人的时候，我会说“管好自己，多看别人的优点”；她笑起来控制不住的时候，我会提醒她“控制，控制”；等等。只要她犯了错误，就让她先写事情经过，反思自己的行为。如果她进步了，就会对她说：“你近来的进步很大，真棒！”“你为班级做了不少贡献，老师感谢你！”……这些语言虽然简单，奖励虽然小，但却能鼓舞斗志，增强学生自信，激发学生潜能。慢慢地，我发现她学习成绩进入年级前列了，每天虽然还有状况，可是次数变少了，现在在课堂上提醒她控制情绪的次数也变少了，有时只需用眼睛盯着她，她就赶紧捂上嘴不再说了。好习惯不是一下子就能够养成的，我们唯有冷静处理并耐心坚持。

初中毕业季，这是一个特殊的时期，我觉得我又行了，她毕业了，哈哈，她考入了优秀的中学，我觉得我成长了，虽然她还有这样那样的问题，但相信她会越来越好！

【心灵感悟】

1. 了解并理解学生。

初中的孩子正处于青春期早期和中期，在这个阶段孩子开始形成自己的审美倾向、价值观和朋友圈，他们内心深处最大的渴望是想要独立，想要和父母平等地相处。在这期间，他们身体的各个部分都在迅速发育并逐渐成熟，与此同时，心理的各方面也在发展，但相对于生理发育的速度来说则相对缓慢。这样，身心发展暂时处于一种不平衡、不稳定的状态，因此孩子常常出现各种心理矛盾和心理冲突。班主任，刚刚接手一个新班，要通过学生、家长、学校、同学等多方面渠道，了解不同学生的不同情况，进而理解学生。只有这样，师生的心才会贴近、融洽，沟通才能有好的效果。

2. 赏识学生。

俗话说：好学生是夸出来的。美国心理学家威廉·詹姆斯说：人性最深刻的原则就是希望别人对自己加以赏识。每位学生都希望自己的成绩与优点得到班主任的认可与尊重。在班里总有一部分所谓的“差生”，对于这部分学生，更需要班主任的关爱和鼓励，这些学生可能学习成绩不好，但总有自身的优点。

赏识更是一门艺术，老师只有细心地捕捉学生瞬间闪现的火花，才能恰如其分地表达出有内涵的深刻的赞美之情。德国教育家第斯多惠指出：教学艺术的本质不仅仅是传授，而在于激励、唤醒和鼓舞。莎士比亚曾说过：赞美是照在人心灵上的阳光。我想，作为一名新时代的老师，既要懂得如何与家长进行有效沟通，从而形成教育合力，还要懂得巧妙地表扬孩子、赞赏孩子。中国伟大的教育学家陶行知也说：教育孩子要相信孩子，解放孩子，首先就要学会表扬孩子，没有表扬就没有教育。一个不善于赞美、激励孩子的教师，很难和孩子进行有效的沟通与合作，很难获得良好的教育教学效果。只有善于赏识，才有希望能培养出热爱生活、充满自信、勇于挑战困难的人才。

总之，要想促学生健康成长，既要理解学生也要赏识学生，班主任要善于处理和学生的关系，用自己人格的力量，直接影响学生的三观。这样，不仅与学生建立起良好的师生关系，也为学生今后的人生打下了良好的基础。教学也自然会取得良好的效果。

对学生情感的“不放纵”与“不为难”

◇ 赵天凤

某天晚上本班班长的母亲给我发微信，说有几名高年级的女同学找孩子的麻烦，请我帮忙解决一下。第二天我找到班长，了解到有几名初二的女生在放学的路上围堵、辱骂她，原因是其中的一名女生和我们班的小包同学互有好感，班长曾经在班级告诉我一些关于小包同学的违纪行为，与小包互有好感的女生知道后带领她的好朋友一起围堵班长。通过了解还发现本班的体育课和初二女生的体育课是同一时间，与小包互有好感的女生每节体育课都会和自己的朋友来找小包同学聊天，看小包同学踢球、跑步等，影响了本班上课。对于此事件不能置之不理，但是采用强硬的手段有可能产生更严重的后果，既不能放纵下去，也不能为难学生，如何解决这个问题呢？

环节一：深入交流

事件发生后我先找到小包同学了解一下他的家庭情况，父母在小包小学时离异，家庭经济水平较好，因父母离异，全家对孩子比较宠爱，给予丰富的物质条件。父母离异后小包自己和爷爷奶奶居住，爷爷奶奶无法辅导学习，对于手机等电子产品也不会进行控制。其次，聊到本次出现的问题，小包同学和初二的女生是初一入学两个月的时候认识的，两个人互有好感经常聊天，并表示只是分享了自己的事情并没有想让女生为自己出头，甚至围堵班长。通过交流让我深入了解了小包同学，有了解决的办法。

环节二：赞许学习

通过赞许来突出学习者自身较好的一面，可以增加学习者的自信，促进其更好地发展。小包同学因为是离异家庭，父母对孩子的关心相较于其他家庭会少一些，对小包同学的赞许就是我解决此问题的突破口。由于爷爷奶奶年龄较大，无法辅导小包同学学习，因此我每天晚上监督、辅导小包学习，用学习来吸引小包的注意力，让小包同学每天晚上与其他人的聊天变为和班主任聊天。因此，从事件发生后每天晚上我检查小包的作业，和数学老师要来数学家庭作业的答案，给小包判一下，错的题目让小包改正，不会的我给讲解，慢慢地，小包同学的作业质量上来了，得到了数学老师的表扬，也更加关注自己的学习，每次的学习进步我都会大力赞许小包，也会给他准备一些奖品来激励他学习。

环节三：用心陪伴

由于两位同学的交流影响到体育老师上课和其他同学的学习，我采用陪伴的方式进行解决。如果采用传统的禁止接触、找家长等方式方法会引起学生的反感，激化问题，不利于良好师生关系的建立，因此要采取温和的方式，不为难小包同学。我选择和学生一起上体育课，参与到体育学习过程中，这样一来初二的女生就不好意思过来观摩体育课了。除了体育课，课余时间我会叫上小包和本班的其他同学来我办公室聊聊最近的学习状态、家庭生活等，检查一些背诵或者作业。用心陪伴小包，让他感受到来自老师的关心。

环节四：开展班会

异性之间的朦胧情感如何正确对待并且解决呢？如果我单独和小包同学交流，小包可能会感觉不好意思，限制了我们的交流，并且这种对异性产生好感的情况不单单出现在小包身上，其他同学也一定会产生这样的问题，因此我决定开展一次关于“青春萌动”的主题班会。在班会中帮助学生了解青春萌动的表现、异性交往的意义、什么是爱情、友谊如何正确交往。以此来帮助学生树立正确的情感观。

我用“不放纵、不为难”的策略解决了困扰小包同学的情感问题。

【心灵感悟】

1. 发现学生的闪光点。鼓励、激发学生的积极性，给予正面的情感，更好地参与到日后的学习生活中。

2. 通过班会解决共性问题。

不放纵学生、不为难学生地解决问题很难，但也不是不能够实现的，班主任要勇于尝试新方法，助力学生成长。

用爱帮他走出生活的阴霾

◇ 杨 冉

班里有这样一位孩子，高高的个子，每次我和他说话的时候，他总是双手交叉垂在身前，微微低着头，斜着翻起眼睛，用眼角的余光瞟着我，就像自己做错了什么一样。在楼道里碰见我，他也是侧着身子，小碎步赶快走过去，甚至不敢抬头看我一眼。他，就是我的学生小岳。

【问题背景】

一次，学校组织外出活动，同学们上了大巴，立刻欢快起来，三五成群地说说笑笑找好座位。当我清点人数的时候，突然发现，这个孩子旁边座位是空的，旁边呢，三个同学却挤在了两张座椅上。

我不动声色地观察着，他始终低着头，仿佛想要把自己藏起来。路途中孩子们互相转赠着零食和饮料。车上的老师们，手里也握满了糖果，只有他始终保持着一个姿势，深深地低着头。我坐了过去，把手中的糖果递给他，他只是用眼角扫一扫，又迅速地低下头，狠狠地摇了摇头。我又往近凑了凑，一股怪味从他身上传来，瞬间明白了好多事情。他的同桌总会把自己的桌子和他的隔开一个缝；小组讨论的时候，他总是不说话；课间去操场玩，别人都是三五成群，而他总是一个人。还有那次尴尬的考前准备，所有同学都准备好了考试工具，唯有他没有 2B 铅笔，一位同学喊了一句“我这有两支，给你一支”。他却生硬地说出一句“我不用，我就是不要……”

【解决策略】

环节一：深入了解，酝酿方法

外出活动回来后，我就开始酝酿和他进行一次深入的交流。谁承想，小岳竟然连续一周没有上学，每天联系孩子的爸爸，给出各种不切合实际的理由。他到底发生了什么？实在放心不下，周五我决定去家访。辗转一个多小时的车程才找到那个位于村落里的大杂院。一进屋，瞬间我的眼睛就湿润了，那间冰冷的出租屋，一张已经塌陷的床，那口还有点食物残渣的锅，那一瞬间我似乎没有了意识。孩子用袖口撣了撣轮椅上的土，招呼一声：“老师，只有这一个地方可以坐，您坐这儿！”我认真打量着这个只有父子两个的家，打量着这个身体残疾的父亲，打量着这个一个星期好像瘦了十多斤的孩子……送我出来时，孩子告诉我，他家已经一个星期没有吃饭了，饿了的时候就喝水，那一夜，我失眠了。

环节二：付出师爱，感化内心

我要帮助他，我要让他保有尊严地接受我的帮助，我要让他知道，唯有自强不息，才能摆脱人生的困境。

我为他在学校申请了困难补助，我把年级里所有班主任的午餐配餐都要了过来，偷偷打包整理好，给他放到只有我们两个知道的地方。我找体育老师去要淘汰下来的衣服、鞋子和裤子，刷洗干净，让他带回家换洗。我告诉他可以自己烧热水，要经常洗澡。我帮他准备所有需要的文具……慢慢地，小岳不再躲闪我，他看着我会羞涩地微笑。

环节三：同伴认可，增其自信

心结的打开，还是在那一次我精心设计的每日点评。我要帮助孩子们发现他的优点，发现他的进步。小岳总结：“我推选今天最美的人是小健，因为跑操结束后，他提醒我不要脱外套，会感冒……”“你为什么觉得这是美？”“虽说就是一句话，但是他是为我着想，让我感觉很温暖。”

在我的紧紧追问下，孩子们感受到了他的善良和纯朴，借此机会，我们讨论了怎样让温暖在我们班级长存。孩子们似乎了解了我的用意，各小组默契地交流着。“用真诚的内心去发现别人的需求，用恰当的善意提供合适的帮助，在传递与接受爱心中让班级更温暖！”这是我们讨论的结果，也是以后两年中，我们的班级中始终坚持的班级文化。感谢孩子们的纯真与无私，也让我深入其中，收获三年的温暖。

【活动效果】

他变了，班里的孩子们也变了。中午有同学悄悄把餐放到办公室；外出的大巴上，他的旁边不再是空的；同学愿意把自己多带的零食和他一起分享；小组里时不时传出“小岳你先说，你改错啊”的声音。即使被组员催促着，他的脸上也洋溢着笑容。课上积极了，愿意抬起头和大家交流了……

最初的我，没有想到这件事，我可以坚持做到两年半，真的是为人师者的责任感与使命感让我不断坚持。坚持过后的收获是：三年后的他们，都考上了理想的高中；三年后的小岳，也表现出了更多的自信自强；三年后的我，时常会收到他们关心、问候的信息……这一路走来，我想我们在相互成就。不是最好的时光遇到他们，而是遇到他们的每一天都成为我最好的时光。

【结论反思】

生活在这个世界上，好像大部分的东西都是越用越少，越分越少，而唯有一样越分越多，那就是爱。爱是一门艺术，不仅要心中有爱，更要会爱、善爱。去发现每一个学生那份特殊的需求，就像故事中的小岳，他最需要的就是同学前的那份自尊，同伴的认可与关爱。采用恰当的方式给他一份合适的爱，同时引领全班同学学会如何去关爱他人。班级的精神文化常常是在潜移默化的活动中形成，成为引领学生正确价值观念的共识。

【心灵感悟】

老师，用自己的大爱，开启了一名学生的内心，甚至可能改变这个学生的人生走向。在处理学生问题时，有爱心更要有方法。教师在施助时，小心呵护着他的自尊心，融化了那抗拒的心。更为难能可贵的是，老师抓住教育的时机，唤醒全班同学心底的善意，让孤立的事件成为教育的契机，让传递爱心与接受爱心成为班级文化，三年后来自学生们的温暖是教育成果的最好反馈。

“长板”赋予希望和力量

◇ 相剑利

一、背景描述

初一开学一个月后，我收到小花同学妈妈的来信：

“我家姑娘性格偏慢，还有点小固执，数学不开窍，遇到题目长点的，她感觉不会做的，读题都会变得困难，不愿意把题读完，我们从小就发现她做计算题不拿草稿纸……有一天她突然给我说不想上学，问其原因说一上数学课就肚子疼，甚至昨天晚上她跟我聊到了自杀的话题。但我的孩子特别热爱生活，善于观察，是个细腻敏感的孩子。从小喜欢阅读，从小学二年级开始热衷于写作，课余时间基本都用在阅读和写作上，写了各类小说十余本，累计十多万字，语文成绩一直稳定班级前列，几乎每篇作文都被老师评为范文……”

第一遍读完来信，我很恐惧，“自杀”两个字刺激着我的神经，如警铃大作萦绕耳边。静下心读第二遍，发现是“数学惹的祸”。再读第三遍，看到“她热爱生活”，我感觉自己理性多了。回放小花同学在我脑海中的样子，短发、乖巧、文静，笑眯眯地坐在位置上，没有一句多余的话，学习成绩整体挺好，弱科数学也在中等偏上。她不是“问题孩子”，只是对自己要求高。

我电联小花妈妈，小花妈妈倒是很平静，说如果能正确引导孩子，孩子是不会出现过激行为的，只是孩子对数学学习确实不适应。其实，问题根本不在自杀，而是在诱因——数学，小花的事必须因势利导，把她的“长板”发挥到极致，赋予孩子希望和力量。

二、解决策略

（一）给予希望——提高数学学习的自信

苏霍姆林斯基认为：在学习中获得成功，是学生精神动力的唯一源泉。孩子就是因为数学成绩不理想而伤了自尊，所以突破口应该是“提高她对数学的学习兴趣，改进数学学习的方法，找到数学的自信”。

通过日常教学观察，我发现她数学上最大的弱项是“找规律题”，这个知识点本身就是一个难点。但初一因为数学知识难度小，所以常常把“找规律题”作为压轴题出现，体现试卷的区分度。这个知识点的突破需要过程，作为教师我只能常常找机会和她一块研究，比如一旦她的找规律题错了，我会单独找她，让她给我讲讲当初她是怎么想的，哪一步开始出错，做到哪一步后做不下去了，我们一起分析解决问题的方法和切入点，最后由她自己归纳总结，领悟。

初一数学前三章内容以计算为主，而她因为不爱打草稿老算错，也就是会而不对导致她数学得分不高，对她来说这其实是提高数学成绩最快最直接的途径，但基于她自尊心强，我不单对她个人提要求，而是向全班同学灌输理念“成功等于把会做的做对，多打草稿少用心算”。她慢慢改变不打草稿的习惯，把会做的做对，成绩有了起色。当她每进步一点点，我就在全班同学面前表扬她，让她谈谈数学学习快速进步的经验。我会走到她面前，给她一个赞扬的眼神、一个美美的微笑、竖一个大拇指，因为她敏感细腻，她都能感受到，并能给我回应。其实，她数学底子不弱，只是某个点上不开窍，只是不爱打草稿，所以提升她的数学并不难。她数学成绩的提升所带来的成就感，让她终于有了学习数学的乐趣，脸上的笑容是灿烂的，笑容下的阴霾在慢慢褪去。

（二）赋予力量——放大她的特长

小花同学写的每一篇作文都非常出彩，比如她在《交大附中的秋天》一文中写道："随着秋的到来，一批新的学生带着满满的求知欲与对未来的憧憬，踏入了校园，为这里注入新的生命力。他们在操场上挥洒青春，在教室里奋笔疾书，在各类活动中出谋划策，他们同样也是一道美好的风景。没有了他们，这里就缺少了灵魂……"《交大附中的秋天》被推上了学校的公众号，为了凸显她的特长，我发动全体同学出谋划策，想把她的文章做成"微电影"。同学们分成小组分工合作，在操场、校园、教室为她的文章取景拍摄画面，有的小组负责剪辑，有的小组和语文老师一起指导她朗诵。用了三天的时间，微电影展现在我们眼前。美美的画面配上声情并茂的朗诵让我们陶醉，我们感谢她给了我们创作微电影的机会，我们赞美她的文采，我们仰慕她的才华。她还是静静地笑着，但那一刻她的笑容下不再有阴霾。

三、实施效果

小花同学本来就很优秀，只不过对数学"找规律"这块内容不擅长而已。经过我俩密切配合，多研究多琢磨，她对这类题开窍后，数学成绩进步很快，对数学的抵触和恐惧随之消失。学习成就感的提升，增强了她的阳光自信。

小花同学文采好，是我们班的才女，每一篇作文都是范文，同学们仰慕她，老师们欣赏她，她品尝到了归属与爱的需要、尊重的需要、自我实现的需要。

小花同学变得神采飞扬，自信满满，同时在帮助她的过程中，全体同学也更团结，真正实现集体成就个人，个人也成就着集体。

四、心灵感悟

1. 阿基米德曾经说过：给我一个支点，我就能撬起整个地球。小花同学由于一些困难和问题导致她对数学学习失去自信，甚至出现对立情绪。作为教师的我们必须以积极的态度面对，并努力寻求恰当的方式引领孩子，帮助她突破那个关卡。思维的提升需要过程，我陪着孩子一道一道地找思维切入点，引导她自己慢慢琢磨领悟；她不愿打草稿，班级提倡“成功等于把会做的做对”，当她品尝到因为打草稿减少失误而换来成功的喜悦时，她改变习惯，突破问题的瓶颈。真诚地关心孩子，热心地帮助孩子，品尝成功的喜悦，久而久之自信心就悄然建立，为孩子的进步树起了一个支点。

2. 德国哲学家黑格尔说过：不应该使孩子的注意力长久地集中在一些过失上，重要的是在学生身上激发出对于其自身力量和自身荣誉的信念。发挥孩子的特长，在同学面前最大程度地放大她的特长，当全体同学们合力为她制作微电影，同学和老师一起一句一句地指导她朗诵，美文配上精彩朗诵，她收获着成功带来的喜悦，我们也为自己制作的精美微电影而自豪。那一刻，她觉得自己充满着力量。

3. “教育无痕”是一种境界。引导小花同学的过程缘起于她妈妈给我的一封信，但也仅止于那封信。我没有向任何人提起过这封信，我只需要从信中找到问题的起因，然后制定个性化的解决方法。

成功的教育一定是理解个性尊重个性的教育。尊重个性的教育不仅需要欣赏和悦纳，更需要宽恕和包容，宽恕个性发展中的失误和错误，同样也要包容个性发展中的缺点和不足，使他们富有生活的勇气、向上的热情、创造的激情和社会责任感。

手机“瘾者”回来了

◇ 安慧利

一、问题背景

随着信息技术的发展，手机、平板、电脑等设备的不断普及，使用移动设备进行学习已然是当今教育领域的大趋势。然而，机遇与挑战并存，移动学习的自主性、移动性、随时性等特点给广大师生带来便利的同时，也给学生的自律性、自驱力带来了新的挑战。由于新冠疫情的特殊情况，我们不得不开展了两个多月的居家线上学习。学生的学习效果真是参差不齐，有的学生在弯道超车，也有的学生在自暴自弃，主要存在的问题有两大类：一是部分学生上课开小差、作业质量差，反复开导后学习效果仍不理想；二是一些学生虽然参与课堂学习，但写作业、交作业很拖拉。

我们班的小 G 同学就是典型的例子。在线下学习时，他基础较好，课上总是能认真回答问题、课下用心完成作业，老师们普遍认为他是一个积极上进、懂事努力的好学生，成绩在班级名列前茅。然而，线上学习这段时间，他上课不积极参与课堂活动，甚至老师提问后也不回答问题，作业质量断崖式下滑。看到这种情况，我颇为担忧，希望他能够找到原因、调整状态，恢复元气。

二、问题情境

针对上述的情况，我首先专门观察了小 G 同学一天上课的状态，课后与他进行了沟通，又私下联系了他的家长。经过观察，我发现他上课时经常表情异常，比如在老师讲严肃内容时面带微笑、捂嘴笑；跟不上课堂节奏，上课时老师要求大家记笔记，课后进行检查时他的笔记本总是空的；作业提交总是很晚，且字迹变得潦草、错误极多，与之前线下时的作业形成鲜明的对比。

针对以上种种，我进行了进一步的了解：放学后，我与小 G 同学进行了微信语音通话，聊天时，小 G 同学慢慢打开自己，他告诉我，他上课时常常忍不住将电脑界面切换到其他的页面浏览与上课不相关的信息，有时与其他同学通过微信聊天，因此会有异常的表情。随后我又与小 G 的家长进行了沟通，家长反映他上课时会单独在自己的房间，不让家长进来，并将房门反锁；上课后家长询问他作业情况他总是说写完了，不让检查，还会不限时玩手机、偷偷频繁打游戏等。

根据以上情况进行分析，我认为现阶段的小 G 缺乏内驱力，不知道学习的意义在哪里，也缺乏自控力和自律性。线上学习有一定的自由度也有孤立感，课堂的互动性不能像线下有老师的近距离陪伴和鼓励，因而他的学习状态就一天比一天差，甚至沉溺于电子产品无法自拔，逐渐形成恶性循环。现在的孩子都是跟着屏幕长大的，从小看电视、看手机、玩游戏。在信息时代，电子产品“威力巨大，不用不行”，学生不可能不用手机、电脑或平板，但是电子产品也是“伤害明显，不管不行”。因此，对于小 G 同学这样的情况，肯定不能够把手机和电子产品彻底拿走，毕竟上课、提交作业需要用到，而且也要照顾他的情绪，需要通过此事使其对于电子产品的使用有正确的认识、对于网课有认真的态度。

三、问题解决与效果描述

我查阅了相关的文献和案例，多次向有经验的班主任请教，不断探索，总结得失，制定了以下的解决方法。

第一，“告知而非说教”。对于青春期的孩子来说，说教太多不仅不会解决问题，有时候还会适得其反。不少大人采用说教、恐吓、抢手机、把手机摔烂的方法，最终激化矛盾、两败俱伤，因此，我们要做的是告知。于是，我寻找并观看了相关的讲座、查找了沉迷上网的危害，将整合后的材料适时地分享给小 G 同学，同时与小 G 同学一起讨论过度玩手机对大脑会产生伤害，长时间看手机会影响视力，没有自控力的人会怎么样，这些后果都要由自己承担，等等。

第二，自律与陪伴。提议大人不要整天刷手机，尤其是不在孩子面前刷视频、打游戏，找一些家长和孩子都感兴趣的事情一起完成，如和孩子一起做生物实验（该生对生物感兴趣，且动手能力强）、和孩子共读一本书并分享读后感等，以此给孩子树立榜样，也营造良好的学习环境。

第三，理解与帮助。让小 G 同学明白，老师和家长对小 G 同学用手机表示理解，建议家长跟孩子一起制订合作计划，一起商量怎么解决手机和电脑的使用时间和频率，甚至可以让他在一天的学习任务全部完成后，规定可以玩手机的时间。

令人欣慰的是小 G 同学在后面的网课学习中，和家长达成了电子设备使用的时间和频率的共识，并且制订了详细的学习计划。他基本上可以认真执行之前制订好的计划，上课逐渐多了互动、少了“微笑”；在作业方面，他刚开始偶尔有个别作业写不完的情况，但抽空就会补上作业，一周后不仅能按时高质量完成作业，还主动留出时间整理一天所学的知识进行复习。家长也反映不仅孩子自律了，家长为了给孩子做榜样自己也变得自律，家庭关系更加和谐了，孩子的学习热情也恢复到之前的状态。这让我又看到了那个勤奋努力、积极上进的少年，看到了可期的未来。

【心灵感悟】

1. 唤醒内驱力的前提是“相信”。思考和学习是人的本能，每一个人天生都是具有学习意愿的，学习不是外在的压迫或急功近利的行为，而是源于内在需求的冲动，即自我价值实现和社会责任感的驱动。以信任为起点的学习，才能引导孩子学会自主、自立学习，才能实现最有效的教育。

2. 遇到问题，冷静观察。观察的过程能够更客观、冷静地发现其根源所在，进而找到更合适的解决办法。

3. 转变观念，加强沟通。家校合作，本质上是一种特殊的命运共同体关系，它强调的不只是互动关系，更是合作关系。互动是一种外在形式，合作是一种内在根本。只有家庭和学校齐心协力，给孩子创造一个和谐的环境，才能让他们健康快乐地成长。

投生以尊重，报师以成长

◇ 付丽芳

作为老师，我们的幸福莫过于能够见证学生每天的进步，能够在学生需要帮助的时候给予专业的帮助。他们有时候也会有一些超出我们预期的行为，有的行为甚至会影响个人身体和心理发展、影响他人正常学习。如果这样的行为视作一个小的突破口，慢慢探索，看到真实的学生，也是我们专业成长的契机。

【背景简述】

正在备课的时候，班主任群闪动了，年级组长唐老师问："看看这是哪班孩子呀？"我点开后，是一段录像，五个男孩似乎在商量分工，三个男孩走到门外，一个兴高采烈地挥了一下手，门外的两个男孩就堵在门外，门里的两个男孩不停地用身体撞门。我的心不禁揪了起来，那可是玻璃门啊！一个高瘦的男孩用力撞击了一下，玻璃瞬间裂开了。五个人愣了一下，随即跑开了。没错，最后撞玻璃门的那个，是我们班的！

【解决过程】

环节一：缺乏理性，冷静反思，尽力补救

录像中看起来几个男孩没事，真是不幸中的万幸。还没庆幸完，我的怒火“噌”的一下就蹿上来了，初一的学生啊！做事前不能考虑下后果吗？确定目标后我瞬间漂移到教室，那个犯了错误的孩子竟然还稳稳当当坐在那里！我更是气不打一处来，把他叫到我办公室。“知道我为什么叫你过来吗？”这大概是怒火冲天的班主任最经典的开场白了吧。“知……知道。”他嗫嚅着。“你刚才干什么了？”他站在那里，低着头，一言不发。“撞玻璃门会有什么后果？”“玻璃会碎……”“你还能再幼稚点吗？为什么要去做这样的事呢？……”一串的问题之后，回应的是沉默和他局促的神情。恰在这时，上课铃声响了，这基本没有回应的单方对话于我而言真是种折磨。

放学后，看着空荡荡的教室，我回想起那个男孩今天下午怯怯的神情。接着回想下午我们的对话，从字面意义上来说，我的每一句话似乎都没有问题。但是每一句话的背后都缺少尊重，那个男孩不说话也许是因为他的腼腆局促，更是因为他无法回答，因为我的问话其实句句都是对他的评判，他无法反驳。缺乏尊重，是无法对话的。即使是做了错事的孩子，人格上也应该受到尊重，只是如何做事、如何面对问题、如何担责，他是需要被引导的。想明白后的我，心里对那个男孩满是愧疚和担忧。愧疚于我今天的处理方式太简单粗暴，担心学生会不会把今天的情绪放大，产生不必要的后果。

于是我打通学生家长的电话，客观陈述了一下今天下午发生的事，说了一下我当时的处理方式。非常坦诚地跟家长表达了我对自己不当处理方式的愧疚，希望家长能够关注孩子情绪，适当地加以引导，我明天还会继续跟孩子沟通。家长非常配合，觉得本来就是自己孩子的行为不当，老师批评也是应该的。我当时非常感谢家长如此包容，并且还说我自己的问题不在于批评孩子，而是因为批评的背后缺少了对孩子的尊重。和家长沟通后，我的心稍稍放下来一点。

环节二：尊重学生，有效沟通，收获惊喜

第二天，那个男孩耷拉着脑袋走进班。坐到座位上后，看起来心神不宁。大家已经开始早读了，他还愣在那里，别人提醒他拿书，他拿出来又不知道该翻到哪一页。我现在必须帮一帮他了，于是把他单独叫出来。

“老师昨天太生气，跟你说话的时候情绪过多，对你的尊重太少，所以老师要跟你道歉。”他抬头看着我，神情复杂。“昨天老师让你跟全班说一下那件事，这个决定欠妥。但是我们每个人做错事了就要去面对，去承担。所以我想征求你的意见，你想选择什么方式来面对呢？”“老师，我想跟您说一说，我不想跟全班同学说，那样太丢人了！”他的眼里开始闪光，神情也一扫刚才的低落。“老师，其实昨天是几个小学同学拉我一起去玩的，他们想看看我的力气有多大。但是我撞门之前只想展示我的力量了，没有考虑到后果。这样做是错的。以后我在做事之前会先想一想后果。昨天我家长也教育我了，我们愿意承担重装玻璃门的钱。”我非常惊喜，这哪里还是昨天那个畏缩不前的男孩呢？

他确实胆小内向，但是这次也让我看到了他不同的一面。于是我趁势表扬他的担当精神，并且告诉他我这一个月对他的观察。比如他第一次带早读的时候，手都是抖的，头恨不得藏在书里，但是他终于站在讲台上讲出了一句话。我当时用了十几分钟来表扬他，因为我看到了他的进步。他敢站在讲台上就是一种进步，能够开口带领大家翻到某一页，就是更大的进步！比如他作为课代表作业统计方面非常尽职尽责，从来不需要老师提醒就把统计完人数的作业交给老师。他竭力压制着自己，但我还是能看得出他的兴奋都闪在了眼睛里。他可能觉得自己很不起眼，但是没想到老师很关注他，还知道他那么多优点。

下午正好他是值日生，他拿着抹布把教室后面的柜子上面擦了一遍，又把柜子面都擦了一遍。擦完去擦后门，后门擦完擦前门，浑身仿佛有使不完的劲儿。我又表扬他：“很久没有见过干活这么不惜力的男孩了，擦得又快又干净，辛苦你了！”他没有回答，但是晚上他妈妈告诉我，孩子回去特别高兴。

【共同成长】

那天以后，这个男孩依然比较内向，但是跟我交流的时候，少了当初的那种胆怯，而是很坦然。有一次下了美术课，学生们兴高采烈地告诉我，老师让他们画肖像了，那个男孩画的是我，所有同学一看就都看出来了。我就问他：“听说你画了我的肖像，还特别像对吗？”他又是羞涩地笑：“没有，老师，画得不好。”我看了一下，特征抓得非常好，怪不得其他学生一眼就认出了这是我的肖像。原来不善言辞的孩子，也在默默观察着我，我也庆幸，那个男孩那次犯错，竟然是我们了解彼此的契机。

我们在和学生沟通的时候，无论语言是多么的“为你好”，但语气、体态和情绪传递出的信息已经先于语言被学生接收到了。就像案例中我最开始的处理方式是语气严厉，态度比较激动，那么学生感知到的信息就是：老师生气了，她觉得我的行为是错的，我这样做老师无法接纳我。马斯洛需要层次论中，人最基本的生存需求中有安全需求，希望环境稳定。如果这个需求没有被满足，就会自动启用防御机制。而我愤怒的表现，让学生感受到了一种不确定性，他很害怕，不说话就是一种防御机制。而且他本来就内向，担心老师不接纳他，又不知道怎么办，情急之下更不知道该说什么。在这种情形下，言语的沟通是无效的。而第二天我再次跟他沟通的时候，我创造的是一种平和、平等的氛围，学生觉得自己是安全的，老师也是接纳他的。学生放下戒备后，才能够与老师沟通。

与家长的有效沟通也非常重要，在这个案例中，学生转变的一个很重要的因素是家长的引导。家校沟通才能促成对学生的引导事半功倍的效果。家校沟通也需要坦诚、尊重。尽可能客观地为家长还原事件，在分析的时候也要坦诚，不掩饰自己处理得不妥当的地方，才能赢得家长的信任和后续家长的配合。

【育人反思】

要点一：对于不当行为的认识

不管是班主任还是学生，都对不当行为唯恐避之不及。深究其原因，班主任认为学生的不当行为会增加工作量。大部分学生从主观来讲也不愿意出现不当行为，因为这样的行为有可能会招致老师的惩罚。

我认为不当行为的“不当”之处，也许是因为这种行为本身具有危险性；也许这样的行为会伤害他人（就像文中提到的那个男孩的行为就兼具了以上两个特点）；也许这样的行为不符合特定的秩序或者伦理。学生不当行为本身以及不当行为的原因才是我们需要帮助学生梳理的。只有找到根源，才能更好地帮助学生。

要点二：如何处理学生的不当行为

1. 我们面对学生的不当行为时，要尽量保持冷静。

作为班主任，我们是专业的教育工作者。家长对学生束手无策时，首先想到的就是求助于班主任。所以我们作为专业人士，也要用专业的态度来面对。手头的工作是我们的工作，与行为不当的学生交流也是我们的工作。工作可能有急有缓，但是学生问题出现时，没有“耽误工作”一说，因为处理这样的事件本身就是我们的工作。想明白这些问题，更有助于我们保持冷静。

2. 给予学生足够的尊重，家校协作育人。

一方面，不当行为中，出现问题的是行为本身，学生的人格与我们是平等的，所以要有足够的尊重。另一方面，没有足够的尊重，学生是不会敞开心扉跟老师交流的，他们会用沉默或者撒谎的方式来保护自己。

给予学生尊重才能给学生创造安全、平等的沟通空间。

学生的问题可以及时与家长沟通，家校达成一致，老师和家长的角度不同，能给学生更丰富地认识事情的维度，育人的效果更好。

3. 分析原因，对症下药。

如果学生的症结是寻求过度关注，那么可以把学生引向一些建设性的行为。比如帮老师督促同学订正后的作业、为班级管理电脑等。本文例子中那个男孩的不当行为其实究其原因也是寻求关注，所以在处理这件事的时候，我对他作为课代表的早读带读行为和作业统计得力的行为进行了肯定。孩子非常开心，放学做值日的时候，主动用建设性的行为——擦门、擦柜子来获得我的表扬。

如果学生不当行为的根源是寻求权力，那么一定不能用老师的权威来压制他，不能强迫他做事，而应该让学生参与到问题的解决中来。在这个过程中一定要让学生有参与感，同时也要向学生申明——这是我们一起制定的方案或者规则，下一步就应该按照这个来，要有契约精神。

如果学生的问题是对不当行为的认知不清晰，那么可以和学生一起梳理哪些行为属于不当行为，对其进行归类，再梳理每一类型不当行为的产生原因。在这个过程中，学生对不当行为的认识会更加深刻，也利于他规范自己的言行。

我们的教育对象都是鲜活而独特的个体人。作为教育工作者的我来说，学生出现的一些不当行为，可以看作学生发出的一种信号，是他们成长和发展的一个契机，让我可以通过这样的事去更深更全面地了解学生，通过我的专业对照学生的问题症结，用心给予积极有效的帮助，用尊重源水浇灌希望之花，助力孩子更好地健康成长发展，成就我们自身的工作幸福感！

【心灵感悟】

“人啊，认识你自己”是镌刻在雅典德尔菲神庙门前的一句箴言，苏格拉底引用它来号召人们认识自己，把古希腊哲学的对象从天上拉回了人间，从自然界转向了人自身。日本设计师山本耀司有一段话，大意是说：什么是“自己”？自己这个东西是看不见的。当自己的人性撞上一些别的什么，被反弹回来，让我们感知到了，我们才会了解自己。我们终其一生，都在追寻什么是“自己”。

中学阶段的学生，也在自觉或者不自觉地探索“自己”，以及“自己”与他人、与社会和世界相处的方式。所以他们的不当行为也是一种探索方式，不能只看到不当行为本身，而是要看到孩子的动机、需求。学生的方式方法可能存在问题，只有明白了他们的动机和需求，才能更有效地引导学生用恰当的方式表达自己的需求。从这个意义上来讲，学生的不当行为其实都是信号，是一把通向他们心灵的钥匙。老师把握了这个信号，抓住这把钥匙，了解、分析，有效地引导、帮助学生，这个过程才是教育发生的过程。

小小格桑花的力量

◇ 东　影

我是初三中途接班且第一次当班主任，面对一群个子比我高、思想比我活跃的大男生们，我感到压力山大。

【活动背景】

班里有一位身高1.8米以上、体重200斤以上的“小胖子”，每一次谈话都带给我很大的压力。压力源于他的体型，同样源于他的性格：慢、闷、懒。每一次谈话，他都会以“不知道啊，没想法啊……”来回应我。从他口中得不到任何有效信息，而他的同桌还总来我这抱怨：“老师，他上课总是睡觉，又给我们扣分了！”“老师，他总是不听安排，任务布置不下去！怎么办？”怎么办？这句话也总在我的头脑中打转，我也不知道怎么办……刚当班主任就让我感到深深的挫败感。可就这样任由事情发展下去了，就这样熬过剩下的时间，把他送到中考毕业然后我就解脱了？如果就这样，那我们的班级精神岂不是成了空喊口号？心里无数次斗争，理智和责任心都告诉我不能这样！于是我暗暗告诉自己：等时机、找时机一定可以把事情解决！

【解决过程】

在初三百日誓师的日子里，我预设以一节“播种希望，收获理想”主题班会为契机，利用格桑花的故事引申出它所具有的“顽强拼搏”的班级精神；通过种植格桑花的活动，帮助学生确立目标；在照顾格桑花的过程中，寻找到一种精神寄托，改变行为，培育自我。

环节一：播种

在班长的主持下，主题班会进行得很顺利，但是从开始种下花的那一刻，所有同学的心却都在悬着，因为不知道种子是否能够发芽。尤其是这个“小胖子”。

环节二：焦急

从种植后的第三天开始，陆陆续续地，学生们的种子都开始发芽了，“小胖子”开始着急了，我看到每个课间他都要跑到他的花那看一眼，还时不时地翻翻土、浇浇水、把花盆挪位置照太阳。在其他同学和我分享他们喜悦的同时，“小胖子”也忍不住了，过来和我说：“老师，我的种子可能发不了芽了，水可能太多了，可能已经死了。”听到这话我是既高兴又紧张，高兴的是终于有一件事情开始让他关心了，紧张的是要是真不发芽可怎么办？

环节三：期待

在我们一起提心吊胆地又过了 7 天后，他的种子终于发芽了，这个大男孩，看到幼小的嫩芽破土而出，紧张到又是关窗户，又是挪位置晒太阳，我从未想到一个如此这样的大男孩也会有这样的一面，于是赶紧为他在黑板最显眼的位置写了一段寄语：学习如同养花一样，要一步一步来，切不可过于心急，你的种子突破万难终于发芽，你也要像它一样，你现在所承受的每一次辛苦都是为了将来能开出美丽的花朵而做的准备，加油！

【活动效果】

慢慢地，这个孩子变了，爱说话了、爱笑了，同桌开始亲切地叫他“大原原”“原原”“我们原原”，而他也开始慢慢关注起身边的点滴事情，班里的大扫除他居然主动承担起责任，凭借身高优势提出要擦班级中位置最高的玻璃。尽管面对初三后半程的学习，他偶尔也会露出心有余而力不足的表情，但是他却一直在努力地坚持，最终也收获了令他满意的结果，顺利进入高中的学习。

【心灵感悟】

回顾这一年他的变化给了我很大惊喜，也给了我不少的感动！

1. 浸润式的教育，让我既感慨于一朵小花的力量，又感慨于教育的力量的伟大。

2. 压力越大，越需陪伴。格桑花的陪伴，既让他们在初三的学习中获得情感寄托，增强学习动力，又让他们学会了扛起责任，行为、思想转向了更积极更正向的方面，也真正地让班级精神在学习和生活中得到体现。

3. 借助一朵格桑花渐渐走进学生的内心，启发了学生的心智，引导学生成长。花开在学生的心田，也开在老师的成长之路上。

你就是自己的光——“八字箴言”陪伴初三

◇张 玥

初三的第一次班会后，一位男孩与我的聊天让人震撼：“我之前感觉初三生活就是暗无天日的学习，争取好成绩上好高中，但今天班会上我豁然开朗，初三不仅是一次考试，更是我人生中第一次自主把握命运的机会，我一定好好珍惜不负韶华……”我从未想到一次班会让刚刚迈进初三的孩子会有如此感触，听着他侃侃而谈，我不由得想到泰戈尔的一首诗《用生命影响生命》，“把自己活成一道光，因为你不知道，谁会借着你的光，走出了黑暗……”他不就是一道光吗?!所以当即向这个男生发出了邀请：“你可以主持下周的班会吗？主题自己定，把你当下最想表达的情感跟同学们分享……”男生很爽快地应允了。他的班会主题是“天道酬勤 厚积薄发”，其中引用了欧阳修的“立身以立学为先，立学以读书为本”来阐述读书的重要性，日常生活中大家需要通过读书来提高个人的修养、品行、才能。又引用了“马行软地易失蹄，人活安逸易失志”来告诉同学们唯有奋斗跟勤勉才是我们在初三一年中最该追求的。最后又用足球领域的一个“诺坎普奇迹”跟同学们说：“加油吧，上半场刚刚开始！积极拼搏，只要肯付出努力，每个人都能成为winner！”在他振臂高呼的那一刻教室里掌声雷动，而我在被感染的同时，脑海里也隐约地呈现出初三班级应该怎样建设。

【实施过程】

一、研讨商榷　确定核心

首先，召集班委会，一起回顾了开学以来同学们的成长。班长首先发言说：“我特别想在下周跟大家分享一个主题“踔厉奋发　不负青春”，我想初三的中考不只是我的一次选择，也会是我青春最美好的记忆之一，我要在奋斗中不留遗憾……”经过热烈讨论后班委们层出不穷的智慧让我惊叹。其次，班委们一致决定：1. 每周一位同学做主题发言，自愿报名；2. 主题必须引经据典，建议题目为八个字（努力方向），称为“八字箴言”班会；3. 主题不限，时长不限；4. 发言内容必须包括三部分：引据古诗词、古现代名人故事、与初三生活学习结合；5. 提前一周将发言PPT提交给班委及班主任审核。由此“八字箴言”开启初三生活的序幕。

二、风起云涌　出奇制胜

三次班会后，踊跃报名主持班会的同学已经排到了期末考试，第六次“八字箴言”班会是一位小才女主持的，她的经典出自《礼记·檀弓下》《琵琶记》《梦芙蓉·本意》，甚至是我们闻所未闻的……那天不只是一次班会更是一次诗词欣赏大会，让同学们陶醉其中，教室里同学们静静地倾听，时而点头，时而微笑。那天我记住了印象极为深刻的八个字“不啻微芒　造炬成阳”。我们不排斥一点点小小的光亮，光亮多了就能变得像太阳一样。集体中我们相互给予一点点爱，相互取暖，必定会战胜所有困难。而这次班会后大家对自己的文学积淀更注重了，对集体和同伴的友爱更在意了，也将“八字箴言”班会推向了一个高潮。大家都在斟酌自己的发言主题怎样新颖契合时机，引经据典怎样深刻又有意义。由此又诞生了非常有意义的班会主题。例如，临近期中考试的主题是“笃行致远　戒骄戒躁”，考前诚信教育的主题是“言必诚信　行必忠正”，考试失利的主题是“东隅已逝　桑榆非晚”，距中考百天的主题是“破釜沉舟　战则必胜”，英语听力口语未满分的主题是“不始于勤　将毁于终”……学生们通过一系列的班会不仅明确了学习目标更加开阔了视野，同时学会了梳理与总结。

三、积极反思　有效反馈

伴随着班会的推进，敏锐的班委们发现了一些小问题，找我说：“老师，有的同学发言主题明确也很精彩，但是其本人的学习态度或者为人处世不尽如人意，所以他的发言没有说服力……”就此班委会对“八字箴言”班会主题内容增加了反思部分，可以是对自己的反思，可以是对班集体的反思，之后再由班委们关注反馈结果。例如有个同学的主题是“慎而思之　勤而行之”。她在反思中就提到自己平时看似很努力，也经常找老师答疑，但是成绩总是徘徊不上，通过准备发言，发现自己思考问题没有深度，往往就是同学或老师讲过题后就认为会了，其实不尽然。今后要自己给自己讲题，给同学讲题，直到弄透彻了为止。学习金字塔的理论都运用上了，作为班主任我很是佩服。

【活动效果】

“八字箴言”班会活动通过“文化浸染”为学生和班级的健康发展指明了方向，班级每个同学不仅文学修养有了积淀，而且在克服困难的勇气和信心方面有了很大的提升。

1. 学生们在准备八字箴言时，必然会阅览大量的资料，在众多的诗词歌赋中寻找证据支撑自己的观点，这就是文化的熏陶。而在欣赏他人的发言时更是被潜移默化地感染着，自然适之，去追求高尚的精神情趣。有学生在毕业感言中写道：“‘八字箴言’班会是对自我的总结、对未来的誓言，带着一份浪漫的祝福和期待。”

2. 班会演讲为每个孩子创造了成功的机会，认识到自身的价值和意义，并形成足够的自信。班里有个男生争取到了中考前最后一次演讲的机会，他在班级里一直处于默默无闻的状态。他的演讲主题是“九九数完　五圣成真”。这八个字是他自己在《西游记》第九十九回和第一百回中提炼的。他说：“两个月以来，我一直在追求梦想的路上不断地打怪升级，终于要去取真经了，也许结局不够完美，但我终于领略到了学习的真谛。”

3. 学生通过准备、制作、分享班会的过程，会发现他们能做到的比想象的更多更完美，任何努力的最终都会有美好的回报，因此这个过程也是个自我赋能的过程。而之后不断地修正自己、挑战自己，最终发现“你就是自己的光”。

【心灵感悟】

1. 心中有榜样，行动有力量

我们期待学生做什么和学生做得怎样，往往用语言描述评价是苍白无力的。而榜样对同龄群体的影响力是不容小觑的。孩子们常常会模仿身边同龄朋友的言行举止，因为他们的生活环境相似，这就是心理学中的仿同作用。第一个主持班会的男生、才华出众的小女生都是大家模仿和学习的榜样，在榜样的引领下，其他孩子就能找到坐标，有了前进的动力和方向。

2. 教育者，非为现在而为未来

好的教育是学生看不到教育的发生，却实实在在地影响他们的心灵，帮助他们发挥潜能，形成良好的行为教养。而班级文化建设就应该成为班级和学生发展的驱动力，能孕育学生信心，乐于追求成功，对集体有责任感和荣誉感，让学生在进入下一个新的集体生活后继续拥有优秀的人格品质。就如教育理论家怀特海说的“把学校学到的知识忘掉，剩下的那一部分才是教育”。

3. 家校共振，形成教育合力

随着班会的推进，学生的“八字箴言”演讲已经成为家长们每周关注的话题，经常会在群里延续班会主题。家长们督促自己的孩子积极参与活动，有的家庭在孩子准备发言内容时全家齐上阵，有策划、有美工……准备过程中增进了亲子关系，也促使家长和孩子共同成长共同进步。教师通过学生的演讲了解了学生及他背后的家庭，家长也通过活动感知到孩子的心理需求和认知，实现了双向奔赴。

作家刘同在《向着光亮那方》里写道：“当一个人需要光亮时，他是积极的；当一个人找到光亮时，他是无畏的；当一个人给予别人光亮时，他是温暖的。”那就把自己活成一束光吧，自信坦荡，光芒万丈。

教师的春风 日沐心田

◇张 洁

古人常用风来比喻教育，说教育像风一样无影无踪，像风一样强劲有力、不可抗拒。你看，春风一吹，大地复苏、万物萌动，草木皆绿、百花争艳。教育的春风，从四面八方吹来，让人吸进肺腑、渗入血液，从而使人的情感得到陶冶、心灵得到净化、人品得到提高。

一、背景描述

因中途接班，我遇到了“他”。上课不听且经常和周围学生说话影响课堂秩序，桌面干净，不拿课本没文具；课后“呼朋唤友”，异常活跃，全校同学异常熟悉，仿佛都是他的兄弟姐妹。所以刚接班时该生就引起了我的注意。

经过一段时间的观察和接触，我了解到该生非常聪明，但不爱动脑筋，厌倦学习，还不遵守规则，自由散漫，一不注意经常以上厕所为由就从教室后门逃跑，上课迟到，作业从来就不写，课上当面顶撞老师，考试不及格还满不在乎，这一系列的事件让我认识到他可能有个缺少关爱的家庭。

（一）家庭的影响

开学不久，我对他进行了一次家访，了解到该生 3 岁时父母离异，从小和奶奶一起生活，父母没有给予应有的时间和精力来陪伴他。现在和父亲、继母、姥姥一起生活。用该生的话说：“初中以前都没管过我，为什么初中开始管我？我就让他们都不舒服。”由于母亲文化不高，但做生意也赚了不少钱，所以学生信奉学习无用论，即使学习不好，将来干点什么也不会饿死自己。

（二）学校与社会的影响

入学后，由于经常违反班级纪律、欺负同学，班中有一些同学害怕他，甚至躲着他，最终导致他放弃了自我，“破罐子破摔”。在校内他感到无助和孤独，缺少关爱，于是，开始在学校外面寻找“好友”，并和一些无所事事的人建立了联系，每天放学都会和他们一起度过时光。由于缺乏正确的是非观和道德引导，这种生活方式进一步加剧了他的顽劣性格。

二、过程分析

针对这样一个没有上进心的学生的问题，该怎么办呢？我在很长一段时间内感到矛盾和无助。然而，在他与我接触的过程中，我发现这个学生本质不坏，只是缺少关爱和引导。

（一）挖掘闪光点

他也有自己独特的特点。例如，他充满活力，喜欢运动，并具有很强的号召力。在开学不久的一次地理课上，发生了一起手机事件。从那以后，我决定让他负责班级手机使用情况的统计。这个任务让他有了使命感，他立即行动起来。他还帮助纠正班里同学玩手机的不良现象。经过多次交谈，我通过让他做好事进而引导他说出做好事后的感受，以及班里同学对他的态度如何转变。在寻找一位离家出走的同学的过程中，他发挥了重要作用。在学校组织的篮球赛中，我鼓励他积极带着同学组建班级篮球队，我们一起讨论进攻战术，我有意在班会上表扬他做的好事和在赛场上的贡献。我发现他的脸上出现了淡淡的微笑。我想，我的第一步成功了。

（二）给予更多一些的关爱

作为一名教师，面对这样的学生，我们应该避免抱怨和漠视，而是要给予更多的关爱、支持和关注。无论是小事如穿衣冷暖，还是大事如道德品质，我们都需要付出耐心和细心，用爱的方式给予严格的要求。我多次找他谈心、沟通，旨在让他说出自己的心里话，如对家庭和学校班级的看法。经过多次关注后，他终于说出了“老师您对我们真好”这样一句话，这让我深感作为一名教师的责任和价值。

（三）依靠集体的力量

俗话说，众人拾柴火焰高。于是我想尽一切办法让周围的同学来帮助、支持他。在这样的集体中会不知不觉地感到同学们的鼓励，在强烈的学习氛围之下，增加了学习的动力。因此，我专门安排班级成绩优异的同学定期问问他学习上是否需要帮助，日常教学中，引导他把和他关系较好的同学当作榜样，时刻提醒他珍惜自己在集体中学习的机会，为了与大家同步，他产生了紧迫感，变得更加主动地去学习了。经过努力，他从最初各科都不及格，到期末考试已经有两科及格，其他科目也大幅提升。

三、效果呈现

功夫不负有心人，经过我的不懈努力，他已经取得了显著的进步。在他的组织下，我们班在篮球赛中取得了令人欣喜的成绩。在学校中，他更加遵守纪律，即使听不懂课上知识，但会自己单独看看书，不再影响同学；学习方面，开始关注成绩，对于自己感兴趣的科目，他会利用课余时间向同学请教，回家后自己整理知识点。他还开始设立近期和远期的目标，并更加愿意与老师进行交流。他的学习态度比以往更加认真，甚至主动举手回答问题。最大的变化是，他开始顾及他人的感受，不再行事随意散漫。当他犯错时，他能主动承认并改正错误。

【心灵感悟】

1. 教育应该以学生的兴趣为导向，将教育融入日常生活中。这种教育方式不是抽象、枯燥的，而是生动、形象、富有审美愉悦的。它不同于知识灌输、道德说教或行政命令等从外部强加给人的方式，而是像和煦的春风一样，让人在娱乐中自然而然地接受教育。

2. 教育是基于爱的力量，教师不仅要关注学生的学业成绩，更要让学生感受到教师对他们生活的关爱。教师应该以平常心对待学生的缺陷和不足，及时发现和捕捉学生身上的优点，通过支持的眼神、善意的微笑、不经意的举动和温馨的叮咛，将爱转化为推动学生前进的动力。

3. 教育是一种无形的力量，它如春风拂面般不知不觉地影响人们。教育让人如被云雾渗透、被翰墨熏陶，与环境融为一体，与之共同蜕化。这个事例中，让男孩担任篮球队长的决定产生了深远的影响。这个决定所蕴含的客观真理在还没有能用明确的思维来表达的时候，已经在男孩的头脑里产生了化学反应。这种反应催化了男孩在后来的成长过程中的改变。因此，教育并不仅仅是通过课堂传授知识，更重要的是营造一个有利于成长的环境，让受教育者在无形中受到影响和熏陶。这种教育方式可以激发受教育者的潜能，帮助他们更好地适应社会，成为有价值的人才。

苏霍姆林斯基说：离开对人的整个心理的、精神生活的和谐影响，发展就是不可能的。因此，面对学生在某个阶段出现成长偏差的问题，最先要做的，是对他们思想上的正向影响和引导，这是一项极为重要也极为艰巨的工作。每一名学生的心灵深处都有一个广阔而丰富的世界，教师的责任在于发现学生心灵中追真、向善、求美的种子，然后浇水、施肥，使之生根、发芽，长高、成才。

对待每一名学生都要付出真诚的关怀，尤其是出现思想或行为问题的学生，更要付出更多的帮助和鼓励。针对他们自身的优点，积极挖掘闪光点，积极给予支持和鼓励，引导他们树立成功的信心。

“值日班长手册”对“躺平”说“NO”

◇ 余秀琴

“值日班长”是入学以来的班级自管制度。值日班长人人参与，按学号轮流担任。通过这个方法也让一些佛系的“躺平”学生逐渐有了积极性，我也收获颇丰。

《值日班长手册》1.0版是表格式，内容为日期、记录人、考勤、作业情况、两操情况、课堂奖惩情况。要求值日班长记录值日当天的班级管理常规工作，负责落实班级一天的卫生工作包括放学后的值日情况。再利用每周四班会时间对照值日班长手册小结一周的班级情况。值日班长要求所有人轮流担任，故此“躺平”同学也需参加，并且记录内容没有难度，容易执行，思想上也不排斥。这样一轮下来，班级人人参与班级常规管理，感受到班级事务与自己息息相关。但对于“躺平”同学来说，成就感不高，被同学和老师肯定或认可的机会不多。

一次偶然机会，在德育校长的提点下，我设计了2.0版《值日班长手册》，保留之前日常管理记录，增添了班日志记录与分享环节。班日志标题为“______的一天”，记录一天的所见所闻所想，题材形式不限，字数200字以上。值日当晚完成，第二天中午微班会分享。刚开始时文笔好的同学基本能写成一篇优秀小作文，但“躺平”同学有的记成流水账，有的上网去摘抄，更有一位同学分享时一顿批判班日志。我没有生气，当即点评道：“某某同学很实在，能够真实表达自己的想法，尤其是文笔不错，议论文有理有据，以后咱们语文老师不用发愁你的作文了。”对于每天分享的班日志，同学点评时不管是碍于面子还是真实感受，都会给予肯定的评价。而我从不缺席认真倾听并简要记录，找到他班日志中某一方面的优点进行有依据的中肯点评。比如主题新颖、见解独特、文笔优美、字体工整、台风气场等方面，不论哪一方面，总能找到该同学的闪光点。这样几轮循环下来，班日志分享慢慢地成为每一个同学每天期盼的微班会。班日志分享给了这些同学展现的舞台，他们在老师和同学的一次次小小肯定中开始有了“需求欲望”，慢慢地主动开始做一些改变，从“躺平”的温床里站起。正如一个同学在班日志里这样写道：“落日无须消颓，明日终有朝阳相见。”

尝到了给他们提供舞台的甜头，我之后又对值日班长手册进行了完善，要求值日班长负责两操的示范领操，给他们更多在人前展现自己的机会。每月进行一次班日志总结，在班级壁报栏张贴每月的优秀班日志，肯定优秀同学，并引领其他同学向榜样学习，班级每个人的一致目标——遇见更好的自己。

【心灵感悟】

内驱力是一个心理学概念，是指在需要的基础上产生的一种内部唤醒状态或紧张状态，表现为推动有机体活动以达到满足需要的内部动力。要想激发学生的内驱力，需要了解学生的内心需求，对症下药，创造条件激发学生“内驱力”。面对有“躺平”倾向的学生，要创造条件，化被动为主动，激起“需求欲望”，做孩子的“需求合伙人”，一定能激发孩子的“内驱力”！

值周竞聘遭冷场，怎么办？

◇ 李　然

升入初中的学生们，既有小学生的单纯、简单，也有中学生的独立、个性。如何形成积极向上、团结奋进的班集体氛围，需要班主任费上些心思，用上点小招。

一、问题与思考

开学一个月，班级便迎来了值周的工作。我本想着刚上初一的小豆包们最爱自我表现，肯定争着抢着应聘值周生，戴着袖标管理同学和站岗显权威，但结果却出乎我的意料。

由于值周岗位共 30 个，不需要全班同学都成为值周生，所以在正式值周的前一个星期，班级开始招聘值周生和确定岗位，也采取了班级自愿报名争当值周生。第一天，班长发出招聘值周生的通知，只有 5 人报名。我觉得情况不妙，但想着学生忙于日常，很有可能忽视了报名值周，所以第二天，我利用晨练做了下动员："值周工作虽然有些辛苦，但值周工作是光荣的。想想我们是维护校园和谐文明的使者，是不是很有成就感呀？"但截止到临近放学，班级主动报名的同学只有 7 人，班长为难地对我说："老师怎么办呀？要不您再和大家说说？"

这个结果确实出乎我的意料，我甚至有些失落、生气，想想我班不少同学就是平时闷闷的，不积极主动的状态。再多想就要抱怨，怎么赶上了这样不积极的班级呢？哎！必须及时调整自己失落的情绪，烦躁不能解决问题，一定要想想如何调动学生。

晚上我夜不能寐，一直在思索：班里孩子沉默的状态根源到底在哪呢？他们是真的介意值周会占用他们的时间吗？还是不小心进入一个沉默的状态，不好意思主动报名？回想到班里孩子开学以来的表现：开学第一天的破冰，大家都默默地看我主持，配合着每个活动，最后还可以配合我说出班级一共 41 人（加上我）的回答。我觉得自己应当信任他们，孩子们都是有心的，至于一些得失的计较和不愿积极主动承担责任的状态也确实存在，再加上一些同学们腼腆不好意思主动报名，活动进展就显得困难。看来不能只等待他们积极主动来报名，我可以主动安排分工，让大家轮番付出，共同肩负班级活动的责任。

二、策略与办法

本着不以生硬方式安排任务的原则，第二天一早，我对着班级的名单，参照小组的划分，将值周生名额等分在小组中，并按照值周所需，分配任务，明确分工。

（一）奉献变责任

值周岗位需要的总人数是 30 人，按照建班之初所成立的，为促动学生们学习、值日、收作业等任务的四人合作小组，以小组均摊的方式，让每个小组都参与到值周工作中，每组选出三人参与值周，承担任务。想用这个方式告诉孩子们，值周工作不仅是主动奉献，更是班级的责任。

（二）推选大原则

按计划，每组需选 3 人值周，谁不当选呢？我提出了我的想法，并与班委进行讨论后决定：平时在组里最忙碌、最负责、付出最多的同学作为机动，本次不参与值周，而把这次机会更多地留给平时表现少的同学。希望大家珍惜这次为全校奉献的机会，敢于承担和坚守。

（三）岗位优先权

为了带动小组间的竞争，我又推出了“先到先得”的争抢岗位原则：最先确定担任值周生的同学，可以抓紧来班长处报名，早些选择值周岗位，后来的同学依次按照工作安排排入空着的岗位。先报先选，鼓励大家报名的积极性。

课间，同学们积极踊跃地冲向了班长，结果没到放学，任务就全部划分了。这让我感到了喜悦与一丝得意。

三、实践与考验

（一）开头很顺利

值周工作开始了，每位同学都积极准时地投入自己的岗位，巡岗的班长也及时向我汇报，说：“同学们都表现得很认真、负责，都能按时到岗。”还给同学们拍下了不少认真负责的照片，我欣慰于调动积极性的方法果然有效，也体悟到同学们的奉献精神是需要调动和激发的。

（二）过程有坎坷

但好景不长，值周的第二天就出现了状况。生病的值周生小徐未能到校，而她的岗位是在食堂站第二班岗。为了对中午整个用餐过程进行监督，又保证值周生能吃上午饭，这个岗点设置是 11：40—12：00 由班里的小张同学站岗监督，12：00—12：20 由小徐同学接替站岗。由于小徐未到校，所以 12：00 的时候，没有人能来接替这个岗位。这个站岗的位置恰好在教师就餐区的前面，换岗的时候我恰好看到了当时的情景：没有人来接替小张，小张一分钟也没有多停留，果断摘下袖标准备吃饭。看到岗位上空缺了，我走过去，拦住小张说：“岗位上不能没有人，你先坚持一下，我问问同学们谁能来接替你一下。”我转身走向我班就餐区，问了几位正在吃饭的同学：“小徐生病了，有没有人快吃完了，可以接替小张同学站一会儿岗？”又是老样子，几位同学都没有积极踊跃地接替值周岗。一时间，我也有些尴尬了，便和小张说：“要不你再坚持一会儿？”小张很不情愿，一脸不高兴地回到岗位上，又坚持了 10 分钟。

（三）激励再继续

孩子们的表现我看在眼里，“凉”在心里。同时，我也继续思考如何安排好班级本次值周任务？如何调动学生主动参与班级活动？

孩子饿了，不想额外代替别人承担更多，这可以理解，但班集体的责任人人有责呀。我想，批评和指责可以短时间地缓解问题，但不能凝聚孩子们的心，不能让孩子们发自内心地热爱集体，乐于承担和奉献。我觉得我不能消极应对，而是坦诚地告诉同学们，老师的看法与感受，同时也要想方设法点燃他们对新集体的感情。

回到班里，我再次利用午自习的时间，和同学们做了沟通。我先给同学们讲述了刚才餐厅看到的情景，并提出了一些问题：“同学们，大家知道，今天小徐同学生病没有来学校，可她是值周生中的一员，大家知道她的站岗问题是怎么解决的吗？”同学们有些纳闷，也有个别同学看向了小张。此时小张的眼神似乎是无奈和委屈的。我便接着说：“对，是小张同学在完成自己站岗时间后多站了一班岗，帮小徐完成了今天的值周工作。是小张同学忍着饥饿为班集体守住了这班岗。”听完我的表扬，同学们都为小张鼓起掌来。这时的小张，也不再是委屈的表情，而是透着内心的成就与喜悦。我接着对同学们说：“随后我们班不是要评选优秀值周生吗？我觉得能在危难时刻挺身而出、顾全集体利益的小张同学应当优先考虑。大家同意吗？”同学们异口同声地回答：“同意。”

（四）效果再升级

随后的几天，值周生小徐始终没能来校上课，我却看到：周三的中午，小张同学没有任何懈怠，精神饱满地站完了两班岗；周四的中午，另外一位值周生接替小张站了第二班岗；周五的中午，一名非值周生接替了小张站了第二班岗。当然，每一天的中午，我都会及时反馈当天又有哪些同学挺身而出，表扬在值周过程中，为了集体利益而主动承担的同学，夸赞他们的积极性和责任感。班长也更加认真，每日检查各处岗位，并向我反馈，高兴地说：“老师，所有的值周生们都非常地认真、尽责。”就这样，一次次榜样的力量，一次次巡视之后的肯定，孩子们认真、顺利地完成了值周工作，并且，这次值周后我觉得他们更懂事了，更有集体荣誉感了。

【心灵感悟】

1. 积极面对问题

值周工作结束后，我意识到：值周工作不光是完成学校安排的一项任务，也是展现班集体团结协作与履职尽责的窗口。而当班级还没有十足的默契来展示集体的团结与担当时，班主任也不要着急失落，我们不妨利用值周工作，进行班级团结、集体荣誉感的建设。正如积极心理学中的积极心态，积极的思考和情绪，即乐观、希望、自信和幸福感的情绪状态，可以帮助人们更好地应对生活中的挑战和压力，提高幸福感和满意度。班级管理第一关应当如此：积极面对问题，寻找教育契机。

2. 行动引导心灵

积极心理学认为人类有很多优点和优势，如创造力、好奇心、勇气、同情心、智慧等。这些优点和优势是成功的重要因素，也是人类实现自我和幸福的基础。

在这次值周中，我从反思积极引导，制定行动策略，再到树立榜样，不断鼓励。孩子们也从不愿承担，到被安排承担，再到积极承担，我感受到他们越来越爱班级。我想，也许是孩子们认真的工作，得到了认可与表扬，他们看到了自己在集体中的价值，所以更愿意多承担；也许是孩子们付出的行为，得到了肯定与鼓励，他们便产生了集体荣誉感，所以更愿意为集体着想。在这次值周中，我班不光顺利完成了值周工作，而且收获了责任感、集体荣誉感和团结的心。

3. 信任坚定成长

班级中少不了有个性有想法的学生，班级管理中也少不了各种困难。作为班主任，要乐于相信同学们，这样才能逐渐得到同学们的信任，有了彼此的信任才能够共同前行，去面对成长过程中更多的困难。遇到困难，班主任首先不能退缩，要引导同学们想办法，用有效的方法帮助同学们克服困难，用积极的心态、充足的准备和切实的行动引导，和孩子们共同成长。这样才会有积极向上、团结一心的班集体。

问题面前心放晴，不纠结于问题，和孩子们真心面对，共同想策略，共同解决问题，从而成就班主任与班集体共同的成长。

用“心”守护口吃的孩子

◇ 刘可嘉

陶行知有言：真教育是心心相印的活动，唯独从心里发出来，才能打动心灵的深处。确如此言，班主任工作除了“三勤”——腿勤、眼勤、嘴勤之外，还要有爱心、有方法。心理学认为，一个人的行为是由他的心理状态决定的。因而班主任如果能抓住学生的心理，利用心理学技术，就能更有效地助力学生成长。所以用“心”即用爱心、用心理学技术来提高班主任的工作效能。代班主任期间我遇见很多温暖的孩子，其中两个孩子的成长一直感动着我，激励着我。

他们是小明和小华，有点口吃。家访后，我发现他俩都属于后天发育过程中不良习惯引起的口吃，心理学认为这种口吃类型和性子急有关，很巧我是兼心理工作的班主任。在与他们谈心的过程中，我发现，小华很愿意表达，尽管有时有人笑他，但他依然喜欢表达。小明却不喜欢沟通，但他做事很有耐心，有耐心就有机会成长。摸清他们的特点我就有了切入点。

我的治班原则是人人有事做，事事有人做，全民班干部。契合治班原则在安排职务之前，我鼓励小明竞选课代表。因为课代表每节课都有总结任务，他将有更多的表达机会。我对小明说：“我观察到你有坚持不懈的韧劲，我正需要这样一位得力的课代表，你是最佳人选，你愿意帮我吗？”小明结结巴巴地说：“没想到老师如此认可我，我愿意。”小华的性格急，所以我鼓励他担任组长，组长要细致周到，使小华有更多磨性子的机会。我找来小华说：“小华，小组的管理最考验人，你办事雷厉风行，这一职位非你莫属。”小华爽快地答应了。

之后，小华、小明在班里经常有发言的机会，有时不免急躁、结巴，同学略显不耐烦。我又做同学们的思想工作，说在学会表达之前，更要学会倾听，耐心听别人的表达不但是对别人的尊重，更重要的是对自己的尊重。同学们明白了道理，就会耐心地听完他俩的发言。当有专家来指导工作时，听说了他俩的故事，也建议多给小明和小华一些机会展示和评价。这使我更加肯定我的方法是有效的，多给他俩机会，多鼓励他俩。

日复一日，渐渐地，口吃不再是他们与其他同学交流的障碍，他们发言，同学们耐心聆听，这种状态已成了默契和习惯。直到有一天，同学们突然发现，不知道什么时候他们表达顺利了，成功地走出口吃困境。小明和小华也感受到了这一变化，成天喜眉笑眼，有了这份成就感，他们的自我效能感大大增加，学习成长也更有动力。高三毕业，他们自信满满地迈进了心仪的大学。

回顾这一段经历，让我更体会到用心、用心理学呵护学生的成长，用“心”慢慢静静欣赏一朵又一朵生命之花绽放的幸福。

【心灵感悟】

在班主任工作中，我越来越体会到心理学的重要性，它能帮助我在学生心理越来越难琢磨、思想工作越来越难开展的现状下，提高班主任工作效能，助力学生身心健康地成长。

在这一案例中，我悟到了，要想解决问题，首先要用“心”去发现问题的根源，找到问题的切入点，同时加强孩子的心理疏导、降低孩子的精神内耗、把握谈心尺度、拟定远近期目标并出方案落实及做好家校沟通等一整套行之有效的办法，并在实践中反复修正路线，从这几方面着手学生的各方面能力确实会有飞跃性的提高。

一个高效的班主任一定是一个用“心”的班主任，用爱心和心理学知识浇灌学生心灵，收获不一样的心灵之花，收获不一样的成功！

“日志”——课堂建设的助力器

◇ 李　文

高效能课堂的必备要素是课堂井然有序、气氛充满活力、师生相处融洽、教学轻松欢愉，其中课堂井然有序是基础，怎样对课堂秩序进行有效的维护与管理？

一、基于问题的研究

一次在教师会上对班主任工作中主要的十大项目进行调研，并对目前最急需解决的问题进行降序排列，结果呈现出课堂纪律、课堂参与、课前预备和作业上交成为老师们日常工作中最困惑的事情，高达 90% 以上，最后归纳总结为课堂常规和完成作业成为急需解决的两大突出问题。教师对课堂的高标准与学生现实之间产生了巨大的落差，根据调研结果，结合班情、学情，决定从班级荣誉入手，设定星级作业示范班、课堂常规示范班等十项内容。

二、基于理论的实操

（一）赫洛克效应

心理学家赫洛克（E.B.Hunlock）曾做过一个实验，他把被试者分成四个等组，在四种不同诱因的情况下完成任务。

组别	效果
第一组为表扬组，每次工作后予以表扬和鼓励	最强 1：成绩不断上升
第二组为受训组，每次工作后严加训斥	弱 2：后劲不足
第三组为被忽视组，不予评价只让其静听其他两组受表扬和挨批评	很弱 3：下降
第四组为控制组，让他们与前三组隔离，不予任何评价	最弱 4：持续下降

及时对工作或学习结果进行评价，能强化工作、学习动机，对工作学习起促进作用。适当表扬的效果明显优于批评，而批评的效果比不予任何评价的好。

基于以上的理论支持，班级内以 4—6 人为分小组进行小组文化建设，小组组建历时 50 天左右，组名、组旗、组训、组规等一系列建设过程让小组的凝聚力增强，每天的日表扬更加促进小组的融合，组文化逐渐建设起来。如何解决“课堂常规”和“完成作业”两大突出问题呢？

（二）心理学家罗西和亨利反馈效应心理实验

阶段	分组	反馈频率	周期	结果
第一阶段	第一组	每天告知成绩	8 周后	好
	第二组	每周告知成绩		中
	第三组	不告知成绩		差
第二阶段	第三组	每天告知成绩	8 周后	成绩有突出进步
	第二组	每周告知成绩		稳步上升
	第一组	不告知成绩		成绩逐步下降

实验说明：及时知道自己的学习成绩对学习有重要的促进作用，而且及时反馈比延迟反馈效果更好。

如何及时反馈学生的课堂状态并给予适当鼓励？根据目标，操作层面怎样运作？反复研讨碰撞后我们认为这是一项系统工程，从人员配合来说，需要以学生小组为核心，班长、学生会、班主任、任课教师、年级组长为纽带，德育处为统筹调控机构，培训、运转同时进行，环环相扣、步步实施。从操作工具入手，设置“课堂日志”。在此基础上设置评价标准、若干个统计表格，形成日总结、周反馈、月表彰的评价体系，及时快速反馈个人和小组，进行及时鼓励和表扬。

三、基于调研的反思

美国卓越教育家雷夫的“第56号教室”曾经告诉我们：一个正确的教育行为，一遍十遍不能起作用时，一百遍甚至五百遍，一定能收获奇迹。一张简单的“课堂日志”背后告诉学生的是什么？良好习惯的养成需要的是坚持。坚持的背后是责任，要对自己的行为负责，要敢于担当；学生在小组内要学会承担、学会包容，承担、包容别人的过错；要学会合作，自己进步的同时，要帮助组员，因为大家共处于集体之中。学生许某某在每日的记录本中写道：“因为成立了小组，每一个人出错都会连累别人。不仅自己不能出错，还要帮助组员不犯错误，我头一回知道，世界上还有回事叫‘责任’。”

作为教师也要理解、赏识学生，发现学生的点滴进步。同时教师也必须维持教室里的秩序，但不能忘记纪律的基本真理：老师可以严格，但不公平的老师会被学生看不起。惩戒必须和过错相称。只要学生看见教师惩戒不公，就会失去人心，惩戒就会产生巨大的负面效应。因此教师对“教育离不开惩戒”这句话要深入理解，在“课堂日志”的使用操作中要建立一套公平公正的惩戒规则，让学生心服口服，目的在于培养学生的规则和公平公正的意识。例如：开发纠错模式——“出错罚单”自己开，让学生自己选择改错的方式，即自己给自己开“罚单”：认真听讲一节课、讲一个伟人的故事、背一段名人名言、讲一下父母的辛劳、说说同学的优点、唱一首校园歌曲、写400字以上的说明等20多种，处理办法不能重复使用。

“课堂日志”实施三周后分别对任课教师、班主任、学生进行采访，师生谈到变化时很是兴奋：1. 课堂纪律有进步，作业上交情况越来越好。2. 课堂参与度提高。3. 学生的集体荣誉感增强。4. 捆绑式评价提高学生的责任意识。5. 课堂上随意说话的少了，回答问题的多了。建议：1. 评价标准的微调（老师）。2. 操作程序的高效（学生）。3. 希望坚持下去。面对师生的关注、支持和鼓励，作为管理者更加明确凡是值得做的事情，就得好好去做，每月的课堂常规荣誉示范班、荣誉合作小组、荣誉师徒的表彰要坚持下去，因为教育的终极追求是塑造人格。

共勉：成功无捷径，真正的卓越是靠牺牲、试错，以及大量的努力得来的。

结束语

校园文化是一所学校物质文化、制度文化、活动文化和精神文化的综合体，它具有陶冶情操、愉悦身心等强大而持久的育人功能。尊重了学生的兴趣爱好，促进了学生多样化的成长，保护了他们的热情，激发了他们的主体意识，还原了他们自我管理、自我服务、自我认识、自我展示的本性；丰富了校园活动文化，培养了学生兴趣爱好，锻炼了交往能力；激发了学生的竞争意识，激活了学生的创新实践意识，促进了学生的全面发展，实现了他们对个人价值的追求。让学生的成长，在进步与对社会的贡献中体会到快乐。

良好的班级文化建设对班级建设和学生个性的社会化都有重要的影响。良好的班级文化，使师生心旷神怡，倍感愉悦；良好的班级文化，激励着学生的智慧火花；良好的班级文化，是学生良好品质形成的重要因素，它是促进学生全面发展不可或缺的重要组成部分。班级文化的建设不能仅是一句口号，也不能浮于表面，我们要做的仍然很多，很多。而且我相信，通过这些活动的开展，班级文化会慢慢地进入学生的心里，它就绝对不是一句口号而已，班级精神就如同一条纽带般将学生与班级的发展紧紧联系在一起，这样班主任就可以从一些事务性的工作中脱离出来，站在一个更高的层次去掌握全局，引导班级的发展。

班级文化是一门潜在的课程，它有着无形的教育力量。开展班级文化，能有效地促进学生的发展，也能为每一位学生营造一个有利于学生健康成长的心理环境。通过“班级文化建设”带来的积极影响去改变学生，促使学生焕发出更为积极向上的需求和成就的欲望，从而在推动个人获得肯定的同时，也促进了班级的常规管理和自主化建设。

在班级文化建设的过程中，班主任如同乐队的指挥，主导着班级的发展。因此，作为班主任恰恰就需要这样一双能够“欣赏”学生和“信任”学生的眼睛，使学生在班级的生活中不断地感受到被相信、被鼓励、被建议，那么他们就一定会像一棵在成长中的小树一样，努力朝着充满阳光的方向茁壮成长！

后　记

恩格斯说过:“文化上的每一个进步，都是迈向自由的一步。”只有真正将文化浸润人们的心灵，体现在学生的行动中，落实到班级的经营里，我们离实现文化的“化人”目标也就为时不远了。

丰富多彩的班级文化不仅包含了极为丰富的组织教育的内容，而且影响方式无痕，其浸润性可以潜移默化地最大限度地激发学生潜能、彰显个性、陶冶情操、净化心灵，从而使每个学生都能主动地发展。班级文化建设均衡地直面全体学生，就像阳光雨露一样抚育着每一个学生，使其得到全面健康的发展。

随着新课改的深入，北京交通大学附属中学教育集团以“自主学习、自主管理、自主发展”为主题开展班级文化建设的研究，结合教师沙龙、论坛、课堂观摩和专题研讨等研究平台，进行了坚持不懈的探索与实践。在此过程中老师不断地突破自己，学生不断地给老师惊喜，师生在“自主”的氛围内快乐、幸福地成长。

本书在编撰过程中得到北京教育学院张红老师的指导，在班级文化的实践过程中得到江苏省常州市北郊中学陈小平校长的支持、常州市北环中学蔡军校长和老师们的指导，在此表示衷心的感谢。

由于我们在班级文化建设的研究和探索中还不够深入，因此编写的不当之处在所难免，敬请广大读者批评指正。

李　文

2023 年 10 月